◉诉讼法学文库2008（9）
总主编　樊崇义

诉讼认识、证明与真实

——以刑事诉讼为主要研究对象

Judicial Cognition, Proof and Truth: Research on Criminal Litigation Mainly

吕卫华　著

中国人民公安大学出版社
·北　京·

图书在版编目（CIP）数据

诉讼认识、证明与真实：以刑事诉讼为主要研究对象/吕卫华著. —北京：中国人民公安大学出版社，2009.2
（诉讼法学文库. 2008；9）
ISBN 978-7-81139-476-4
Ⅰ. 诉… Ⅱ. 吕… Ⅲ. 刑事诉讼—研究—中国
Ⅳ. D925.204

中国版本图书馆 CIP 数据核字（2009）第 023955 号

诉讼认识、证明与真实

——以刑事诉讼为主要研究对象

Judicial Cognition, Proof and Truth:

Research on Criminal Litigation Mainly

吕卫华 著

出版发行：中国人民公安大学出版社
地　　址：北京市西城区木樨地南里
邮政编码：100038
经　　销：新华书店
印　　刷：北京市泰锐印刷厂

版　　次：2009 年 2 月第 1 版
印　　次：2009 年 2 月第 1 次
印　　张：11.375
开　　本：880 毫米×1230 毫米　1/32
字　　数：300 千字
印　　数：1~3000 册

书　　号：ISBN 978-7-81139-476-4/D·395
定　　价：28.00 元

网　　址：www.cppsup.com.cn　www.porclub.com.cn
电子邮箱：cpep@public.bta.net.cn　zbs@cppsu.edu.cn

营销中心电话（批销）：（010）83903254
警官读者俱乐部电话（邮购）：（010）83903253
读者服务部电话（书店）：（010）83903257
教材分社电话：（010）83903259
公安图书分社电话：（010）83905672
法律图书分社电话：（010）83905637
公安文艺分社电话：（010）83903973
杂志分社电话：（010）83903239
电子音像分社电话：（010）83905727

《诉讼法学文库》总序

诉讼法制是现代法治的重要内容和标志之一，也是依法治国的重要保障。我国法制建设的历程已经证明，诉讼制度是否健全与完善，直接决定着实体法律的实际效力：没有相应的诉讼制度作为依托，实体权利只能是“镜中花、水中月”；没有完善的诉讼制度予以保障，实体法律将无法如其所愿地实现其追求的立法目的。更为重要的是，诉讼法制的完善程度如何，还直接反映和体现着一个国家、一个民族进步、文明、民主和法治的程度，是区分进步与落后、民主与专制、法治与人治、文明与野蛮的标志。在现代法治国家，诉讼制度作为法治的一个重要环节，受到了前所未有的重视。美国联邦最高法院法官威廉·道格拉斯曾谈道，“权利法案的大多数规定都是程序性条款，这一事实绝不是无意义的。正是程序决定了法治与恣意的人治之间的基本区别”。①

我国1999年宪法修正案正式确立了“依法治国，建设社会主义法治国家”的治国方略，为推进我国社会主义民主、法制建设，完善我国司法体制，提出了新的纲领和目标。而社会主义市场经济的初步发展则培育了公众的权利观念，并由此对司法公正提出了更高的要求。在此大背景下，通过增设新的诉讼制度以充实公民实体权利的实现途径，通过完善现行诉讼制度以保障实体法律的公正实施，从而推进依法治国，加快社会主义民主与法制建设的步伐，已经成为我国法治建设的关键所在。

诉讼制度的构建，与人们对诉讼原理的认识和把握有着密切的关系。诉讼原理是人类在长期的诉讼实践中，在大量经验教训的基

---

① 转引自季卫东：《法律程序的意义》，载《比较法研究》总第25期。

础上总结出来的、对有关诉讼活动的规律性认识。诉讼原理在诉讼制度的构建及运作中发挥着高屋建瓴的作用。只有正确认识和准确把握诉讼原理，才能构建较为完善的诉讼制度，才能推动诉讼活动向良性运作的状态发展。我国在改革与完善诉讼法律制度时，对于人类经过长期理论与实践探索获得的原理性认识，不能不予以重视，也不能不认真加以借鉴、吸收。

我国诉讼的立法和实践曾十分严重地受到“左”倾思潮和法律虚无主义的影响，诉讼规律和诉讼原理长期被忽视、被冷落。由此造成的后果之一：司法机关和诉讼制度的功能被狭隘化。例如，刑事司法机关和刑事诉讼法律仅仅被视为镇压敌人、惩罚犯罪并通过镇压敌人、惩罚犯罪来维护社会秩序的功能单一的工具，忽视了司法机关和诉讼法制所具有的制约国家权力使之不被滥用和保护包括犯罪嫌疑人、被告人在内的公民基本人权的作用，忽视了刑事诉讼所具有的独立品格和价值。对诉讼原理、诉讼规律认识的片面和浅陋，已经严重地制约了我国诉讼法制发展的步伐，而且直接对公正、文明地进行诉讼活动产生了非常消极的影响。要扭转这一局面，必须在宏观法律观念上作一个大的转变，同时大力借鉴、吸收法治发达国家丰富的研究成果和宝贵的实践经验，加强对诉讼原理、诉讼规律的研究。

对诉讼原理的正确认识是诉讼立法科学化的前提条件。正确把握了诉讼原理，可以帮助我们全面地认识司法机关的功能，并对各种不同的诉讼模式、规则进行正确的取舍，从而在一定的诉讼原理的指导下构建更为科学和更适合“本土资源”的诉讼模式、规则。由此制定的法律，将具有更强的民主性、文明性和科学性。反之，如果不能正确把握诉讼原理，对于存在着内在价值冲突的各种可供选择的立法方案就可能难以作出正确的选择，立法活动就可能要多走许多弯路，甚至要付出沉重的代价。

对诉讼原理的正确认识对于司法活动同样具有重要的积极价值。对诉讼原理的正确把握可以在一定程度上弥补立法的不足。法律永远是抽象的。要将抽象的法律适用于具体的案件，就必须有科学的观念作为指导。对基本诉讼原理的正确认识，将有利于指导人们对司法活动中必然存在的种种法律适用问题作出科学的解释，从而使法律文本本身存在的不足得到补救。在现代社会，由于法律的稳定性与现实生活千变万化之间的落差只能通过赋予司法人员自由裁量权的途径予以调和，因此对基本诉讼原理的认识，还直接决定着司法人员在行使法律赋予的自由裁量权时，能否作出符合公正标准的决定或者裁判。

要贯彻“依法治国，建设社会主义法治国家”的治国方略，保障诉讼活动的公正进行，也必须认真研究诉讼原理，把握诉讼规律。当前，我国已有不少学者开始探索一些诉讼原理性的问题，如诉讼法律观、诉讼法哲学、诉讼目的、诉讼职能、诉讼价值、诉讼法律关系等，并已取得了一定的研究成果，这有力地推动了人们法律观念的变化，并对立法和司法活动发挥着积极的影响作用。但总的看来，我国诉讼法学界对诉讼原理问题的研究距离立法、司法实践的需求还有很大差距，还需要继续深入。尤其是现有的研究成果一般只是就诉讼的某一方面进行探讨，缺乏对一般性诉讼原理的全面、系统的探讨。因此，随着我国法治进程的推进，探讨一般性诉讼原理已经成为我国诉讼法学界必须研究的课题。

为吸引更多的诉讼法学者致力于诉讼原理的研究，同时也为了能够促使诉讼原理研究及时对立法、司法、学理研究等多个领域产生积极的影响，并对司法实际工作有所帮助，中国政法大学诉讼法学研究中心特意组织力量进行此项题为“诉讼法学文库”的大型丛书的编辑出版工作。“诉讼法学文库”是中心的一项长期出版项目，面向国内外专家、学者开放，凡以诉讼原理、诉讼规律为内容且有新意、有深度、有分量的专著、译著，以及对公安、司法工作有指导意义，对立法工作有参考价值的其他诉讼法学著作均可入选。

“诉讼法学文库”自 2001 年面世以来，得到了诉讼法学界专家、学者、实务工作者的热情支持，现已出版发行专著 60 多部，这些成果深受广大读者的青睐，已有多部著作获省部级以上的奖励，在这里特向广大读者和作者致以诚恳的谢意！由于编辑工作的需要，该文库从 2006 年起，每年以入选先后，另行排序。特此说明。

中国政法大学诉讼法学研究中心名誉主任

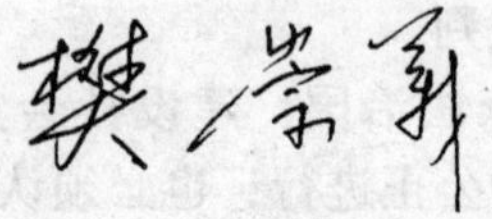

2007 年元月于北京

序

真实问题是诉讼法学和证据法学研究中的一个至关重要的基础性问题。随着我国诉讼法学研究的深入，诉讼中有关真实的问题受到学界越来越多的关注，近几年对证明标准问题的争论，即是一个明证。目前，虽然争论已经不像前几年那么“热”，似乎已告一段落，但这并不意味着学术界对这个问题已经达成共识，实际上诉讼中的真实问题远没有厘清。

本书是吕卫华在其博士学位论文的基础上修改而成的。吕卫华以“诉讼认识、证明与真实”作为博士论文的题目，以当下学术界展开的客观真实说、法律真实说、相对真实说的争论为背景，在广泛占有资料、深入探讨关于“真实”的理论问题的基础上，对诉讼尤其是刑事诉讼中与真实有关的几个问题做了有益的探索，具有重要的理论意义和较强的实践意义。作为一名在最高人民检察院工作的司法实务工作者，他没有选择与司法热点有关的“应景”性问题，而是选择了这么一个高难度的基础性问题，勇气可嘉。

总的来说，本书思路清晰，论证充分，文笔流畅，语言简洁。具体体现出以下几个特点：

一是在研究思路上，注重基础问题的研究并运用基础学科理论成果探讨诉讼法学的基础性问题。对于诉讼中的真实问题，目前我国多数研究仅着眼于对问题本身的探讨，直接切入主旨，而没有探讨更具前提性、基础性的问题，如“真”是什么？“真实”与“真理”是何关系？“真”是主观的还是客观的？“真”有没有程度之分？“真”与对“真”的信念是何关系？“真”如何证明证实？认识与证明是何关系？等等。这些问题没有弄清楚，对诉讼中真实问题的探讨也就缺少共同的前提和基础。基于此，本书作者跳出一般的研究思路，运用哲学、历史学等基础理论研究成果，深入地探讨了以上基础性问题，以之作为探讨诉讼法学有关问题的基础。正如北京大学陈瑞华教授在匿名评阅时所说的：“论文运用哲学认识论特别是西方哲学的前沿理论，对刑事诉讼中发现真实的理由、标准问题作出了全新的研究。”这样的研究思路对于解决诉讼法学中有关真实的问题无疑具有一定的价值。

二是强调概念的清晰，注重概念的分析、区分以及概念运用的一致。作者意识到，学术研究中不少问题讨论不清楚，以致出现“公说公有理、婆说婆有理”的局面，症结之一在于概念界定不清晰，所指不明确，使用不统一，滥用、误用个别语词，混用不同语词，所以作者探讨问题多从分析概念入手，明确概念内涵，区分不同概念。分析和区分概念是进行理论探讨的前提。分析和区分概念本身经常也是理论的展开。本书分析了几个容易产生歧义的概念，区分了几个容易混淆的概念，如“真实”与“真理”等。当然，分析和区分这些概念都是行文所必要的，是探讨问题的前提，而非钻牛角尖，玩文字游戏。同时，作者注重概念运用的一致，在全书中，同一概念其所指是一致的。从中可以看出作者严谨、踏实的学术作风。

三是注重分析，立足常理。本书中，作者并不满足于提出自己的观点，而是注重对问题的分析和论证，注重分析的依据和论证的过程，思维缜密，推理严谨，逻辑性强，说理透彻。同时，在分析问题和得出结论时，作者并没有故弄玄虚，刻意提出标新立异的观点，而是立足常理，对不少问题的探讨，其实只是回归常理、重申常理的过程，如对“真”是什么的回答、对极端怀疑论的回应，依靠的是常理，出发点是常理，落脚点也是常理，甚至诉讼中有些关于真实问题的结论，也是常理性的。其实常理的本质就是“天理”的，天理、人情、国法三者是统一的，而“天理”就是“中庸”之中的“庸”，是违背不得的。

四是具有一定的创见和深度。作者在充分论证的基础上，提出了一些独到且有深度的见解，如区分了两种不同的诉讼认识；提出并论证了认识、信念、证明证实有程度之分，而“真实”没有程度之分的观点，即使在哲学界，也少见提出此见解并进行有说服力的论证的；在“真”的主客观问题上，认为“真”是客观的；论证了为什么应当坚持“真”的符合论以及如何理解“符合”；论证了以信念作为认定事实标准的观点，这个观点本身并不独特，但论证的思路比较新颖，分析丝丝入扣，较有说服力；澄清了当前我国诉讼法学和证据法学研究中的一些模糊认识，如分析了客观真实、法律真实、客观事实、法律事实等概念和相关理论，指出真实即客观真实，客观真实并非全部真实，法律事实并不与客观事实相对，等等。

当然，本书也有一些不足之处，如限于篇幅，诉讼中有关真实的问题并不限于本书所探讨的这几个问题，还可以进一步扩充；有些观点有待进一步深化；有的观点还值得商榷；全书偏重于哲理分析，虽然作者探讨的问题和提出的观点在世界范围内具有一定的普适性，但专门针对中国司法实践问题的分析较少，仍可说是其不足，虽然作者也意识到此问题，在答辩后增加了第七章，但如果能够更多地结合案例进行分析，则可能更有说服力，等等。

吕卫华是我指导了七年的学生——硕士三年、博士四年，是我满意的学生之一。他为人诚实、为学扎实、为业忠实，是一个靠得住的朴实人。当时他选“真实”问题作为博士论文，我很赞许，但也很担心。赞许是值得写，写出来就有价值，而且我也很感兴趣；担心的是这要有深厚的哲学功底和较高的专业水准，还需狠下一番工夫。但他最终还是交上了一份令我比较满意的答卷，并获得了答辩委员们的一致好评。我想他的这一著作是值得介入诉讼证明“真实”范畴的法律人看一看的，因为它“文如其人”，水分不多，很“实”。我相信，只要看了，就会感知到，本序所言，其实“不虚”也。

刘金友
2008 年 10 月于法大高屋

目　录

导　言

一、研究的主要问题、思路与主要观点

本书试图探讨七个问题，其中与本书主旨直接相关的有三个问题，即在诉讼尤其是刑事诉讼中，一是是否应当追求真实；二是能否追求到真实；三是能否以真实作为认定事实标准以及应当以什么作为刑事案件有罪认定的标准。与诉讼认识、诉讼证明有关的真实问题不止这三个，之所以选择这三个问题，是因为它们是诉讼法学中有关真实的最重要的几个问题。之所以将这三个问题分开，是因为，首先，是否应当追求真实与能否追求到真实是两个不同的问题，不管能否追求到真实，都不应该影响对应否追求真实的价值选择；其次，能否追求到真实与能否以真实作为认定事实标准不可混为一谈，即使能够追求到真实，但由于在具体案件中涉及能否准确判断对案件事实的认识是否真实，也就不一定能够以真实作为认定事实标准。而目前我国诉讼法学界关于真实问题的讨论中，却经常将这三个问题混为一谈。

探讨这三个问题，必然涉及诉讼认识、诉讼证明、真实、真理等基本概念，尤其是“真”是什么、“真”的主客观问题、“真”的程度问题、“真”与对“真”的信念的关系、“真”的证明证实等基本理论，而目前我国诉讼法学界关于真实问题的争论之所以难以达成共识，其中的重要原因就在于对“真”是什么、“真”的主客观问题、“真”的程度问题没有探讨清楚，滥用、误用“真理”概念，混用“真理”与“真实”，没有区分两种不同的诉讼认识，

没有区分案件事实的直接知情者与非直接知情者，没有区分“真”与对“真”的信念。所以，在探讨与本书主旨直接相关的三个问题之前，笔者首先对以上基本问题分三个大问题进行了探讨：诉讼认识概念及相关理论；诉讼证明概念及相关理论；“真”的基本问题。厘清这些基本问题是探讨本书所有其他问题的前提。笔者坚信，只有将以上基本问题探讨清楚，才能真正解决诉讼法学中有关真实的问题。理解本书观点和结论的关键也主要在于这几个基本问题。

此外，由于能否以真实作为认定事实标准取决于诉讼中能否追求到真实，即对案件事实的认识是否真实以及认定事实主体能否绝对确定对案件事实的认识的真实性，所以在探讨能否以真实作为认定事实标准问题之前，探讨了通过诉讼证明和实践检验能否使认定事实主体绝对确定对案件事实的认识的真实性。

以上七个问题，分五章探讨。第一章探讨的是：一是诉讼认识概念及相关理论，其中区分了两种不同的诉讼认识，区分了案件事实的直接知情者与非直接知情者；二是诉讼证明概念及相关理论，其中区分了证明与检验、证实等概念，明确了诉讼证明的对象；三是诉讼认识与诉讼证明的关系。第二章探讨了“真”是什么、“真”的主客观问题、“真”的程度问题、“真”的证明证实、“真”与对“真”的信念的关系等问题，区分了“真实”与“认识”、“真理”等概念。这是笔者浓墨重彩的一章，本书的三分之一篇幅都在这一章。理解本书的观点，关键也在于这一章和第一章的几个“区分”。第三章探讨了诉讼尤其是刑事诉讼中是否应当追求真实以及能否追求到真实这两个问题。第四章探讨了在具体的案件中认定事实主体能否绝对确定诉讼认识的真实性。第五章探讨了能否以真实作为认定事实标准以及应当以什么作为刑事案件有罪认定的标准。之后，为了使本书的研究落脚于我国的理论和实践，同时对不同观点作出分析和回应，以进一步明确、总结、深化本书的观点，在第六章，以对“真”的几个基本问题的探讨为前提，以诉讼中有关真实的三个重要问题为主线，对我国诉讼法学界关于真实问题研究中的几个模糊概念和几种似是而非的说法以及几种比较有影响的观点进行了分析；在第七章，从保障诉讼认识真实性、认定事实正确性的角度，对我国刑事证据运用的若干问题进行了探讨。

下面，简单介绍一下笔者对以上问题的主要看法：

“认识”一词有时指认识的行为，有时指认识之后形成的认识结果。认识是对未知对象的认识，是从未知到已知的过程。认识与判断密不可分。诉讼认识属于认识的一种。在诉讼中，存在两种不同层次、不同对象、不同目的的诉讼认识，一是以客观的案件事实为认识对象的认识，认识的目的是揭示客观的案件事实，认识的结果是形成关于案件事实的认识；二是对关于案件事实的认识结果的认识，认识的对象是关于案件事实的认识即第一种诉讼认识，认识的目的是判断关于案件事实的认识是否真实，认识的结果是形成关于第一种诉讼认识真实性的信念。要使认定事实正确，则不但第一种诉讼认识应当是真的，即对案件事实的认识应当符合客观的案件事实，而且第二种诉讼认识也应当是真的，即对第一种诉讼认识的真假的认识也应当符合第一种诉讼认识的真假。如果对案件事实的认识不符合客观的案件事实，或者对关于案件事实的认识的真假的认识不符合关于案件事实的认识的真假，以真为假，或以假为真，则都不能正确认定事实。

此外，诉讼中还需要区分案件事实的直接知情者与非直接知情者。直接知情者如目击者、亲身经历者可以是诉讼中的当事人或者证人，但不能是诉讼认识、认定事实主体，换句话说，诉讼认识、认定事实主体不能是案件事实的直接知情者。本书在讨论“认识”、“判断”、“信念”等问题时，都是从作为诉讼认识、认定事实主体的非直接知情者的角度来说的，直接知情者对案件事实的确信不等于非直接知情者的确信，对于不直接知情的诉讼认识、认定事实主体来说，通过证据去认识发生在过去的案件事实，永远不会有案件事实的直接知情者那样的确信。

证明与认识不同，证明是根据一个被认为是真实的命题即论据，论证、说服他人相信或接受另一个命题的真实性或虚假性的过程。作为证明对象的命题，对于证明主体来说，应当是已知的，而且相信它是真实的或虚假的。证明的对象是认识的结果而非认识的对象。未经认识的本体的存在，不能直接作为证明的对象，而一旦认识了，也就表现为关于该认识对象的认识，但作为证明对象的，仍然是关于该认识对象的认识而非该认识对象本身。诉讼证明属于证明的一种。诉讼中，客观的案件事实本身不能直接作为证明对象，诉讼证明的对象只能是关于案件事实的认识。诉讼证明结束时，证明结论也表现为关于案件事实的认识。

本书区分证明与证实，而且区分行为意义上的证明与证实和结果意义上的证明与证实。行为意义上的证明与证实一样，都指证明、论证这个行为，而结果意义上的证明与证实不同。结果意义上的证实程度，表示所“证”的对象的真实性得到绝对确定的“证”，使人百分之百相信和接受所“证”的对象的真实性，而没有任何怀疑——包括合理的和不合理的怀疑，使人觉得没有任何不真实的可能；结果意义上的证明程度，是指达到了使人相信并接受证明对象的真实性或虚假性的程度，而没有达到证实程度即使人绝对确定地相信的程度。

“真”即“真实”。本书坚持“真”的符合论，因为“真”的融贯论、实用论等理论都有着致命的缺陷，不符合常识，不能科学地回答“‘真’是什么”这个重大的哲学命题。从“真”的符合论来看，“真”指的是认识、命题等真值负荷者①与它所表达、揭示、描述的对象的符合。“真”与“认识”不同，即使是真的认识，也仍然是“认识”而非“真”。在国内学术研究中，“真理”一词有时指“真的认识、理论”，有时指“真实”，当“真理”指“真的认识、理论”时，决不能将它与“真实”混用。否则，“真”的主客观问题、“真”的程度问题，以及诉讼法学中不少与真实有关的问题，可能怎么都讨论不清楚。而我国诉讼法学界甚至整个学术界普遍存在对“真理”一词的滥用和误用以及“真理”与“真实”的混用现象，如在同一篇文章中，上文“真理”指“真的认识、理论”，下文“真理”又指“真实”，弄得读者一头雾水；或者甲在其文中“真理”指的是“真实”，乙又将甲文中“真理”理解为“真的认识、理论”并予以反驳，如此等等，导致在相关问题上难以达成共识。

“真”是客观的，“真”的存在以及“真”是什么，不以人的意志为转移，所以真实就是客观真实。认识、命题等有真假问题，一个认识或曰命题，它或者是真的，或者是假的，如果它符合它所揭示、描述的对象，它就是真的，这个“真”就是客观真实；如果它不符合它所揭示、描述的对象，它就是假的，而没有其他可能。所以，没有“主观真实”之说，某个认识如果是真的，这个“真”就是客观真实，而非“主观真实”，如果不符合它所揭示、描述的对象，则它就是假的，也非“主观真实”；如果认识主体“认为”某个认识是真的，那只是对认识的真实性的判断，对该认识的真假本身没有影响，故也非“主观真实”。同样的，是否真实与是否具有法律意义无关，是否真实也不能由法律规定、设定或者

① 所谓“真值负荷者”，也就是那些有真假的“东西”，如命题、认识、判断、陈述、信念等，而不限于认识、命题。真值负荷者区别于那些没有真假的东西，如人、事物等。在本书中，为表述方便，一般用“认识”或“命题”代表真值负荷者。

认可，是否真实不以人的意志为转移。

“真”与对“真”的信念不是一回事。对于某一个认识，它是真的还是假的，虽然是客观的，但你不一定知道它是真的还是假的，而需要你去认识它的真假，或者别人向你证明它的真假，之后就形成了关于这个认识的真实性的“信念”。① “真”与对“真”的信念不能混同，不能将认识主体对于认识真实性的信念，如“相信它是真实的”视为“真实”本身。②

“真”与“真”的证明证实是两个不同的问题。某个认识是真的，别人不一定能够认识到它是真的，这就需要对其进行证明，但证明之后，不一定能够达到证明证实的程度。不能证明证实某个认识符合其认识对象，不等于该认识不符合其认识对象。③ 通过对西方哲学的几种证实理论和马克思主义哲学的实践检验理论的考察，我们知道，对有些认识如以当前事实和未来事实为对象的认识的真实性的证明，是能够达到证实程度的，但并非对所有认识的真实性的证明都能够达到证实程度。

“真”没有程度之分。虽然，认识都是具有一定程度的，在深度、广度上都是有限的、相对的，认识有程度之分；当“真理”指“真的认识、理论”时，“真理”也有程度之分，如“绝对真理”与“相对真理”；信念也有程度之分，如绝对相信、半信半疑等；对“真”的证明证实也有程度之分，如证明程度就低于证实

---

① 即是否相信以及在多大程度上相信它是真的或假的。

② 如在诉讼中，即使要求以客观真实作为认定事实标准，但实际操作中都只能以认定事实主体“相信是真实的”作为标准，有的论者却将“相信是真实的”当做“真实”本身，仍然认为作为认定事实标准的是客观真实本身，这正是混淆“真”与对“真”的信念的体现。

③ 不少人将不能证明证实某认识符合其认识对象等同于该认识不符合其认识对象，将符合的证明证实的困难等同于符合的困难，从而认为符合论难以成立，这在哲学研究中非常普遍，也是符合论以外的其他理论对符合论的重要诘难，我国诉讼法学研究中也存在此类情况。

程度，但是，它们有程度之分不等于“真”也有程度之分。认为“真”有程度之分，必然面临或带来一系列矛盾，这些矛盾无法克服，唯一的出路是承认“真”没有程度之分。某个认识中如果既有真的认识也有假的认识，只能说明这个认识是一定程度的认识，而非这个认识的“真”是一定程度的“真”。[①] 所以，真就是真，假就是假，非真即假，非假即真，不存在一定程度的真实或一定程度的虚假，没有“相对真实”之说。

在诉讼尤其是刑事诉讼中，应当追求真实，而且多数情况下能够追求到真实。这里的“真实”都指的是“客观真实”。

能否以真实作为认定事实标准，取决于诉讼中能否追求到真实，即关于案件事实的认识是否真实以及认定事实主体能否绝对确定关于案件事实的认识的真实性，如果关于案件事实的认识在多数情况下是真实的，而且在具体案件中认定事实主体能够绝对确定关于案件事实的认识就是真实的，那么就可以真实即客观真实作为认定事实标准，也就应当以真实作为认定事实标准。然而，虽然诉讼中关于案件事实的认识在多数情况下是真实的，但由于客观的案件事实不复存在，而且认定事实主体并非案件事实的直接知情者，在

---

① 本书是站在“真”的符合论的立场上探讨问题的。以上说法的一个理论前提是：理解“真”的符合论中的“符合”，应当从最基本单元着眼。何谓“最基本单元”？假如有一个命题，其中包含数个独立的命题，其中独立的、不能再分割的、没有包含更小的子命题的命题就属于“最基本单元”，如“这里有一张红色的桌子”这个命题中包含的“这里有一张桌子”和“这张桌子是红色的”这两个独立的、不能再分割的命题即“最基本单元”。从最基本单元着眼来理解符合论中的“符合”，那么如果一个命题集合中有真的子命题也有假的子命题，我们不能笼统地说这个命题集合是“真”的还是“假”的，不能说这个命题集合的“真”只是一定程度的“真”、相对的“真”。“真”没有程度之分，只能说这个命题集合中有真的命题也有假的命题。笼统地说一个包含真命题和假命题的命题集合是真的或是假的，这只是方便和习惯的说法，从严格的理论上分析，我们不能这么说。对这个问题的详细分析，读者可参见本书第二章“‘真’是什么”和“‘真’的程度问题”两部分。

案件事实发生时没有直接“接触”客观的案件事实，所以在具体的案件中，不管是通过诉讼证明，还是通过实践检验，都不能使认定事实主体绝对确定诉讼证据的真实性，不能绝对确定客观的案件事实是什么，不能绝对确定某个具体的关于案件事实的认识就是符合客观的案件事实的，不能绝对确定某个具体的关于案件事实的认识就是真的。① 既然诉讼中认定事实主体对真实不能绝对确定，那么也就不能以真实即客观真实作为认定事实标准，以客观真实作为认定事实标准就是一个不切实际的要求。② 有的论者认为，不少案件在“众目睽睽”之下发生，客观的案件事实是什么是能够绝对确定的，所以能够以客观真实作为认定事实标准，其错误根源在于没有认识到诉讼中案件事实的直接知情者的信念与非直接知情者的信念的区分。有的论者认为，只要诉讼中多数情况下能够追求到真实，只要关于案件事实的认识多数是真实的，就可以真实即客观真实作为认定事实标准，其错误根源在于：没有认识到两种不同的诉讼认识的区分；没有认识到能否追求到真实与能否以真实作为认定事实标准是两个不同的问题。③

---

① 当然，诉讼认识不能证实并不一定不能证伪，虽然无法使认定事实主体绝对确定某个关于案件事实的认识就是真实的，但有时通过诉讼证明或实践检验能够证伪诉讼认识，能够使认定事实主体绝对确定某个关于案件事实的认识就是假的。

② 这是因为，在具体案件中，虽然关于案件事实的认识很可能是真实的，但认定事实主体不能绝对确定它就是真实的，而只能在一定程度上相信它是真实的，即使相信它极可能是真实的，但也只是对真实的信念而非真实本身，如果仍然要求以真实即客观真实本身作为认定事实标准，则将没有一个案件能够达到这一标准。

③ 之所以混淆能否追求到真实与能否以真实作为认定事实标准这两个问题，也是因为没有认识到两种不同的诉讼认识的区分。实际上，在我国诉讼法学研究中，没有区分两种不同的诉讼认识，混淆能否追求到真实与能否以真实作为认定事实标准这两个问题，是很普遍的，在认定事实标准问题的争论中，不管是主张还是反对以客观真实作为认定事实标准，争论的焦点都集中在诉讼中能否追求到客观真实，即关于案件事实的认识能否达到客观真实，而没有考虑认定事实主体能否绝对确定关于案件事实的认识的真实性。

能够作为认定事实标准的，既不是客观真实，也不是任何其他意义的所谓“真实”，而只能是认定事实主体内心对诉讼认识真实性的某种程度的信念。有的论者虽然认识到作为认定事实标准的是关于诉讼认识真实性的某种程度的信念，但将这种关于真实的信念视为某种意义的比客观真实更低程度的“真实”，其错误的根源在于混淆了“真实”与关于真实的“信念”；将“信念”有程度之分等同于“真实”有程度之分。有的论者将关于诉讼认识真实性的某种程度的信念，如“内心确信”视为“主观真实”，其错误根源在于：没有认识到“真”是客观的；混淆了“真实”与关于真实的“信念”。

在诉讼中，对案件事实的认识都只能是一定程度的，而不可能穷尽一切认识对象，也不可能对一切认识对象的认识都是真的，其中很可能既有真的认识也有假的认识，如对犯罪行为人的认识是真的，而对凶器长短的认识是假的。在“真”的符合论的立场上，“真”即认识与其认识对象的符合，真实就是客观真实，一个认识体系中如果有真的认识也有假的认识，则其中一个认识的假不会影响另一个认识的真，对于真的认识来说，该认识的真仍然是客观真实。关于案件事实的认识中既有真的认识也有假的认识，只能说明关于案件事实的认识是一定程度的认识，只能说其中有的认识是真的、有的认识是假的，而不能由此认为关于案件事实的认识虽然是真实的但只是一定程度的真实。① 有的论者认为，由于时空条件的限制和人类认识能力的局限性，对案件事实的认识不可能穷尽一切认识对象，不可能查明案件全部真相，不可能都是真实的认识，所以追求不到客观真实，而只能追求到“接近”客观真实的“真

① 人们习惯所称的“某个关于案件事实的认识是真的”，只是笼统而非严谨的说法，实际上指的是其中多数认识尤其是对于定罪量刑具有意义的认识是真的，并不一定其中所有的认识都是真的，更不意味着这种说法中的“真”只是一定程度的“真”。

实”，对案件事实的认识的真实只能是一定程度的真实，所以应当以“接近”客观真实的“真实”作为认定事实标准，其错误根源在于：一是错误理解客观真实，没有认识到真实就是客观真实，没有区分“真实”与“认识”，混淆“真实”与在“真的认识、理论”意义上的“真理”，将所谓的“绝对真实”等同于绝对真理，将所谓的“相对真实”等同于相对真理，将客观真实等同于绝对真理或所谓的“绝对真实”，将客观真实理解为穷尽一切对象的认识而且所有的认识都是真实的，从而认为客观真实追求不到；二是没有认识到“真”没有程度之分，将“认识”的程度问题等同于“真实”的程度问题，从而提出“接近”客观真实的“真实”的说法。

在诉讼中，由于证明对象和证明结论都表现为关于案件事实的认识，所以作为裁判依据的“事实”，以及裁判者认定的“事实”，都只是关于案件事实的认识，而非客观的案件事实本身，也非“法律事实”。[①] 对案件事实的认识一旦形成，不管它是真的还是假的，它的真或者它的假都是确定的、客观的，并不以人的意志为转移。在诉讼中，不确定的是认定事实主体对关于案件事实的认识的真实性的判断，而非关于案件事实的认识是否真实的不确定；认定事实主体对关于案件事实的认识的真实性的相信只能是一定程度的，但并不能由此认为关于案件事实的认识的真实只是一定程度的真实。有的论者基于认定事实主体对关于案件事实的认识真实性的判断不能绝对确定，即只在一定程度上相信它是真实的，而认为关

① 法律事实指的是具有法律意义的事实，而非“关于案件事实的认识”。法律事实首先必须是事实。事实是“人的活动对象自身的客观存在状态”，不能将事实理解为“关于事实的认识”。事实都是客观的，事实也就是客观事实，所以，法律事实也必须是客观事实，在概念上，“法律事实”并不与“客观事实”相对，而与“不具有法律意义的事实”相对而言。

于案件事实的认识的真实只是一定程度的真实,[①] 其错误根源在于:没有认识到诉讼中两种不同的诉讼认识的区分;混淆“真”与对“真”的信念,没有认识到“真”没有程度之分,将信念的程度问题等同于“真”的程度问题。

认定事实标准有层次之分,但不管是何种层次的认定事实标准,都只能是认定事实主体内心对诉讼认识真实性的某种程度的信念。对于刑事裁判来说,以“排除合理怀疑”作为有罪认定的标准,是一个相对理想的选择,我国也不例外。

以上是笔者对本书所要探讨的问题的主要看法。需要说明的是,本书虽然探讨的是诉讼中有关真实的几个重要问题,但“诉讼中的真实问题研究”这个题目太大,本书探讨的只是其中较为重要且有意义的与诉讼认识、诉讼证明有关的几个真实问题,所以用“诉讼认识、证明与真实”这个题目,且以刑事诉讼为主要研究对象,在具体探讨中,当涉及诉讼中的共性问题时,本书不分刑事诉讼还是民事诉讼、行政诉讼,而涉及的问题在不同诉讼中有所区别时,本书主要探讨刑事诉讼中的问题,仅指出“刑事诉讼”。

基于行文方便,本书中,认定事实主体仅限于其认定事实行为可能产生一定法律效力的法定人员,如侦查人员、审查起诉人员、审判人员以及我国的审判委员会委员、检察委员会委员等其他具有

---

① 一个似乎被不少人接受的说法是,某个判决如果被认为很有可能是正确的,如有 80% 或 90% 的可能是正确的,则该判决所认定的“事实”即关于案件事实的认识是真实的,只不过是“法律真实”或“相对真实”。这就是由于不能绝对确定关于案件事实的认识的真实性,就认为关于案件事实的认识的“真”是“法律真实”或“相对真实”的典型例子。实际上,判决中认定的“事实”,如果它符合客观实际,那它就是真的,就是客观真实;如果不符合客观实际,那它就是假的。无论它是真的还是假的,它的真或假都是确定的,只不过人们不能绝对确定它是真的还是假的,而认为它有 80% 或 90% 的可能是真的,但这显然属于对它真实与否的认识、信念、判断的不确定,而非它是否真实本身的不确定,只能说明认定事实主体在一定程度上相信它是真的,而非它的真只是一定程度的真。

实际认定事实权力的人员。由于认定事实伴随着诉讼认识，本书中，诉讼认识主体与认定事实主体的范围是一致的，根据上下文，有时称“诉讼认识主体”，有时称“认定事实主体”，有时称“诉讼认识、认定事实主体”，其所指都是一样的。

二、本书注重的几个方面

1．注重概念的分析、区分以及概念运用的一致性

学术研究中不少问题讨论不清楚，以致出现“公说公有理、婆说婆有理”的局面，症结之一在于概念界定不清晰，所指不明确，使用不统一，滥用、误用个别语词，混用不同语词。笔者探讨问题，多从分析概念入手，明确概念内涵，区分不同概念。① 分析和区分概念是展开理论探讨的前提。分析和区分概念本身，经常也是理论的展开。本书分析了几个容易产生歧义的概念，区分了几个容易混淆的概念。当然，分析和区分这些概念都是行文所必要的，是探讨问题的前提，绝非钻牛角尖，玩文字游戏。② 同时，笔者注重概念运用的一致性，在全书中，同一概念其所指是一致的。

2．注重分析说理

本书不在于提出多少新颖的、令人耳目一新的观点，而注重对问题的分析，注重分析的依据、论证的过程以及推理的严谨，努力

---

① 虽然这种研究方法被不少学者认为“过时”了，但不得不承认的是，在我国目前的研究阶段，分析概念、明确概念内涵、区分不同概念，仍很有必要，否则很容易陷入“自说自话”的局面。

② 对此，张建伟先生形象地指出：“每一个术语都是一个小小的匣子。术语的含义构成了这个匣子的内容物。有些术语是用深奥的或者特别的字眼构成的，也有不少是用很浅显的、简明的字眼组成的。本来这些匣子（无论出于哪种语言）的内容物是特定的，但有时匣子没有变化，内容却出现了变化，以致匣子都是一样的，打开匣子，呈现在我们眼前的东西并不都是完全一样的。……这使得我们不得不进行一番学究式的考辨，以期在语言迷障中找出一条不致迷失的路”（参见张建伟著：《刑事司法体制原理》，中国人民公安大学出版社2002年版，第9页）。笔者对此深有同感。

做到言之有据、言之成理，尽量避免独断式的论断。

3. 注重基础问题的研究并运用基础学科理论成果探讨和解决诉讼法学基础性问题

在我国诉讼法学关于真实问题的研究中，目前还缺乏对基础性问题的研究，多数是直接切入主旨，而没有探讨前提性、基础性问题，前提性、基础性问题没有探讨清楚，结论当然难以达成共识了。本书中，笔者力求运用哲学理论成果，探讨几个基础性问题，如“真”是什么，“真”的主客观问题，“真”的程度问题等，以之作为探讨诉讼法学有关问题的基础。只有深入地作这样的基础性研究，诉讼法学中有关真实的问题才能探讨清楚。[①] 同时，考虑到诉讼认识、证明同历史认识、证明一样，都是对过去事实的认识、证明，所以也适当运用了历史哲学的相关理论成果来探讨本书的问题。

4. 注重常识

很多看似深奥的道理，其实只是人们的常识。本书以常识为“大本营”，对不少问题的探讨其实只是回归常识、重申常识的过程，如对“真”是什么的回答、对极端怀疑论的回应，依靠的是常识，出发点是常识，落脚点也是常识，甚至诉讼中关于真实问题的有些结论，也是常识性的。[②]

---

① 当然，本书是否已经探讨清楚，只能由读者评判了。但不管如何，深入地研究这些基础问题，对于解决诉讼中有关真实的问题是非常必要的。

② 本书的结论看起来都很简单，也不出人意料，但论证的过程却并不简单，也简单不了，而需要澄清一系列基本概念，思辨一系列基本理论，正如有学者所说的：“常识总是以简单明了的概括形式深植于我们的头脑之中，但是要梳理和辨伪它们，就需要复杂的知识和理论。人对自身的了解并非是自明的，人的习性也并非天然如此。回到常识，我们真的是需要花费很大的工夫”（参见徐卉：《回到常识——〈事实认定：常识、司法认知与社会科学证据〉导读》，载王敏远编：《公法》第 4 卷，法律出版社 2003 年版，第 275 页）。

以上所注重的，也是本书所运用的主要研究方法。如果本书有所特色的话，那么以上这些方面正是本书的特色；如果本书有所价值的话，那么价值也主要在于以上所注重的几个方面。

第一章 诉讼认识与诉讼证明

第一节 诉讼认识

一、认识

（一）何谓认识

一般认为，“认识”指的是人脑对客观世界的反映，[①] 或者说是主体对客体的能动的反映。按照马克思主义认识论的看法，“认识”的基本含义是：第一，认识的对象是独立于主体意识之外的客观物质世界，认识的产生依赖于客观对象，认识的内容来自客观对象；第二，认识的主体是具有能动性的社会的人，认识是主体发挥其能动性走向客体，揭示客体的过程；第三，认识能够达到与客体相符合，不仅可以符合于客体的现象，而且能够揭示出客体的本质和规律。[②]

有学者指出，认识是主体能动地反映客体的活动及其结果，认识作为活动，是指人脑反映物质世界的过程；作为结果，是指人脑

① 中国社会科学院语言研究所词典编辑室编：《现代汉语词典》（增补本），商务印书馆 2002 年 8 月修订第 3 版，第 1067 页；《辞海》，上海辞书出版社 1989 年版，第 1003 页。

② 田心铭著：《认识的反思》，人民出版社 2000 年版，第 134 页。

反映物质世界获得的成果，即知识及其物化的产物。① 也就是说，“认识”一词有时指行为意义上的“认识”，即“认识”这个行为，有时指结果意义上的“认识”，即认识之后形成的、以描述认识对象为内容的认识结果。② 在本书中，“认识”一词有时指行为意义上的认识，有时指结果意义上的认识，如“诉讼认识的真实性”，这里当然不是指诉讼认识行为的真实性，而是指诉讼认识之后形成的认识结果的真实性。

关于“认识”，需要探讨的问题很多，如认识的主客观问题，认识与物质的关系问题，认识的能动性问题，认识与实践的关系问题，等等。但是，对于本书更有意义的，需要着重提出的，则是认识的对象问题。

（二）认识的对象

按照马克思主义认识论的看法，认识的对象是独立于主体意识之外的客观物质世界。③ 根据认识对象的不同，认识可以分为以“事”为认识对象的特殊性认识和以“理”为认识对象的普遍性认识。④ 但不管是特殊性认识，还是普遍性认识，认识的对象都是“独立于”认识主体的意识之外的，而认识的目的就是要“了解”、“知道”认识对象，所以认识的对象对于认识主体来说，应当是未

---

① 田心铭著：《认识的反思》，人民出版社 2000 年版，第 9 页。

② 有时人们以“知识”一词表示“认识的结果”。但是，哲学认识论中的“知识”与本书的“认识结果（内容）”不完全一样，前者的“知识”一般指已经被证实了的真的认识（内容），如“知识是认识主体对外在事物正确把握后形成的信念”，“知识是信念，是真的信念，是经过证实的信念”（参见胡军著：《知识论》，北京大学出版社 2006 年版，第 45、57 页）。而在本书中，认识（内容）既包括已经证实为真的认识，也包括未经证实的认识；既包括真的认识，也包括假的认识。所以，本书不用“知识”概念来表述“认识（内容）”，当然在引用哲学认识论的有关说法时，也会用到“知识”概念。

③ 田心铭著：《认识的反思》，人民出版社 2000 年版，第 134 页。

④ 金岳霖著：《知识论》（下），商务印书馆 1983 年版，第 751 页。

知的。“不论是认识还是证明，作为一种活动，都是由特定的主体所进行的。对该主体而言，所需要认识的对象往往是指未知的对象”。①

反过来说，已经认识了，已经“知”了，也就不需要去认识了，这是很浅显的道理。对于我们面前的桌子，我们似乎已经认识了，如“它是一张桌子”，“这张桌子是方形的”，等等。但有时我们仍然可能去认识它，其实这时的认识不是去认识已经认识的关于桌子的“东西”，如它是不是桌子这个问题，已经不再需要认识了，而是去认识尚未认识的关于桌子的“东西”，如这张桌子的制造年代等。也就是说，这张桌子还有尚未被认识的内容，所以需要进一步去认识它，此时认识的对象不再是关于这张桌子的已知的“东西”，而是这张桌子的未知的“东西”。

既然认识的对象是未知的，那么认识的过程也就是从“未知”到“知”的过程，认识的主体就是对于认识对象未知而需要去认识的人，② 如果已经认识或者虽然尚未认识但没有认识的需要，也就无须认识。

关于认识的对象，对于本书最有意义的是：认识对象对于认识主体来说是未知的。此外，需要注意，认识对象虽然对于认识主体来说是独立的，不以认识者的意志为转移，但不一定就是“看得见”、“摸得着”的有“硬性”的东西，不但“桌子”、“下雨”可以成为认识的对象，“真”、“假”、“2”以及物理学中的“场”这样看不见、摸不着的东西也可以成为认识对象，以外在形式如语言、文字表现出来的认识的结果也可以成为认识对象，一个认识，

---

① 王敏远：《一个谬误、两句废话、三种学说——对案件事实及证据的哲学、历史学分析》，载王敏远编：《公法》第4卷，法律出版社2003年版，第253页。

② 有人认为，从更广泛的意义上说，认识主体也许不限于人，如金岳霖先生在《知识论》中就持这种看法。但这个问题与本书主旨无关，这里不予讨论，而姑且将认识主体限于人。

虽然它在形成的时候，形式是主观的，而且以认识者的意志为转移，但一旦形成，它也就成为不以人的意志为转移的东西了，[①] 同样可以成为另一个认识的对象。所以，认识对象既不限于“看得见”、“摸得着”的有“硬性”的东西，也不限于与认识完全无关的东西。

关于认识对象，先说到这里，在下文关于“真”是什么的探讨中，还要继续分析。

（三）认识与判断

认识必然伴随着判断，认识者同时应当是判断者，“判断是认识的工具”。[②]“认识”作为活动往往不仅仅是指“知道”，而是包含一定的解释、理解、判断的，也就是说，“认识”作为一种活动往往是包含一定的解释、理解、判断的“知”。[③] 认识这个行为如果想要有所结果，那么必须有所“判断”、“断定”，除非只需要认识的行为而不需要任何认识的结果。

同样，判断需要以认识为前提，没有认识，哪能判断？即使是最简单的判断，在判断之前，都要先去认识。判断者同时也是认识者。当然，作为判断前提的认识，在判断之前，有时多，有时少，但不管怎样，要想有所判断，则必须先去认识。

二、诉讼认识

以认识对象为划分依据，认识可以作不同的分类，如自然科学的认识与社会科学的认识，对过去事实的认识与对当前和未来的事

① 当然，你可以对这个认识（命题）进行修改，但修改之后，只不过成了另一个认识（命题），原来的认识（命题）不会因为你的修改而不再存在，就如“张三”这个人，虽然被别人杀了，已经不在这个世界上了，但你不能否认有“张三”这个人，“张三”这个人仍然可以作为你认识的对象。

② 石开贵主编：《法律逻辑学》，四川教育出版社2001年版，第62页。

③ 刘永富著：《真假论纲》，中国社会科学出版社2002年版，第13页。

实的认识，对特殊事物的认识与对普遍规律的认识，等等。诉讼认识也是认识的一种，而且与历史认识一样，属于对过去事实的认识。

（一）区分两种不同的诉讼认识

在诉讼中，存在两种不同层次、不同对象、不同目的的诉讼认识。

1. 第一种诉讼认识及其认识对象①

第一种诉讼认识是对案件事实的认识，认识对象是客观上发生的案件事实，认识的目的是发现、揭示客观的案件事实，认识的结果是形成或真或假的关于案件事实的认识。②

对此需要作几点说明：

首先，第一种诉讼认识的认识对象是客观上发生的案件事实，虽然这个认识对象应当是客观的事实，而且应当是具有法律意义的事实，但在认识的时候，认识主体并不一定知道是否"确实有这回事"，也不一定知道它是有法律意义的还是没有法律意义的，它可能实际上是没有法律意义的，如被害人自杀的事实，甚至可能是完全虚构的"事实"，而一旦发现它不是具有法律意义的事实，或者发现虽然误以为发生了某个"事实"而实际上没有发生，也就应当停止诉讼认识。这里要强调的是，第一种诉讼认识的认识对象

① 在法学研究中，有时"对象"与"客体"区分得很明显，如刑法学中的"犯罪客体"与"犯罪对象"，但多数时候"客体"与"对象"混用，如诉讼认识、诉讼证明的对象、客体。本书中，"对象"与"客体"在同等意义上使用。

② 为什么称"第一种"诉讼认识而不称"第一个"诉讼认识？因为区分两种诉讼认识的依据是认识对象，而对同一个对象的认识，在诉讼中可能不止一次，所以以认识对象为区分依据，它们属于一类认识。下文中"第二种诉讼认识"也是如此，不但不止一次认识，而且不止一个层次的认识，但不管是哪一次的认识，不管是哪个层次的认识，只要认识对象一样，就都属于一类认识。

是那个引起诉讼的客观上发生的事实[①]及相关事实，而区别于第二种诉讼认识的对象。

其次，以刑事案件为例，作为第一种诉讼认识的对象的案件事实，并不仅仅限于犯罪事实本身，如自首，也是第一种诉讼认识的对象。

再次，在第一种诉讼认识的具体认识中，并非认识案件事实中的所有事实，而只需认识与案件处理有关的事实，如刑事案件中与定罪量刑有关的事实，或者是所谓的“法律事实”。

最后，第一种诉讼认识以客观的案件事实为认识对象，并非直接“接触”、“观察”客观的案件事实，而是通过证据对客观上发生的案件事实进行认识。

2. 第二种诉讼认识及其认识对象

对案件事实的认识即第一种诉讼认识形成结果之后，虽然这个认识结果是真的还是假的，不以人的意志为转移，但是对于认识主体来说，却仍然存在这个认识结果是真还是假的问题，于是需要对这个认识结果进行认识和判断，[②] 也就是对以案件事实为认识对象的诉讼认识即第一种诉讼认识的认识。[③] 为区别于对案件事实的认

---

① 误以为发生了某个“事实”而实际上没有发生，这个事实本身也是客观的事实。

② 而如果不对第一种诉讼认识进行认识，则不能断定这个诉讼认识是真的还是假的，对于认识主体就没有意义。

③ 第一种诉讼认识即对案件事实的认识，基于表述的方便，笔者可能在不同的场合称其为“关于案件事实的认识”、“对案件事实的认识”、“以案件事实为对象的认识”，意思都是一样的。

识，可以称这种认识为第二种诉讼认识。① 第二种诉讼认识的认识对象是第一种诉讼认识，② 认识目的是判断第一种诉讼认识是真的还是假的，认识结果是形成关于第一种诉讼认识的真实性的一定程度的信念。③

3. 两种诉讼认识的关系

两种不同的诉讼认识，其区分依据不是认识主体，不能简单地把刑事诉讼控辩双方理解为第一种诉讼认识的主体，把裁判者理解为第二种诉讼认识的主体，也不是认识的时间、顺序、阶段，而是认识对象。第一种诉讼认识的认识对象是客观的案件事实，第二种诉讼认识的认识对象是关于案件事实的认识，即第一种诉讼

---

① 可能有人会提出，第二种诉讼认识实际上是判断，即判断第一种诉讼认识的真假，此话不假，这个过程中判断的作用更突出。但笔者的看法是，认识与判断不可分，认识必伴随判断，判断之前必有认识，没有认识，你怎能判断？第二种认识之后形成的认识结果实际上也有真假问题，如果非要用“判断”表示第二种认识，那第二种认识的真实性就用“判断的真实性”来表示？似乎不符合一般的语言习惯。因此，本书按照习惯，不用“判断”而统一用“认识”，称其为“第二种诉讼认识”。

② 认识、命题等真值负荷者有真假问题，“事实”没有真假问题，只有“是”还是“非”的问题，如这个东西“是”树还是“非”树。在诉讼中，对“案件事实”的认识实际上就是对“案件事实是什么”的认识，同样的，对第一种诉讼认识的认识，其实就是对第一种诉讼认识的真假的认识，所以本书有时称“对第一种诉讼认识的认识”，有时称“对第一种诉讼认识的真实性的认识”，意思是一样的。

③ 对以案件事实为认识对象的诉讼认识进行认识之后，也会形成一个认识结果，这个认识结果也有真假问题，所以这个认识结果也可以成为下一个认识的对象，即对这个认识结果的真假的认识，如此就可能有无数个层次的认识。但读者应当注意，对第一种诉讼认识的认识及其后的认识都是一样的认识，都是对认识真实性的判断，所以本书都称它们为“第二种诉讼认识”，而与这些认识有区别的，正是本书所说的第一种诉讼认识，区分依据正是认识对象的不同，这样读者也许就能明白本书中两种诉讼认识的认识对象有何不同了，就能明白两种诉讼认识有何不同了。

认识。[①]

本书将两种不同的诉讼认识截然分开，是为了理论探讨的方便，或者说是对有关问题进行理论分析的需要。实际上，两种诉讼认识是相伴相随的，对于诉讼认识主体来说，有第一种诉讼认识必然有第二种诉讼认识，没有第二种认识，哪能判断第一种认识是真的还是假的？不知道第一种认识是真的还是假的，那这个认识还有什么意义？而从认识主体的角度来说，如果他内心完全不知道自己的认识是真的还是假的，也就不会让它形成认识结果了。同样的，有第二种诉讼认识必然也会有第一种诉讼认识，没有第一种诉讼认识，第二种诉讼认识就没有认识对象，也就没有认识的必要。有人可能会说，对于裁判者来说，他只需要判断诉讼双方的诉讼认识是否真实，而不需要对案件事实进行认识，所以只有第二种诉讼认识，而不需要第一种诉讼认识，如"在现代诉讼中，裁判者认识的目标并非'客观实在'而是案件事实（所描述的纠纷事实），这一事实既可能如实地反映客观发生的社会生活事实，也可能背离客观社会事实"，"裁判者需要认识的客体已不再是社会生活中客观发生的纠纷事实，而是语言陈述所描述的纠纷事实（即案件事实）"。[②] 这里所说的认识显然指的是本书中的第二种诉讼认识。笔者认为，即使法律作出这样的要求，但在裁判者内心也不可能不凭借证据对案件事实进行认识，否则他凭什么来判断他人的诉讼认识是否真实？如果说凭借证据来判断，那么认识、审查、运用证据的过程实际上也就对案件事实进行认识了。例如，你让我认识一下

---

① 不仅是诉讼中存在这么两种不同层次的认识，在其他的认识中也有这样不同层次的认识，如对桌子的认识，在头脑中形成"这张桌子是白色的"的认识结果之后，需要进一步对这个认识结果进行认识，如判断"这张桌子是白色的"这个命题是真的还是假的。

② 吴宏耀著：《诉讼认识论》（博士学位论文），中国政法大学图书馆馆藏，2002年，第6、14页。

“2006年1月1日下雨”这个命题是否真实，如果我不去收集有关资料，我当然不能认识和判断这个命题是否真实，而我收集气象资料，根据气象资料来判断这个命题，实际上也已经对2006年1月1日这一天是否下雨进行认识了，看似凭借气象资料对那个命题是否真实进行判断，实际上是根据我自己的那天是否下雨的认识对那个命题进行判断。所以，在实际的认识活动中，两种诉讼认识是相伴相随的。①

两种诉讼认识的过程一般是这样的：先是最初的认识者对案件事实进行认识、判断，之后形成关于案件事实的认识，即第一种诉讼认识，再需要对自己的第一种诉讼认识的真实性进行认识、判断，从而形成关于第一种诉讼认识的真假的信念，②如果认为自己的第一种诉讼认识是真的，接下来，为了让下一个判断者③接受自己的第一种诉讼认识的真实性，需要向该判断者证明其真实性，该判断者一方面通过证据对案件事实进行认识，即进行第一种诉讼认识，另一方面对自己的认识及前一个认识者的认识的真实性进行认识、判断，即进行第二种诉讼认识，形成关于第一种诉讼认识的真实性的信念。如果还有下一个判断者，则重复同样的过程。④

---

① 下文中如果只是笼统地提到“诉讼认识”，则都包括两种诉讼认识。

② 自己对自己的认识的真假也是有一个判断的，如刑事案件侦查结果出来后，侦查人员内心里对该结果的真实性也有个判断，形成该结果是真还是假的一定程度的信念。

③ 这里的“判断者”不限于裁判者，审查起诉人员相对于侦查人员来说也是下一个判断者，即使在同一个诉讼阶段也可能不止一个判断者，如在我国刑事案件的审查起诉中，检察长或检察委员会委员对于承办人来说也是下一个判断者，他们也需要对承办人的第一种诉讼认识的结果进行判断，形成关于诉讼认识真实性的信念，进而作出起诉或不起诉的决定。

④ 当然，这也只是理论上的说明，实际上两种诉讼认识是交织进行的，进行第一种认识的同时也判断第一种认识是否真实，即进行第二种认识，而不像本书所说的那样泾渭分明。而且，对于同一个认识主体，第二种诉讼认识之后，也可能进一步进行第一种诉讼认识，接着再进行第二种诉讼认识，如此等等。

4. 区分两种诉讼认识的意义

第二种诉讼认识，即对第一种诉讼认识的真实性的认识，其结果是形成关于第一种诉讼认识的真实性的信念，这种信念也是和认识、命题一样的真值负荷者，其本身也有真假问题，也有和客观实际是否符合的问题，如果认为第一种诉讼认识是真的，而第一种诉讼认识确实是真的，或者认为第一种诉讼认识是假的，而第一种诉讼认识确实是假的，那么该信念就符合客观实际，第二种诉讼认识就是真的。

要使诉讼中的认定事实正确，对案件作出正确的处理，则不但第一种诉讼认识应当是真的，即对案件事实的认识符合客观的案件事实，而且对第一种诉讼认识的真假的认识也应当是真的，即对第一种诉讼认识的真假的认识符合第一种诉讼认识的真假。在诉讼中，如果对案件事实的认识与客观的案件事实不符，固然没有追求到真实，不能对案件作出正确的处理，而如果对以案件事实为对象的认识的真假的认识不符合该认识的真假，即对案件事实的认识实际上是真的，认定事实主体却以为是假的，或者对案件事实的认识实际上是假的，认定事实主体却以为是真的，则同样没有追求到真实，同样不能对案件作出正确的处理。在我国诉讼法学界，不少学者没有认识到两种不同的诉讼认识的区分，以为只要对案件事实的认识符合客观的案件事实，那么任务也就完成了，也就能作出正确的裁判了，所以只将研究重点放在诉讼中能否认识到客观的案件事实这个问题上，如在以什么作为认定事实标准或曰证明标准这个问题的争论中，一般只是讨论关于案件事实的认识能否达到真实，而没有探讨能否认识到对案件事实的认识是否真实，实际上，即使对案件事实的认识是真的，而如果不能认识到对案件事实的认识是否真实，则对于认定事实也是远远不够的。还有，经常混淆两种不同诉讼认识中的问题，如对以案件事实为对象的认识真实性的判断的不确定，误以为是对案件事实的认识的真假的不确定，从而认为诉讼中难以追求到客观的真实；在一定程度上相信以案件事实为对象的诉讼认识的真实性，误以为该认识的真实只是一定程度的真实，从而主张以比客观真实更低程度的真实作为认定事实标准，等等。对此下文有详细探讨。

（二）区分诉讼中案件事实的直接知情者与非直接知情者

在现代诉讼中，一个人不能既是案件事实的直接知情者，[①] 又是案件事实的认识者、判断者。[②] 一方面，从常理来说，已经知情了，就无须认识和判断；[③] 另一方面，根据法律要求，在诉讼中，案件事实的直接知情者可以是当事人或证人，但不能是侦查、审查起诉、审判人员等认识者、判断者，也就是说，诉讼认识、认定事实主体不能是案件事实的直接知情者，如目击者、亲身经历者。[④]

案件事实的直接知情者与非直接知情者的区分非常重要，在本书中，讨论“认识”、“判断”、“信念”等问题，都是从不直接知情的诉讼认识、认定事实主体的角度来说的，也就是说，诉讼认识、认定事实主体对案件事实是不直接知情的。这样，就存在下文要探讨的诉讼认识、认定事实主体能否绝对确定对案件事实的认识是否真实的问题了，而如果诉讼认识、认定事实主体对案件事实是

---

① 由于这里区分案件事实的直接知情者与非直接知情者，是为下文探讨诉讼认识、认定事实主体能否绝对确定对案件事实的认识是否真实这个问题提供理论准备，所以为避免争议，这里的直接知情者限于目击者和亲身经历者。还有，非直接知情者不一定就是间接知情者，除了间接知情者，还有完全不知情者。

② 历史上出现过案件知情者包括直接知情者作裁判者的情况，这里仅是从现代诉讼的一般情况来说的，如果哪个原始部落还存在这种情况，则另当别论。

③ 对于某个事物，如果某人只是“一知半解”，则虽然有需要他继续去认识和判断的，但也只是去认识尚未认识的内容，对于已经“一知半解”的那部分内容来说，仍然无须他去认识和判断。

④ 这里只是强调诉讼认识、认定事实主体不能是案件事实的直接知情者，而不意味着非直接知情者就可以作为诉讼认识、认定事实主体，比如说，在诉讼之前已经间接了解案情的人，可能作为证人，而不能作裁判者。

直接知情的，如亲眼所见，那么绝对确定对案件事实的认识的真实性，对他们来说也就不成问题了。人们常说，某某在“光天化日”、“众目睽睽”之下行凶，但要注意，“光天化日”、“众目睽睽”只对目击者有特别意义，目击者心中对“行凶”的绝对确信不等于不直接知情的判断者如裁判者的确信，对于不直接知情的判断者来说，通过证据去认识发生在过去的案件事实，永远没有案件事实的直接知情者如经历者、目击者那样的确信。读者千万不要从自己作为一个可能的直接知情者的角度来理解和看待这些问题。否则，本书中的不少问题将无法理解。

(三) 刑事诉讼中的认识主体

本书的主要研究对象是刑事诉讼，下面对刑事诉讼的认识主体作一分析。当然，本书的主旨并非探讨刑事诉讼的认识主体，这里并不全面分析刑事诉讼中的认识主体有哪些，而只是从本书需要出发，以公诉案件为例，分析几种诉讼参与人是否为刑事诉讼认识主体。

认识的过程是从未知到已知的过程，第一种诉讼认识的对象是客观上发生的案件事实，那么从理论上说，在刑事诉讼中，只要对客观上发生的案件事实未知而且有认识的必要的人，都可能是第一种诉讼认识的主体。前面说过，第一种诉讼认识与第二种诉讼认识相伴相随，如果是第一种诉讼认识的主体，也必然是第二种诉讼认识的主体。从理论上分析诉讼认识的主体，其实不需要区分第一种诉讼认识和第二种诉讼认识。还有，既然是诉讼认识主体，那么首先必须有诉讼存在，也就是诉讼发生后的认识，没有诉讼存在，也就无所谓诉讼认识主体了。所以，是否为刑事诉讼的认识主体，可以从这几个方面考虑：是否对案件事实知情，有没有认识的必要，是否为在诉讼中的认识，等等。

1. 侦查人员

案件事实发生后，侦查人员需要通过调查、收集证据，对案件事实进行认识。第一种诉讼认识之后，他们需要认识、判断自己的第一种诉讼认识的真实性，此即第二种诉讼认识。他们属于典型的刑事诉讼认识主体。①

2. 审查起诉人员

在刑事诉讼中，侦查机关将案件移送审查起诉后，审查起诉人员需要根据证据，对案件事实进行认识。第一种诉讼认识之后，他们需要对侦查人员及自己的第一种诉讼认识的真实性进行认识、判断，如果辩护方提出辩护意见，同时需要对辩护方的第一种诉讼认识的真实性进行认识、判断，此即第二种诉讼认识。他们属于刑事诉讼的认识主体。

3. 裁判者

在刑事诉讼中，检察机关提起公诉后，裁判者需要根据案件中的证据，对案件事实进行认识，形成认识结果之后，需要对自己认识的真实性进行认识、判断，同时需要对控辩双方的第一种诉讼认识的真实性进行认识、判断。裁判者经过第一种诉讼认识和第二种诉讼认识之后，形成自己的判断，从而认定案件事实。② 前面说过，判断必须以认识为前提，没有认识也就不能判断，如果裁判者不对案件事实进行认识，不对第一种诉讼认识的真实性进行认识，也就无法作出判断，也就无法认定事实。所以，在刑事诉讼中，裁判者也是诉讼认识的主体。

4. 辩护人

在刑事诉讼中，如果辩护人事先并不了解案情，则他们也需要

---

① 可能担任侦查人员的警察，也许在案件事实发生当时目睹了案件事实的发生，这样他们就属于知情者，在诉讼中，他们不能担任该案的侦查人员，而只能作证人，所以侦查人员是对案件事实不知情的诉讼认识主体。同样，审查起诉人员、审判人员也是如此。

② 当然，正如前面所说的，这只是理论上的说明，实际上几种认识是交织进行甚至同步进行的，并不能截然分开。

根据证据对案件事实进行认识，第一种诉讼认识之后，需要认识第一种诉讼认识的真实性，此时他们也是刑事诉讼中的认识主体。当然，为行文方便，本书中探讨的诉讼认识不包括辩护人的诉讼认识。①

以上只是大致指出几种诉讼参与人是否为刑事诉讼认识主体。② 在这些认识主体中，他们具体的认识任务和认识对象的范围是不一样的，并非任何认识主体，在任何时候，对任何认识对象都需要进行诉讼认识。例如，接受自首的侦查人员对于自首这个事实，就不需要进行认识，而对于裁判者来说，对于这个认识对象，则需要进行认识。

在这些刑事诉讼认识主体的诉讼认识中，我们更关注的是能够对案件作出相对终局处理③的认定事实主体尤其是裁判者的认识，但是我们不能因此认为，刑事诉讼中只有裁判者才是诉讼认识主体。有学者认为，诉讼是一种多主体参与的活动，从不同的主体出发，可以形成多个认识系统，然而诉讼的目的是裁决纠纷，因此在众多认识系统中，只有裁判者对纠纷事实的认识才具有决定性意义，至于其他主体，尽管他们对纠纷事实的认识构成了诉讼认识活动的某些方面，但是他们的认识必须最终转化为裁判者的认识，才

---

① 本书中，认定事实主体仅限于其认定事实行为可能产生一定法律效力的法定人员，如侦查人员、审查起诉人员、审判人员以及我国的审判委员会委员、检察委员会委员等其他具有实际认定事实权力的人员。由于认定事实伴随着诉讼认识，本书中，诉讼认识主体与认定事实主体的范围是一致的，根据上下文，有时称“诉讼认识主体”，有时称“认定事实主体”，有时称“诉讼认识、认定事实主体”，其所指都是一样的。

② 本书对刑事诉讼认识主体的探讨，以前面对认识对象的探讨为理论前提，而且是从本书下面其他探讨的需要出发的，而非对刑事诉讼认识主体的全面分析，读者不必从刑事诉讼法学中的刑事诉讼主体、刑事诉讼法律关系主体等理论出发与本书这里的探讨较真。

③ 除了裁判以外，侦查阶段撤销案件、审查起诉阶段作出不起诉决定，也是相对终局的处理，但这些处理的终局性都只是相对的，并非完全不可推翻的。

可能对纠纷的最终裁决产生现实的作用。[①] 这里虽然突出强调了裁判者的诉讼认识的特别意义，但其实也承认了诉讼中不只是裁判者才是诉讼认识主体。

第二节 诉讼证明

一、证明

(一) 何谓证明

一般来说，“证明”指的是根据已知真实的判断来确定某一判断真实性的思维形式，[②] 从逻辑学上说，证明也叫论证，是根据已知为真的命题，来确定某一命题真实性的思维形式。[③]

由此可见，“证明”又可以称为“论证”，是根据一个被认为是真实的命题即论据，说服他人接受另一个命题的真实性的过程。证明者要证明某个命题，首先他应当有一个被认为是真实的命题作为根据；其次，他必须掌握、了解那个需要证明的命题即证明对象，也就是说，他必须先认识那个需要证明的命题，即“拥有”那个需要证明的命题，而且他必须相信这个命题是真的，否则自己

---

① 吴宏耀著：《诉讼认识论》（博士学位论文），中国政法大学图书馆馆藏，2002年，第3~4页。

② 《辞海》，上海辞书出版社1989年版，第1019页。有的词典将“证明”定义为“用可靠的材料来表明或断定人或事物的真实性”（参见中国社会科学院语言研究所词典编辑室编：《现代汉语词典》（增补本），商务印书馆2002年8月修订第3版，第1608页），笔者在下文探讨“真”的负荷者时要提到，严格地说，真假不能用于人或事物、事实本身，这个定义值得商榷。

③ 中国人民大学哲学系逻辑教研室编：《逻辑学》，中国人民大学出版社2002年版，第228页。

都不相信这个命题是真的，又怎能让他人相信、接受这个命题是真的？[①] 最后，证明者有证明的必要，即有让他人相信、接受论题的真实性的需要，希望他人也相信、接受被证明的命题的真实性，如果他觉得没有这个必要，一副“信不信由你”的姿态，那他也就不会去证明了。正如有学者指出的，证明者在证明时已经知道或者认为自己已经知道了证明的结论，但是他人不知道或不相信，所以要用证据向他人证明。[②]

从方向上看，证明一般是证明者向他人进行证明，因为自己既然已经了解、认识了需要证明的命题，一般也就不需要证明给自己看了。当然，认识者形成某个认识之后，对它是否真实不能确定，也可以以证明的方式来认识它的真实性，以作出它是否真实的判断。[③] 但这种“证明”与本书主旨无关，所以本书所探讨的证明都是证明者向他人的证明，即何家弘先生所称的“他向证明”。[④]

（二）证明的目的

从目的上看，证明是为了让他人相信、接受证明对象，也就是说，在证明活动中，说服他人理性地接受某项认识结论是其最终的目的。[⑤] 但问题是，证明是为了让他人相信论题的真实性或虚假性，还是仅仅为了让他人相信论题的真实性？有的说法认为，证明只是论证论题的真实性，而不包括论证论题的虚假性，如有人认

---

① 下面还要提到，证明还包括向他人论证命题的虚假性，这样，证明者自己必须相信要证明的命题是虚假的。

② 何家弘：《论司法证明的目的和标准——兼论司法证明的基本概念和范畴》，载《法学研究》2001年第6期，第41页。

③ 这就是何家弘先生所称的“自向证明”，参见何家弘：《论司法证明的目的和标准——兼论司法证明的基本概念和范畴》，载《法学研究》2001年第6期，第41页。

④ 何家弘：《论司法证明的目的和标准——兼论司法证明的基本概念和范畴》，载《法学研究》2001年第6期，第41页。

⑤ 吴宏耀著：《诉讼认识论》（博士学位论文），中国政法大学图书馆馆藏，2002年，第13页。

为，“论证（或称证明）的目的是什么？论证都在于确定论题（它表现为一个判断）的真实性。”① 前面列举的几个关于证明的定义，也持这种观点。当然，也有词典对“证明”的解释是“据实以明真伪”,②“证实未知或有争议的事实存在或不存在，即认可或证明。”③ 根据这些解释，证明的目的是为了让他人相信论题的真实性或虚假性，既包括肯定命题的真实性，也包括否定命题的真实性。

本书认为，“证明”应当包括论证命题的真实性，也包括论证命题的虚假性。否则，认为某个命题是虚假的，并且向他人论证，这种行为如何称谓？举例来说，某个犯罪行为发生后，两个侦查人员经过侦查取证，形成了对案件事实的认识，其中一个认为这个认识是真的，另一个认为是假的，两人可能都去向其上级证明，一个证明其真实性，另一个证明其虚假性。证明其虚假性的，难道就不是证明？当然，这种行为也许可以称为“反驳”。④ 本书认为，证明某一命题的真实性也就是反驳相反的命题，同样的，反驳某一命题，也就是证明相反命题的真实性，所以仅从行为而言，证明与反驳没有实质区别。而且，确认某一命题的虚假性，究竟称为证明还是反驳，与本书主旨无关，不影响本书观点的形成，所以这里不深入探讨，为表述方便，本书姑且将论证某一命题的虚假性也称为

---

① 马佩、李振江：《究竟什么是论证——与刘宗棠同志商榷》，载《贵阳师专学报》（社会科学版）1994 年第 1 期。

② 《汉语大词典》第 11 卷，汉语大词典出版社 1993 年版，第 430 页。

③ 《牛津法律大辞典》（中文版），光明日报出版社 1988 年版，第 728 页，转引自陈光中、陈海光、魏晓娜：《刑事证据制度与认识论——兼与误区论、法律真实论、相对真实论商榷》，载《中国法学》2001 年第 1 期，第 38 页。

④ 如逻辑学教材认为，“‘论证’一词，从狭义上说，它与证明是同义词。从广义上说，论证包括证明和反驳”，“反驳就是确认某一判断为假或某一论证不能成立的思维过程”（参见黄厚仁、黄菊丽主编：《逻辑导论》，中国政法大学出版社 1993 年版，第 311、341 页）。

"证明"，也就是说，在本书中认可这样的说法，即"证明是一种主体间的说服活动，即说服特定主体相信特定命题为真（证实）或为假（证伪）的论证过程"。[①] 而在表述上，根据需要，有时指出证明的是命题的真实性或虚假性，有时仅指出证明的是命题的真实性。

（三）证明的对象

证明的对象，即论题、命题。如果从证明与认识的关系来看，则可以说证明的对象是认识的结果而非认识的对象。这里想强调的是，某个东西如果没有被认识，则不能直接作为证明的对象，证明者要证明某个证明对象，必须自己了解这个证明对象并且相信它是真实的或者虚假的，通俗地说，都不知道那个东西，怎么能"证明"那个东西呢?[②] 而如果他认识了那个东西，那么就会形成关于那个东西的认识，此时证明的对象仍然只是关于那个东西的认识而非那个东西本身。可见，未经认识的本体的存在不能直接作为证明的对象。[③] 作为证明对象的，只能是认识之后形成的认识结果。[④]

（四）证明的主体

证明的主体就是已经相信某命题的真假而又希望他人接受或相

① 吴宏耀著：《诉讼认识论》（博士学位论文），中国政法大学图书馆馆藏，2002年，第16页。

② 有时我们需要证明某个东西是存在还是不存在，这样似乎是直接证明那个东西。其实不然，你如果要证明某个东西是存在还是不存在，首先你必须对这个东西有所认识，认识到这个东西是存在的还是不存在的，所以实际上你要证明的已经不是那个东西本身，而是你对那个东西存在还是不存在的认识，即"某东西是存在的"或"某东西是不存在的"这样的认识。

③ 更何况，证明的目的是让他人接受证明对象是真实的或者虚假的，而尚未被认识的本体的存在根本没有真假之说。

④ 这个认识结果，似乎既可以是你自己的认识结果，也可以是他人的认识结果，但是即使是他人的认识结果，你必须先判断它是真的还是假的，而要作此判断，你必须先对那个认识的认识对象进行认识，所以实际上也就转化为你自己的认识了。

信该命题的真实性或虚假性的人。如果某个对象没有被认识，则不可能被证明，如果证明者不能肯定这个认识（命题）是真的还是假的，他也不可能向他人证明该命题，或者虽然他能够肯定某个命题的真实性或虚假性，但是没有让他人接受或相信该命题的真实性或虚假性的必要，则也无须证明。

（五）证明与检验、确证、证实、证伪等概念

在谈到“证明”时，经常会涉及“检验”、“确证”、“证实”、证伪等概念，在学术研究中，这些概念有时是混用的。本书试图对这些概念略作区分。当然，也许他人有自己的习惯用法，本书这里并不在于否定他们的用语习惯，而在于明确这些概念在本书中的确切所指。

“检验”有时也称为“验证”。与“认识”既指行为又指结果不一样，“检验”一般指的是行为，这个概念本身似乎没有包含检验之后的结果。“检验”的概念意思明了，提到“检验”，人们一般都能明白是什么意思，所以无特别予以分析的必要。对于某个命题来说，在进行检验之后，有可能没有任何结果，即既没有让人更相信该命题的真实性或虚假性，也没有让人更不相信该命题的真实性或虚假性；也可能有结果。而如果有结果，则可能出现以下结果，一个结果是没有确证，即既未证伪，也未证实，但可能使人加强或削弱了某种信念，也就是使人更相信或更不相信证明对象的真实性或虚假性，这两种结果都产生了达到证明程度的结果。[①] 另一个结果是确证。确证包括证伪和证实。所谓“证伪”，即确证了证明对象的虚假性，使人百分之百相信证明对象的虚假性。对于

① 这样说有点不好理解，其实这是从结果意义上的证明来说的，而且是相对于下文的“产生了达到证实程度的结果”而言的，虽然有结果，不是“无功而返”，但也只达到了证明的程度，而没有达到证实的程度。而且这么说还有一个前提，即证明证实有程度之分，证实的程度高于证明的程度。

"证实"，人们经常将它与"证明"通用，[①] 但本书略作区分，用"证实"表示"证"的最高程度，[②] 表示证明对象的真实性得到绝对确定的"证"，使人百分之百相信和接受证明对象的真实性，绝对确定证明对象的真实性，而没有任何怀疑——包括合理的和不合理的怀疑，使人觉得没有任何不真实的可能。打个比方，证实所达到的程度，就像你对你面前的桌子的存在一样，没有丝毫的怀疑，即达到绝对确定的程度。而证明程度的结果，在本书指达到了使人相信并接受证明对象的真实性或虚假性的程度，而没有达到证实程度即使人绝对确定地相信的程度。[③]

对于"检验"与行为意义上的"证明"，一般人很容易将两者区分开，但两者的关系表述起来却非常难，大致可从以下方面来看：（1）从次序上看，检验与证明虽没有必然的先后之分，但一般的行为习惯是，先接受了一个人的证明，如果相信的程度不高，则通过一定的方法进行检验。当然也有认识之后接着检验，然后再向他人提出并证明的情形。总之，两者没有必然的先后。（2）从结果上看，检验似乎更追求结果的确定性，而证明则不一定需要确定的结果，而以对方承认和接受为目的。当然有时证明以检验的结

---

① 如我国刑事诉讼法第42条规定："证明案件真实情况的一切事实，都是证据。"第43条规定："审判人员、检察人员、侦查人员必须依照法定程序，收集能够证实犯罪嫌疑人、被告人有罪或者无罪、犯罪情节轻重的各种证据。"陈光中先生认为，这里的"证实"与"证明"含义基本相同，参见陈光中、陈海光、魏晓娜：《刑事证据制度与认识论——兼与误区论、法律真实论、相对真实论商榷》，载《中国法学》2001年第1期，第38页。

② 在本书中"证伪"也是"证"的最高程度。

③ 需要再次说明的是，本书对证明、检验、确证、证实、证伪等概念的区分，很大程度上是本书的设定——当然这样的设定都是有根据的。在本书之外，也许就不在此意义上理解和使用这些概念了，如可能将"证明"与"证实"等同，将"确证"与"证实"等同，等等。但在本书中，则需要按照本书的设定来理解这些概念，否则讨论问题就没有统一的前提了。

果作为根据。(3)从立场上看，检验的立场似乎更强调客观、中立。(4)从范围上看，证明一般是单向的，而检验更倾向于强调公共性、普适性。

对以上诸概念的区分，这里举例说明：假如我经过观察，发现红颜料和黑颜料混合会变成紫颜料，[①] 于是形成了"红颜料和黑颜料混合会变成紫颜料"的"认识"，我对张三陈述了这个命题之后，张三将信将疑，于是我让专家李四来证明，李四说，"红颜料和黑颜料混合确实会变成紫颜料"，这时张三可能信了。李四的行为可以称为"证明"，但没有人会称之为"检验"。之后，张三为了达到更确定的信念，于是亲手实践，将红颜料和黑颜料混合，这个行为可称为"检验"。张三经过无数次检验之后，发现每次红颜料和黑颜料混合都会变成紫颜料，于是我的命题得到了"证实"。而如果经过检验发现红颜料和黑颜料混合不会变成紫颜料，则我的命题被"证伪"。

需要特别说明的是，本书中，"证明"与"证实"的概念都既可能指行为意义上的，也可能指结果意义上的。行为意义上的"证明"与行为意义上的"证实"没有区别，都是为了让他人接受证明对象而进行的论证行为。而结果意义上的"证明"，正如前面指出的，在程度上区别于结果意义上的"证实"，即结果意义上的"证明"程度低于"证实"程度。举例来说，如张三说"王五在隔壁房间"，而李四接着证明："王五确实在隔壁房间"，李四平时为人诚实，此时又没有明显的说谎动机，那么可以说张三的命题得到了一定程度的证明，但不能说得到了证实。如果说者和听者都到隔壁房间看了一下，那么如果王五确实就在隔壁房间，则张三的命题得到了证实。

---

① 只是假设，事实是否如此，没有验证。

（六）证明与推理

在下文，需要探讨诉讼证明可能涉及的推理形式，所以这里对证明与推理的关系作一简单的说明。

证明与推理的关系非常密切，只要是证明，总是要借助于某种推理形式。[①] 证明的过程，就是运用推理的过程。但是，不可将证明与推理混淆。证明是根据已知为真的命题，通过论证，使他人接受论题的真实性或虚假性的过程，而推理是从一个或几个命题推出一个新命题的思维形式。推理的任务并不在于确定某一命题的真实性，而是要确定具有某种形式的命题与另一种形式的命题之间的必然联系。也就是说，证明（论证）与推理的根本区别，在于证明（论证）是要确定论题的真实性问题，而推理则是要解决某种命题与另一种命题之间的逻辑联系问题。[②] 此外，证明和推理还有以下区别：

第一，思维进程不同。证明是确认论题的真实性，其思维进程是先提出论题，后为论证论题的真实性而寻找论据，是论题在先，论据在后。推理是由已知前提推出未知结论，其思维进程是先前提，后结论。

第二，对前提（论据）真实性的要求不同。一个正确的证明，其论据必须是真实的；一个正确的推理，其前提不必是真实的。

第三，目的不同。证明的目的，是论证某个命题的真，由论据真导出论题真。推理的目的，是发现真的认识，由已知推出未知。[③]

---

① 侯熠莎：《亚里士多德证明理论略说》，载《中山大学学报》（社会科学版）1996 年第 2 期。

② 马佩、李振江：《究竟什么是论证——与刘宗棠同志商榷》，载《贵阳师专学报》（社会科学版）1994 年第 1 期。

③ 参见中国人民大学哲学系逻辑教研室编：《逻辑学》，中国人民大学出版社 2002 年版，第 231 页。

二、诉讼证明

诉讼证明属于证明的一种。作为一种具有法律意义的证明，诉讼证明有着不同于自然科学证明和其他社会科学证明的特点。日本学者石井一正先生关于法庭上的证明与实验室内的证明的比较，就深刻地揭示了诉讼证明不同于其他证明的特点。①

然而，虽然诉讼证明受法律的规范，需要依据特定的程式，与其他证明相比，受到场所、时间、证据资料等的限制，但这些差异都不能构成诉讼证明与一般意义上的证明的本质上的差异，诉讼证明与一般意义上的证明，其内在的、实质的过程并无不同。前面关于“证明”的分析，仍然适用于对诉讼证明的分析。

所以，诉讼证明至少应当具备以下要素：

一是诉讼证明主体必须收集或者掌握了一定的证据材料作为根据，而且这些证据材料的真实性能够得到一定程度的保障，都是具备证据资格的，可以用作证明的根据。

二是诉讼证明主体自己相信要证明的命题是真实的。

---

① 石井一正先生指出，第一，自然科学家在实验室内的研究是以专业的自然现象为证明对象的；相反地，法庭上的各种调查则以纷繁驳杂的日常现象为对象。第二，自然科学家的证明很少受到时间、场所的制约，只要具备资料就可以在实验室之外的任何场所进行；而在法庭上则有明显的时间和场所的限制，证据调查必须在法庭上进行各种证明（委托其他法院进行证据调查同样也要受到相同性质的限制）。第三，自然科学的研究可以收集尽可能充足的资料来进行证明；而在法庭上则只能收集被认为是可以解决实际问题所需要的合理数量的资料，并且原则上只能采纳当事人所提供的资料（法院利用职权进行证据收集，无论是在民事诉讼、刑事诉讼或行政诉讼中都属于一种例外）。第四，自然科学家可以在宁静的实验室内进行日常的资料收集和证明活动；而在法庭上则是于特殊紧张的气氛中进行各种资料的收集和证明活动。第五，在自然科学家中，作出判断的都是该领域里的专门人员；而在法庭上虽然法官也熟稔于事实的认定，但纠纷所涉及的领域可能非常广泛，与自然科学家相比，法官就可能是一个外行。可见，法庭上的证明受到远比自然科学的证明更多的制约（参见［日］石井一正著：《日本实用刑事证据法》，陈浩然译，台湾地区五南图书出版公司2000年版，第4～5页）。

三是诉讼证明主体有向他人证明的必要。也就是说，诉讼证明主体需要依据证据，通过论证，使他人也相信所证明的对象是真实的。在诉讼中，这个必要性可能来源于两个方面，一方面是出于利益的考虑，如果不证明，将承担不利后果，所以需要证明；另一方面是由于程序法律的规范，法律规定在程序上必须将自己的认识结果提交给他人来审视和裁断，“自己说了不算”，所以有证明的必要。

（一）刑事诉讼证明的对象

前面说过，诉讼证明与一般意义上的证明在本质上并无不同。诉讼证明的对象与证明的对象一样，不能是未经认识的对象，而只能是关于某个对象的认识、命题，所以在本书看来，从诉讼证明与诉讼认识的关系着眼，在诉讼中，作为诉讼证明对象的，应当是关于案件事实的认识，即第一种诉讼认识的结果。前面说过，第二种诉讼认识的认识对象也是关于案件事实的认识，表面上看，似乎诉讼证明对象与第二种诉讼认识的对象是一样的，但实际上，作为证明对象的关于案件事实的认识与作为第二种诉讼认识对象的关于案件事实的认识是不一样的，对于第二种诉讼认识的主体来说，第一种诉讼认识的真假在认识之前是未知的，而对于证明主体来说，第一种诉讼认识的真假则应当是已知的。换句话说，诉讼证明中要证明的是“‘关于案件事实的认识’是真的”，而第二种诉讼认识中要认识的是“‘关于案件事实的认识’是真的还是假的”。所以，只能说诉讼证明的对象是关于案件事实的认识，而不能说诉讼证明的对象与第二种诉讼认识的对象一样。

客观上发生的案件事实本身不能直接成为诉讼证明的对象。因为诉讼证明的目的，就是要说服他人相信某个命题的真实性，要让他人相信，首先自己得相信，要让自己相信，得先让自己认识，对于证明主体来说，如果客观的案件事实是未知的，证明主体对案件事实还没有形成认识，又怎能通过论证使他人相信某一个事实是什么？如果已经对客观上发生的案件事实进行了认识，并且形成了认识结果，而且相信该认识是真的，那么就可以向他人证明了，此时向他人证明的，已经不是客观的案件事实本身，而是经过认识之后的认识结果了。这个认识结果有可能与客观的案件事实一致，有可能与客观的案件事实不一致，但不管这个认识结果与客观的案件事实是否一致，证明主体都只能向他人证明这个认识结果，而不能向他人直接证明那个客观的案件事实。这个关于案件事实的认识，绝不是案件事实本身，正如有人所说的，“事实上，我们不是在陈述被感知的事或事物，而是在陈述我们对事或事物的感知。”① 刑事诉讼中控辩双方对“案件事实”的陈述，实际上也不是陈述案件事实本身，而是陈述对案件事实的认识。刑事诉讼证明的对象也只能是对案件事实认识之后形成的关于案件事实的认识。

再者，从作为诉讼认识对象的案件事实的性质来说，它是客观的存在，不属于判断，不是命题，不存在真假问题，而证明是“根据已知真实的判断来确定某一判断真实性的思维形式”②，所以从这个角度来讲，作为诉讼认识对象的客观的案件事实也不能直接成为诉讼证明的对象。

关于刑事诉讼证明对象，有一种说法是“法律要件事实”。所谓“法律要件事实”，不是指与案件有关的全部客观事实，它的具体范围既要受到实体法所规定的归责要件以及程序法、证据法的限制，又要受到控辩双方诉讼主张的制约，还要受到刑事诉讼模式的影响。“法律要件事实”既包括“争议事实”，也包括与诉讼主张相关的“无争议的事实”。有学者主张以“法律要件事实”作为刑事诉讼证明对象，认为成为通说的“案件事实”的表述过于宽泛，而将证明对象的范围界定为“争议事实”又略显狭窄。此外，将

---

① 周健勇：《事物、事件和世界》，载《求索》2001 年第 5 期。

② 《辞海》，上海辞书出版社 1989 年版，第 1019 页。

证明对象表述为“法律要件事实”，有利于解决学术界关于程序法事实、证据事实能否作为证明对象的相关争议。① 笔者认为，以法律要件事实作为刑事诉讼的证明对象，从客观的案件事实的范围来看，是没有问题的，但“法律要件事实”与“案件事实”一样，仍然是客观的存在，它如果没有被认识到，没有形成一个可以证明的认识、命题，则只能作为认识的对象，而不能直接作为证明的对象。只有对它认识之后，形成了认识、命题，才能作为刑事诉讼证明的对象。

另有学者主张以“争议事实”作为诉讼证明对象：“证明对象是证明主体的对称，亦称证明客体、待证事实，指证明主体运用一定的证明方法所欲证明的系争要件事实。……证明对象有广狭两义：狭义上的证明对象仅针对诉讼之外的实体性要件事实而言，而广义上的证明对象则还包括诉讼中的程序性要件事实以及非诉讼中的要件事实。”② 这里的“争议事实”如果指的是客观的案件事实中诉讼双方有争议的事实，则与主张以“法律要件事实”作为证明对象的问题是一样的，因为前面说过，不能直接以客观事实本身作为证明对象；如果“争议事实”指的是关于案件事实的认识中有争议的部分，主张以“争议事实”作为刑事诉讼证明对象，仍然存在一定的问题，因为容易使人误解：刑事诉讼中，如果控辩双方没有争议的，则无须证明。而实际上，在刑事诉讼中，不少事实，即使控辩双方没有争议，仍然需要运用证据予以证明，如在我

① 熊秋红：《刑事证明对象再认识》，载王敏远编：《公法》第4卷，法律出版社2003年版，第12页。

② 卞建林主编：《证据法学》，中国政法大学出版社2000年版，第276页。

国，对于案件主要事实，[①] 即使被告人供认不讳，控辩双方没有争议，仍然需要运用其他证据予以证明才能认定。正如有学者指出的，"争议事实"固然是刑事证明对象的关键部分，是控辩双方进行举证、说服活动的重点，但是，由于刑事诉讼的特殊性，有时对于"无争议的事实"的证明也并非不重要。[②]

所以，本书认为，刑事诉讼的证明对象应当是关于案件事实的认识。至于需要认识和证明的"案件事实"的范围，根据有代表性的说法，包括实体法事实、程序法事实，甚至证据法事实。作为证明对象的实体法事实具体包括：有关犯罪构成方面的事实；有关排除行为的刑事责任的特殊情况；与处刑有关的事实，既包括刑法规定的应当从重、从轻、减轻以及免除处罚的事实，也包括可以适用从轻、减轻或免除处罚的事实；犯罪嫌疑人、被告人的个人情况和犯罪后的表现等，虽然这些事实并非每个案件都必须予以证明，但是一般来说需要证明的实体法事实包括这些事实。作为证明对象的诉讼程序法事实包括：关于回避的事实；关于申请恢复耽误的诉讼期限的事实；影响采取强制措施的事实；严重违反诉讼程序可能导致一定的诉讼后果的事实；当事人等申请再审的事实；关于采取保全措施的事实，等等。对于证据事实，只有当某一证据事实成为证明案件真实情况的关键，而成为诉讼中主要系争点时，才成为证

---

① 何谓案件主要事实？我国有代表性的观点认为，所谓案件的主要事实，就是对确定案件争议或解决纠纷具有关键意义的事实。在不同的诉讼中，案件的主要事实是不同的。民事案件的主要事实是民事当事人之间争议的民事法律关系发生、变更、消灭的事实；行政诉讼案件的主要事实是指行政机关的具体行政行为是否存在以及是否合法的事实；在刑事案件中，主要事实则是指犯罪嫌疑人、被告人是否实施了指控的犯罪行为，即案件的主要事实不仅包括发生了什么案件，也包括主要涉案人的身份，易言之，案件主要事实应当包括"事"和"人"两个因素（参见何家弘、刘品新著：《证据法学》，法律出版社 2004 年版，第 138 页）。

② 熊秋红：《刑事证明对象再认识》，载王敏远编：《公法》第 4 卷，法律出版社 2003 年版，第 12 页。

明对象，这种应当作为证明对象的证据事实主要反映为如下三种情况：其一，对证据的证据能力或证明力发生争议需以证据加以证明；其二，将习惯或特定法规作为证据事实的，需先将该习惯和特定法规作为证明对象加以举证证明；其三，某些专门性理论原理。①

（二）诉讼证明结论

诉讼证明结束之后，只有两种结果，一种结果是对方接受作为证明对象的诉讼认识的真实性，另一种结果是对方没有接受作为证明对象的诉讼认识的真实性，但不管接受与否，作为诉讼证明对象的，仍然是关于案件事实的认识。② 在诉讼中，控、辩、审三方的诉讼认识有可能是一致的，此时裁判者当然接受这个一致的认识结果，而如果三方的认识不一致，则裁判者有可能接受控诉方的诉讼认识，有可能接受辩护方的认识，也有可能只认为自己的认识是真实的。裁判者如果没有接受某一个证明，那么他可能接受另一个证明，或者更愿意相信自己的诉讼认识的真实性，所以无论裁判者接受哪个诉讼认识，总之在证明结束时，作为证明结论的，并非其他，仍然表现为关于案件事实的认识，即第一种诉讼认识。不是这个第一种诉讼认识，就是那个第一种诉讼认识，而不会是其他东西。③ 这样，作为裁判依据的只能是证明结论，即关于案件事实的

① 刘金友主编：《证据法学（新编）》，中国政法大学出版社 2003 年版，第 185～190 页。

② 虽然诉讼证明主体在证明过程中，可能因为认识的深化出现了新的情况，掌握了新的证据，而改变了原来的认识，此时证明对象就改为这个改变了的诉讼认识，但不管诉讼认识的内容如何改变，从形式上说，作为诉讼证明对象的，仍然是关于案件事实的认识而非案件事实本身。

③ 本书这里区分诉讼证明的“结果”与诉讼证明的“结论”。诉讼证明的结果，是相信或者不相信、接受或者不接受证明者所证明的命题的真实性，而诉讼证明的结论，无论如何都表现为关于案件事实的认识。

认识，而不能是客观的案件事实本身。[①] 进一步说，认定事实主体认定的“事实”也只能表现为关于案件事实的认识。

下面本书还要探讨诉讼认识真实性的检验与证实等问题，实际上也同时是证明结论的真实性的检验、证实问题。

（三）刑事诉讼的证明主体

需要说明的是，刑事诉讼证明主体这个问题比较复杂，涉及证明责任分配理论，在此不打算深入展开，而仅以公诉案件为例，根据本书需要稍作探讨，主要在于说明谁是比较有意义的刑事诉讼证明主体、裁判者是否刑事诉讼证明主体，等等。

1．侦查人员

在刑事公诉案件中，侦查人员需要通过调查取证，对案件事实进行认识，对于认识结果，如果他们认为是假的，则可以进一步认识，或者作出撤销案件的决定，无须向公诉机关进行证明，而如果认为是真的，则移送公诉机关审查起诉。在移送时，他们有向公诉机关证明其诉讼认识结果或曰调查结论的真实性的必要，因为是否提起公诉由公诉机关审查决定，如果不证明，则公诉机关就不会接受他们的意见，就不会提起公诉。所以，侦查人员应当是刑事诉讼的证明主体。[②]

2．公诉人

在公诉案件的法庭审理中，公诉人需要承担证明责任，向法庭证明其诉讼认识的真实性，也就是运用证据，通过论证，使法庭接受其主张。他们属于典型的刑事诉讼证明主体。

---

① 裁判依据包括事实依据和法律依据，这里所指不包括法律依据。

② 当然，这里并没有说侦查机关是法庭审理中的证明主体，只是说侦查机关需要向公诉机关证明，侦查机关是否为法庭审理中的证明主体，需要进一步研究。侦查机关向公诉机关证明时，只需移送证据，而无须如法庭审理中的证明那样遵循一定的程式。

3．裁判者

根据前面分析的诉讼证明的要素，我们可以看出，裁判者不能作为诉讼证明主体。虽然裁判者根据控辩双方提交的证据，对作为诉讼认识对象的客观的案件事实有所认识，而且他很可能相信自己的认识是真实的，但是裁判者没有证明的必要，在一个相对独立的诉讼程序中，裁判者是终局裁断者，① 在程序上不需要将自己的诉讼认识提交他人判断，他不会因为不证明而承担不利后果。所以，在诉讼中裁判者并非诉讼证明主体。②

当然，前面也提到，有学者提出了自向证明与他向证明的区分，③ 笔者并不否认这种区分，就以裁判者来说，有时候裁判者自己认识结束后，需要自己证明给自己看，以判断自己的认识是否真实，这么说似乎裁判者也是证明主体。但是，这种“自向证明”与本书主旨无关，本书中所称的“诉讼证明”都指的是“他向证明”。

4．辩护方

辩护方也应当是可能的刑事诉讼证明主体，如对于辩护方提出的诸如正当防卫、紧急避险等主张，辩护方是需要承担一定的证明责任的。④

---

① 裁判的终局性，只体现于一个相对独立的诉讼程序内。在不少国家，裁判只有相对的终局性，而没有绝对的终局性。

② 裁判者不是诉讼证明主体的另一个理由是，裁判者在诉讼中不需要提出任何诉讼主张，他只是一个被动的、消极的、中立的裁断者。

③ 何家弘：《论司法证明的目的和标准——兼论司法证明的基本概念和范畴》，载《法学研究》2001 年第 6 期，第 41 页。

④ 当然，辩护方是否为证明主体，涉及复杂的刑事证明责任问题，这里不深入探讨。

第三节 诉讼认识与诉讼证明

诉讼认识与诉讼证明都是诉讼法学中非常重要的概念，两者既有密切的联系，也有一定的区别。有的论者有混淆这两个概念的倾向，[①] 故这里对两者的关系略作分析。

首先，诉讼认识与诉讼证明在诉讼中有着密切的联系，两者共同构成了诉讼的过程。

第一，在诉讼中，认识和证明的根据都是证据材料。因为客观的案件事实发生之后，已经不复存在，不管是诉讼认识，还是诉讼证明，都只能通过证据材料进行认识或证明。当然，作为诉讼认识根据的证据材料与作为诉讼证明根据的证据材料的范围并不完全一致。有些可以作为诉讼认识根据的证据材料，不一定能够作为诉讼证明的根据，如通过秘密侦查手段获得的信息，有的就不具备证据资格，但对于侦查人员来说，这些信息仍然是诉讼认识的根据。一般来说，作为诉讼认识根据的证据材料的范围比作为诉讼证明根据的证据材料的范围更宽。

第二，由于诉讼认识的根据也是证据材料，所以诉讼证明是诉讼认识的途径之一，如裁判者对案件事实的认识，就是通过控辩双方提交的证据，也就是通过控辩双方的证明来进行认识。

第三，证明的对象是认识之后形成的认识结果，而不能直接是本体的存在。在诉讼中，诉讼证明之前，应当先有自己的或者他人的诉讼认识。没有认识就没有判断，就没有论题，当然也就没有证明。

---

① 如王敏远先生指出，在证据法学问题的讨论中，常见认识与证明不分，参见王敏远：《证据学的转变》，载王敏远编：《公法》第4卷，法律出版社2003年版，第486页。

第四，诉讼认识之后形成认识结果，要想让他人也接受这个认识结果，则需要证明。诉讼认识的被接受依赖于诉讼证明，诉讼认识的可靠性建立在诉讼证明的基础上。当然，并不是所有的诉讼认识都需要诉讼证明，裁判者诉讼认识之后，并不需要进行诉讼证明。但是，裁判者诉讼认识的可靠性也是建立在控辩双方诉讼证明的基础上的。

第五，认识中包含推理，而证明也需要运用推理，诉讼认识和诉讼证明都需要运用推理。

其次，虽然诉讼认识与诉讼证明有着密切的联系，但两者是完全不同的行为，不可将二者混为一谈。两者的区别主要体现在：

第一，从前面对“认识”、“诉讼认识”、“证明”、“诉讼证明”这几个概念的界定看。认识指的是人脑对客观世界的反映，① 证明则是“根据已知真实的判断来确定某一判断真实性的思维形式”，② 可见，从定义上看，认识是“反映”行为，而证明则表现为“论证”、“说服”等行为，两者属于完全不同的行为。诉讼认识、诉讼证明与一般意义上的认识、证明并无实质不同，所以就行为而言，诉讼认识与诉讼证明也同样属于完全不同的行为。

第二，从行为对象来看。认识的对象是独立于认识主体的、认识主体尚未认识的客观存在，但客观的存在不能直接作为证明的对象，作为证明的对象，必须是关于某个对象的认识、命题，而且证明主体应当相信这个认识、命题是真的或假的。可见，认识与证明的行为对象不一样，诉讼认识与诉讼证明的对象也是不一样的。

第三，从行为目的来看。认识的目的是为了让自己“知”自

---

① 中国社会科学院语言研究所词典编辑室编：《现代汉语词典》（增补本），商务印书馆 2002 年 8 月修订第 3 版，第 1067 页；《辞海》，上海辞书出版社 1989 年版，第 1003 页。

② 《辞海》，上海辞书出版社 1989 年版，第 1019 页。

己未知的东西，诉讼认识的目的是为了让自己“知”客观上发生的案件事实以及关于案件事实的认识是否真实，而证明和诉讼证明的目的是为了让对方相信、接受被证明的命题。可见，从行为目的看，诉讼认识与诉讼证明也是不同的。

第四，从行为过程来看。从前面的分析可以看出，认识与证明的行为过程是不同的，认识是从自己未知到已知的过程，而证明是从自己“知”到让他人接受自己的“知”的过程。诉讼认识与诉讼证明的行为过程同样如此。

第五，从行为主体来看。笼统地看，任何人都可能成为认识的主体，任何人也都可能成为证明的主体。但在特定的诉讼中，诉讼认识与诉讼证明的主体就有所不同。对于哪些诉讼参与人是诉讼认识主体，哪些诉讼参与人是诉讼证明主体，本书前面并没有全面探讨。这里也仅指出一点，即在诉讼中，裁判者是诉讼认识的主体，但不能作为诉讼证明的主体，这就说明诉讼认识与诉讼证明在主体上也并非完全相同。

以上笔者只是指出诉讼认识与诉讼证明的几个方面的不同，实际上两者的区别远不止这些，对此王敏远先生早就有过精辟、独到的见解，指出了认识与证明在诸如发现的逻辑与证明的逻辑、已知与已证、无限与有穷等方面都有所不同，读者如感兴趣，可以参阅王先生的大作。①

---

① 参见王敏远：《一个谬误、两句废话、三种学说——对案件事实及证据的哲学、历史学分析》，载王敏远编：《公法》第4卷，法律出版社2003年版，第252～257页。实际上，本书能够对诉讼认识与诉讼证明的关系做一些分析，很大程度上是受到王敏远先生的启发，甚至有的观点直接来自于王先生的大作。

小　结

认识指的是人脑对客观世界的反映。“认识”一词有时指认识的行为，有时指认识之后形成的认识结果。认识是对未知对象的认识，是从未知到已知的过程。认识与判断密不可分。诉讼认识属于认识的一种。

诉讼中，存在两种不同层次、不同对象、不同目的的诉讼认识，一是以客观的案件事实为认识对象的认识，认识的目的是揭示客观的案件事实，认识的结果是形成关于案件事实的认识；二是对关于案件事实的认识结果的认识，认识的对象是关于案件事实的认识，即第一种诉讼认识，认识的目的是判断关于案件事实的认识是否真实，认识的结果是形成关于第一种诉讼认识真实性的信念。要使认定事实正确，则不但第一种诉讼认识应当是真的，即对案件事实的认识应当符合客观的案件事实，而且第二种诉讼认识也应当是真的，即对第一种诉讼认识的真假的认识也应当符合第一种诉讼认识的真假。如果对案件事实的认识不符合客观的案件事实，或者对关于案件事实的认识的真假的认识不符合关于案件事实的认识的真假，以真为假，或以假为真，则都不能正确认定事实。

在现代诉讼中，需要区分案件事实的直接知情者与非直接知情者。直接知情者，如目击者、亲身经历者可以是诉讼中的当事人或者证人，但不能是诉讼认识、认定事实主体，换句话说，诉讼认识、认定事实主体不能是案件事实的直接知情者。本书在讨论“认识”、“判断”、“信念”等问题时，都是从对案件事实不直接知情的诉讼认识、认定事实主体的角度来说的，直接知情者对案件事实的确信不等于非直接知情者的确信，对于不直接知情的诉讼认识、认定事实主体来说，通过证据去认识发生在过去的案件事实，永远不会有案件事实的直接知情者那样的确信。

证明与认识不同，证明是根据一个被认为是真实的命题即论据，论证、说服他人相信或接受另一个命题的真实性或虚假性的过程。作为证明对象的命题，对于证明主体来说，应当是已知的，而且相信它是真实的或虚假的。证明的对象是认识的结果而非认识的对象。未经认识的本体的存在不能直接作为证明的对象，而一旦认识了，也就表现为关于该认识对象的认识，作为证明对象的，仍然是关于该认识对象的认识而非该认识对象本身。诉讼证明属于证明的一种，在诉讼中，客观的案件事实本身不能直接作为证明对象，诉讼证明的对象只能是关于案件事实的认识。诉讼证明结束时，证明结论也表现为关于案件事实的认识。由此，作为裁判依据的，以及裁判认定的，都是关于案件事实的认识，而非客观的案件事实本身。

本书区分证明与证实，而且区分行为意义上的证明与证实和结果意义上的证明与证实。行为意义上的证明与证实一样，都指证明、论证这个行为，而结果意义上的证明与证实不同。结果意义上的证实程度表示所“证”的对象的真实性得到绝对确定的“证”，使人百分之百相信和接受所“证”的对象的真实性，而没有任何怀疑——包括合理的和不合理的怀疑，使人觉得没有任何不真实的可能；结果意义上的证明程度，指达到了使人相信并接受证明对象的真实性或虚假性的程度，而没有达到证实程度即使人绝对确定地相信的程度。

第二章　“真”的几个基本问题

第一节　“真”的负荷者

本书中，“真”即“真实”，它是“真的”这个形容词性概念的名词性概念，它和“真的”的关系相当于英文中“truth”与“true”的关系。“真”、“真实”相对于“假”、“虚假”而言。

所谓“‘真’的负荷者”，也称为“真值负荷者”，是哲学和逻辑学用语，通俗地说，可以说是“真”的承担者，“真”的载体，其实就是什么东西有真假的问题。那么，“真”的负荷者究竟是什么呢？翻阅一部哲学史，我们可以看到对于这一问题可以有如下几种回答，这样的实体可以是语句、陈述、判断和命题。[①] 从哲学角度看，可把真值负荷者的候选者作如下划分：一是物理客体，如语句、句记等；二是心理现象，如信念、判断、猜测、想象、假定等；三是观念实体，如命题、陈述、理论等；四是主体行为，如表达、断定、言语行为等。从纯逻辑角度看，真值负荷者应是观念实体，如命题和陈述。[②] 从目前比较流行的观点来看，由语句表达的命题被普遍地看成是真值的基本的负荷者，为什么呢？因为命题

---

① 胡军著：《知识论》，北京大学出版社 2006 年版，第 327 页。

② 弓肇祥著：《真理理论——对西方真理理论历史地批判地考察》，社会科学文献出版社 1999 年版，第 15 页。

被普遍地认为是抽象的关于所断定的内容的，可以发现，这样的抽象的断定内容是信念、陈述和判断所具有的共性，所以可以把命题看成是“真”的符合说中的基本的真值负荷者。[①] 在这些被列举的“真”的负荷者中，“语句”、“陈述”、“命题”、“判断”、“认识”都对某一个对象有所揭示，其实际所指都没有本质区别，其实，正如有学者指出的，“凡可能有所揭示的，就有真假之辨”，[②] 因此这些“东西”都可以作为“真”的负荷者，具体用哪个作为“真”的负荷者，多是一种习惯而已。本书中一般用“认识”或“命题”作为“真”的负荷者。[③] 至于具体用哪个，也多是为了表述的方便。

那么，什么东西没有真假问题呢？从严格的哲学意义来看，真假不能用于人或事物、事实本身。虽然在日常用语中，“真”和“假”有时用于事物本身，如“真老虎”和“纸老虎”、“假货”、“真金不怕火炼”等，但这只是日常习惯上的用法，这种用法的“真”与哲学意义上所谓“真假”的“真”不同，在日常习惯中，“真”与“实在”，“假”与“不实在”同义，人们常常把“真”和“假”看做“真正的”和“非真正的”缩写。显然，哲学和逻辑不是在此种意义上使用“真”和“假”的。[④] 从哲学研究的严格意义上说，人或事物、事实本身无所谓真假，“名称也无所谓真假”[⑤]。就拿一棵树来说，它或者是树，或者不是树，而无所谓真

---

① 胡军著：《知识论》，北京大学出版社 2006 年版，第 327 页。

② 陈嘉映著：《语言哲学》，北京大学出版社 2003 年版，第 402 页。

③ 也有学者认为，“多数语言哲学家侧重于讨论语句、命题的真假，避免谈论认识、理解的真假，因为语句、命题等具有比较明确的形式，而认识、理解容易搅进心理过程等纠缠不清的因素。”参见陈嘉映著：《语言哲学》，北京大学出版社 2003 年版，第 58 页。

④ 弓肇祥著：《真理理论——对西方真理理论历史地批判地考察》，社会科学文献出版社 1999 年版，第 13 页。

⑤ 陈嘉映著：《语言哲学》，北京大学出版社 2003 年版，第 143 页。

树或假树，只有对它的认识如“那是一棵树”，才有真假问题。金岳霖先生就表达了类似看法：“真假不能直接引用到所谓‘东西’上去。”① 因为真是对于命题或话而说的，不是对于东西或名词而说的。② 所以，客观事实本身不存在真假问题，只有存在与否的问题。如果非要用真假来评判客观事实不可的话，那么，客观事实的真假问题与其存在问题也是同一的。③ 因此，本书不将“真”用于人或事物、事实，不采用“真”的这种用法，否则所谓的“真”就不是本书中所指的“真”了。

还有，“真”或者“假”对于“认识”、“命题”这样的负荷者来说，它们是什么呢？有人认为“真”或“假”是“真”的负荷者的“值”，或者是一种“关系质”，如亚里士多德认为，真或假是属于命题的，是命题所有的值；真或假虽然是命题的值，但真或假严格地说来是一种关系质。④ 当然，也可以通俗地视“真”或“假”为“认识”、“命题”的性质、属性，但从严格的哲学、逻辑学来说，应当说是“值”而非“性质”，如金岳霖先生就认为，真假是命题的值而不是“东西”的性质。⑤ 还有，在现代逻辑领域，一般把“真”和“假”称作“真值”。⑥ 当然，“真”和

---

① 金岳霖著：《知识论》（上），商务印书馆1983年版，第140页。

② 金岳霖著：《知识论》（上），商务印书馆1983年版，第217页。

③ 赵承寿著：《论司法裁判中的事实问题》（博士学位论文），中国社会科学院研究生院，2002年，“论文摘要”，第10页。

④ 胡军著：《知识论》，北京大学出版社2006年版，第306页。

⑤ 金岳霖著：《知识论》（上），商务印书馆1983年版，第140页。严格地说，“真”确实不能是认识或命题的性质，如果是其性质，那么只要是认识或命题，则都应当有这个性质，而不能只有一部分有这个性质，但对于一个认识或命题来说，其中可能部分认识是真的，部分认识是假的。还有，“真”是认识或命题的性质，那么“假”也是认识或命题的性质，但我们显然不能说命题既有“真”的性质，又有“假”的性质。

⑥ 弓肇祥著：《真理理论——对西方真理理论历史地批判地考察》，社会科学文献出版社1999年版，第14页。

“假”究竟是命题的“值”还是属性、性质，对于本书无关紧要，这里不深入探讨，涉及此类用语时，本书一般称为“值”，如“真值负荷者”。

第二节 “真”与“认识”

这里想要强调的是，“真”与“认识”不同，二者是截然不同的两个东西。“真”是“认识”、“命题”这样的真值负荷者的“值”，而“认识”指的是人脑对客观世界的反映，是真值的负荷者，从行为来说，它是一种行为，就结果来说，它是认识结果。认识（结果）有真假之分，有的认识是真的，有的认识是假的，但即使认识是真的，即真的“认识”，它仍然不同于“真”、“真实”，仍然不是“真”、“真实”。如果我们将“真”定义为“认识与其认识对象的符合”，则“真的认识”是具有这种符合关系的“认识”。行为意义上的“认识”更是与“真”不同。

当然，这里说“真”与“认识”不同，并非指“真”只是与“认识”不同，同样“真”与“理论”、“陈述”、“命题”、“判断”等都不同，实际上，这里强调的是，“真”与“真”的负荷者不是同一个东西，只不过以“真”与“认识”的不同为例来论述而已。

“‘真’与‘认识’不同”这个命题一旦被这么明确地提出来后，似乎谁都能理解和接受。然而，在国内学术研究中，“真”与“真的认识”常常被有意无意地混淆，具体体现在对“真理”一词的使用上，导致不少问题长期争论不休。正如有学者早就意识到的，“认识不同于认识可能具有的真性，似乎只是一个常识……但真不同于真的认识这个常识在符合论甚至整个真理问题的讨论中常常被忘记，符合论的许多麻烦或困难都与混淆认识与认识可能具有的真性有关。"①

"'真'与'认识'不同"这个命题很好理解，不需要深入展开，下文可能需要多次运用这个命题，通过对这个命题的运用，读者可以发现，明确这个命题，对于探讨某些哲学认识论问题是何等的重要。而如果混淆"真"和"认识"，或者说混淆"认识"与"认识"可能具有的真性，本书中不少问题将无法理解。

第三节 "真"与"真理"

前面已经提到，国内学术研究中对"真理"一词的运用比较混乱，导致有关问题理解上的困难，并进一步导致不少问题长期争论不清楚，因此有予以分析的必要。

下面，本书将指出，"真"、"真实"不同于"真的认识"，不同于在"真的认识、理论"意义上使用的"真理"。只有明确了这一点，下文关于"真"的主客观问题、"真"的程度问题、"真"与对"真"的信念的关系等问题才能探讨清楚。至于"真理"这个概念应当如何界定，以及"真理"一词应当在何种意义上运用，并非本书重点。而且，这里旨在从用语用法的角度区分"真实"与"真理"，以让人不至于对本书所使用的词语产生误解，所以这里暂时不探讨"真"的内涵。当然，为了说明的方便，可能会提前指出本书立场上的"真"的内涵，但不会展开。

从英文来看，与"真实"、"真理"对应的词语是"truth"，其解释是：（1）真实（情况）、真相、实情；（2）真实性；（3）诚

---

① 郭继海著：《真理符合论的困难及其解决》，中国社会科学出版社 2003 年版，"导言"，第 7 ~ 8 页。

实、忠实；（4）真理。[1] 可见，根据上下文的不同，“truth”有时可译为“真实”，有时可译为“真理”，即“真的认识、理论”。但关键是要根据上下文看它在那里究竟指的是“真实”还是“真的认识、理论”。

从权威词典对“真理”一词的解释看，“真理”最初“指宗教教义，即所谓最纯真的道理”，[2] 后来才“泛指正确的道理”。[3] 作为哲学名词，尤其是从马克思主义哲学的立场来看，“真理”是指“客观事物及其规律在人们意识中的正确反映”[4]，或者是“认识主体对存在于意识之外，并且不以意志为转移的客观实在的规律性的正确反映”。[5] 国内权威的马克思主义哲学教材对“真理”的解释是“思维对客观世界的正确反映”，“当真理作为人的一种正确认识时，它当然具有人类认识的主观形式，如经验、表象、概念、判断、知识、理论，等等。”[6] 在这里，“真理”被解释为“道理”，或者是“反映（结果）”，那么根据这些解释，“真理”一词一般指的是“真的认识（结果）、理论”，而非“真”、“真实”。

可见，从权威词典和教材对“真理”的解释看，“真理”一般

---

① 《朗文当代英语大辞典（英英·英汉双解）》，商务印书馆2004年版，第1886页。

② 《辞源》（合订本），商务印书馆1988年版，第1198页；罗竹风主编：《汉语大词典》第2卷，汉语大词典出版社1988年版，第148页。

③ 《辞源》（合订本），商务印书馆1988年版，第1198页。

④ 《辞海》（修订本·语词分册），上海辞书出版社1979年版，第117页；罗竹风主编：《汉语大词典》第2卷，汉语大词典出版社1988年版，第148页。

⑤ 《中国大百科全书》哲学卷（下），中国大百科全书出版社1988年版，第1151页。

⑥ 肖前、李秀林、汪永祥主编：《辩证唯物主义原理（修订本）》，人民出版社1991年第2版，第497页。

应当在“真的认识、理论”意义上使用。[①] 但是，国内学者泛化使用“真理”一词。在国内学术研究中，“真理”一词不仅用于表述“真的认识、理论”，还经常被用于表述“真”、“真实”这个概念。例如，弓肇祥先生的《真理理论——对西方真理理论历史地批判地考察》一书，通篇讲的其实都是真假问题，该书实际上是关于“真”的理论，书名却用了“真理”理论，而且书中多数地方都用“真理”表述“真”，只是在“迫不得已”时才使用“真”来表述，如需要说“某某是真的”时。[②] 此外在陈嘉映先生的《语言哲学》[③] 等书中也有类似情况。有的译著把实际上指“真”的“truth”译为“真理”，[④] 在塔尔斯基《语义性真理概念和语义学的基础》一文的译文中，甚至译者自已也承认：“必须注意在这篇论文中‘真理’这个词的意义比较特殊，它实际上只是表示‘真的’(true）这个形容词性概念的名词性概念，比如文中的‘语句的真理’，其意义不过仅仅指‘语句之为真’。”[⑤] 有的译著在表述“认识与事实的符合”时，一会儿用“真”这个概念，一会儿用“真

---

① 很显然，作为“道理”的“理”当然是一种认识结果，或者表现为“命题”，而不能指“真”、“真实”，而同样的是，“反映”不管是行为还是结果，都不能指“真”、“真实”。

② 弓肇祥著：《真理理论——对西方真理理论历史地批判地考察》，社会科学文献出版社 1999 年版。

③ 陈嘉映著：《语言哲学》，北京大学出版社 2003 年版。

④ 如 A. 塔尔斯基：《语义性真理概念和语义学的基础》一文（载［美］A. P. 马蒂尼奇编：《语言哲学》，牟博、杨音莱、韩林合等译，商务印书馆 1998 年版，第 81 页以下)，此外在《逻辑哲学》(［英］苏珊·哈克著，罗毅译，张家龙校，商务印书馆 2003 年版)、《语言哲学名著选辑》(涂纪亮主编，三联书店 1988 年版）等书中也有类似译法。

⑤［美］A. P. 马蒂尼奇编：《语言哲学》，牟博、杨音莱、韩林合等译，商务印书馆 1998 年版，第 82 页。

理”概念。[1] 有的译著在探讨“真”的定义而非“真的认识”的定义时用了“真理”概念，如“罗素和维特根斯坦二人在他们的逻辑原子论时期把真理定义为命题与事实之符合”,[2] 又如在黑格尔的《小逻辑》一书中有“我们的表象与一个对象相符合叫做真理”[3]，在这些地方，“真理”意指一种“符合”关系，所以显然不是指“真的认识”，因为“符合”关系不可能用于定义“认识”，因此在这里“真理”只能指的是“真”、“真实”。

还有，不少译著中经常有“真理性”这样的表述。例如，“人的思维是否具有客观的真理性，这并不是一个理论的问题……人应该在实践中证明自己思维的真理性。”[4] 甚至有的论著或教材中也有这样的用法：“实践是检验认识之真理性的唯一标准”，“从整个客观世界来看，任何真理性的认识只是对无限宇宙的一个部分、一个片段的正确反映，人类已经达到的认识总是有限的。”[5] 这里“真理性”中的“真理”指的是什么呢？显然不能指“真的认识”，正如有学者指出的，“由于我们对于‘真理’已经有固定的习惯的理解：它是主观对客观的规律性的正确反映，因而是正确的道理或理论，所以我们很难理解：‘真理’怎么能够成为一种性质呢？”[6] 所以，这里的“真理性”显然指的是“真实性”或“真

---

① ［英］沃尔什著：《历史哲学——导论》，何兆武、张文杰译，广西师范大学出版社2001年版，第73页以下。当然，这并不是说原著者在概念使用上的混乱，实际上是译者对“truth”一词翻译的混乱。

② ［英］苏珊·哈克著：《逻辑哲学》，罗毅译，张家龙校，商务印书馆2003年版，第113页。

③ ［德］黑格尔著：《小逻辑》，贺麟译，商务印书馆1980年版，第86页。

④ 《马克思恩格斯选集》第1卷，人民出版社1972年版，第16页。

⑤ 肖前、李秀林、汪永祥主编：《辩证唯物主义原理（修订本）》，人民出版社1991年第2版，第508、517页。

⑥ 王路著：《“是”与“真”——形而上学的基石》，人民出版社2003年版，第35页。

性”，如果其中的“真理”指的是“真的认识”，则“真理性”也就是“认识性”，这和说“桌子性”、“苹果性”一样不合常理。可见这又是一个用“真理”表述“真实”的例子。[①] 而在学术论文尤其是哲学论文中，用“真理”一词表述“真”、“真实”的例子比比皆是，几成普遍之势。[②]

在关于“真理”一词的使用中，比较典型的是马克思主义哲学中绝对真理与相对真理的辩证关系原理。那么，在这里，“真理”一词指什么呢？我们且举几例。国内权威马克思主义哲学教材在谈到绝对真理与相对真理相关问题时指出，“当真理作为人的一种正确认识时，它当然具有人类认识的主观形式，如经验、表象、概念、判断、知识、理论等。”[③] 这里明确了“真理”指的是“认识”、“知识”、“理论”等。[④] 还有，“真理的绝对性或绝对真理（具有绝对性的真理），是指真理内容表明主客观统一的确定性

---

① 关于用“真理”一词表述“真”的例子，以及将英文中本义为“真”的 truth 和德文中的 wahrheit 翻译成“真理”的例子，具体还可参见王路：《论“真”与“真理”》，载《中国社会科学》1996 年第 6 期；王路著：《“是”与“真”——形而上学的基石》，人民出版社 2003 年版，第 35 ~ 36 页。

② 除此之外，有时“真理”一词甚至还被用于表述（指称）真的认识所符合的客观对象，如田心铭先生指出：“在一些哲学著作包括马克思主义经典作家的著作中，对‘真理’一词的用法也有两种情况，除了指正确反映客体的认识外，有时也被用来指称客观世界、客观规律本身。我们在列宁的《唯物主义和经验批判主义》中可以看到，列宁所引用的费尔巴哈、狄慈根等人的论述，以及列宁自己的论述，都有这种情况。列宁自己对‘真理’一词也有过类似的用法，例如，‘人的思维在正确地反映客观真理的时候才是经济的’。这里是用真理指称思维反映的客观对象”（参见田心铭著：《认识的反思》，人民出版社 2000 年版，第 444 ~ 445 页）。当然，本书这里主要在于区分“真”与“真的认识”，避免混淆“真”与“认识”，所以对于“真理”指称客观的认识对象这一用法，这里点到为止，不多探讨。

③ 肖前、李秀林、汪永祥主编：《辩证唯物主义原理（修订本）》，人民出版社 1991 年第 2 版，第 497 页。

④ 当然并不是说“真理”的定义就是“认识”、“知识”、“理论”等，而是在本书这个地方探讨它是“真”还是“真的认识”时才这么说。

和发展无限性”，“任何真理都是包含于人们认识中的符合客观事物及其规律的客观内容，都同谬误有原则的界限，都不能被推翻，否则就不成其为真理，这一点是绝对的、无条件的。”① 在这里，“真理”都是有具体“内容”的，是包含在“认识”之中的，从“真”与“认识”两者来看，有“内容”的当然只能是“认识”，“真”则没有具体的“内容”，真就是真，假就是假，而无所谓这个内容的真，那个内容的真，可见这里的“绝对真理”和“相对真理”显然指的是“真的认识”，而不能是“真”、“真实”。此外，列宁在《唯物主义和经验批判主义》一文中指出：“人类思维按其本性是能够给我们提供并且正在提供由相对真理的总和所构成的绝对真理的。”② 毛泽东也说过：“无数相对的真理之总和，就是绝对的真理。”③ 有关论著和教材也指出，“相对真理和绝对真理这两个概念，分别是指具体真理和真理总和”。④ “‘绝对真理’实际是指最大限度完备的、无限地接近或逼近事物的全部真实情况的正确反映。这样的真理，只能是在无数真理的总和中存在，只能通过无数具体的相对真理的不断发展来构成，而不是一个静止的、孤立的终极结论。”⑤ 在这里我们可以看出，绝对真理是由相对真理的总和构成的，也就是说，真理可以相加，而我们知道，真假是命题或认识的“值”，它并不存在“相加”、“总和”的问题，就像“红色”这种颜色，它是颜色的一种，不存在“相加”、“总和”

---

① 肖前、李秀林、汪永祥主编：《辩证唯物主义原理（修订本）》，人民出版社1991年第2版，第516页。

② 列宁：《唯物主义和经验批判主义》，载《马列著作选读·哲学》，人民出版社1988年版，第226页。

③ 《毛泽东选集》第1卷，人民出版社1991年第2版，第272页。

④ 田心铭著：《认识的反思》，人民出版社2000年版，第471页。

⑤ 肖前主编：《马克思主义哲学原理》（下册），中国人民大学出版社1994年版，第654页。

的问题，无数红色在一起，它仍然是红色，而不可能是其他东西，“真”也是如此，“真”不存在“相加”、“总和”问题，所以这里所称的“真理”，显然指“真的认识、理论”而非“真”、“真实”。可见，在马克思主义哲学的绝对真理与相对真理辩证关系原理中，“真理”指的是“真的认识、理论”，而非“真”、“真实”，正如有学者指出的，“在大多数情况下，马克思主义经典作家所用的‘真理’一词，都是指正确反映客观对象的认识。”①

由此可见，在国内学术研究中，“真理”一词有时指“真的认识、理论”，有时指“真”、“真实”。所以，“真理”与“真”、“真实”的关系，可以这么理解，如果“真理”仅指“真的认识、理论”，则“真”与“真理”显然属于不同的东西，“真理”乃是“真”的负荷者；如果“真理”既可指“真的认识、理论”，也可指“真”、“真实”，则“真理”这个概念包含有“真”、“真实”这个概念。

对于目前在我国学术研究中滥用“真理”和混用“真理”与“真实”概念的现象，不少学者已经有所认识，如有学者指出，“真理一词表达了两个概念：真和真的理论。就认识所具有的真这种性质而言，我们的解释是：认识与客观现实的符合或一致；而真的理论就是具有真性的理论或与现实相符合的理论。”②“根据马克思主义的认识论，真理是对客观事物及其规律的正确认识。这种认识，即思想或理论，是观念性的东西，需要用带规律性的真语句来表述。但对什么是真语句，逻辑语义学和哲学认识论则是从不同方面，用不同方法来进行研究的，因此真值的语义定义和真理的认识

---

① 田心铭著：《认识的反思》，人民出版社2000年版，第445页。

② 郭继海著：《真理符合论的困难及其解决》，中国社会科学出版社2003年版，第65页。

论定义是根本不同的”,[1] 这里作者想表达的显然是：“‘真理’一词并不是‘真的’一词的抽象名词”。[2]

鉴于认识的“真”与真的“认识”是完全不同的东西，那么，如果这两个意思都统一用“真理”一词来表述，而且在具体场合中又不指明具体含义，则必然引起表述、理解、讨论的混乱。[3] 打个比方，假如“鱼”这个概念既可指水中游的“鱼”，又可指天上飞的“鸟”，那么如果张三说“鱼”在水中游，李四可能会极力反驳：不对，“鱼”在天上飞，不能在水中游。恐怕结果是谁也说服不了谁。对于这种混用概念的后果，不少学者已有清醒的认识，如刘永富先生指出：“我们现行的真理论在说明‘真理’时往往不区分‘真理’一词实际上被赋予的两种不同的含义——‘真’和‘真者’。而如果不区分这两种含义，只是笼统地说明真理是什么，笼统地说明真理有什么性质，那么无论怎样说明这种笼统的真理都会引出一些除非把‘真理’的上述两种意义区分开否则就永远也扯不清的问题。这一方面的一个最典型的例子就是关于‘真理有无阶级性’的争论。”[4] 还有王路先生也认为，“在我国学界真与真理长期混淆不清。真理这一概念在我国学界是一具有强烈意识形态

---

① 张家龙著：《数理逻辑发展史》，社会科学文献出版社 1993 年版，第 395 页，转引自王路著：《“是”与“真”——形而上学的基石》，人民出版社 2003 年版，第 36 页。

② 王路著：《“是”与“真”——形而上学的基石》，人民出版社 2003 年版，第 36 页。

③ 还有，前面已经探讨，真假是认识、命题之类的真值负荷者的值，认识、命题是真值的负荷者，如果“真理”一词既可指“真的认识、理论”，又可指“真”、“真实”，那么“真理”就既是真值的负荷者，又是真值负荷者的真值，其后果只能是导致问题的混乱。此外，我们可以说“‘真的理论’是真的”，既然“真理”一词既可指“真的认识、理论”，又可指“真”、“真实”，那么我们可以把“‘真的理论’是真的”这个命题改为“真理是真理的”，这样的说法则很怪诞。

④ 刘永富著：《真假论纲》，中国社会科学出版社 2002 年版，第 26 页。

意味的概念，而真在西方学界却是单一学术的概念。所以，这种混淆导致了我国学界在‘真’理论方面的国际对话常常是风马牛不相及。"①

所以，笔者建议，在学术讨论、研究中，只在“真的认识、理论”这个意义上使用“真理”一词，而要指“认识与认识对象的符合”此类意思时，则使用“真”、“真实”这样的概念。② 如果非要坚持“真理”的多种用法，那么在使用“真理”一词时，应当先指出它是在何种意义上使用，应当能让读者明白在那里它究竟指的是“真”、“真实”，还是“真的认识、理论”，以免读者将本来指“真”的“真理”理解为“真的认识、理论”，或者将本来指“真的认识、理论”的“真理”理解为“真”、“真实”。同样，在翻译“truth”一词时，应当正确地将其本义译出来，如果它指的是“真”、“真实”，那就译为“真”或“真实”，而不要一律地用“真理”来译。不明确“真理”的实际所指，有关“真”与“真的认识”的问题就很难说清楚，至少本书中不少问题说不清楚。

为论述方便、避免歧义，在本书中，统一用真的“认识”、“命题”表述与假的“认识”、“命题”相对的“认识”、“命题”，用“真”、“真实”表述与“假”、“虚假”相对的概念，而不再同时使用“真理”一词来表述“真的认识、理论”和“真”、“真实”，甚至尽量避免使用“真理”一词。当然，在引用他人论述时，将不得不遵照原文来引用“真理”一词。

---

① 转引自杜国平著：《“真”的历程——金岳霖理论体系研究》，中国社会科学出版社2003年版，第128页。

② 当然，虽然笔者如此建议和主张，但实际上笔者无权给“真理”一词作此限定，无权要求所有人都这样使用“真理”一词。

第四节 “真”是什么

任何一个概念都有其内涵和外延，所谓“‘真’是什么”，也就是“真”的内涵是什么，此外还可以说是“真”的定义、“真”的意义，等等。

需要注意的是，“真”的内涵与“真”的检验或判断标准是不同的问题，前者回答“‘真’是什么”，后者回答“哪类命题（或认识、语句）是真的”，就像对语词“发烧”的定义和检验标准，可以作以下区分：其定义是规定“发烧”有比某个给定点的温度高的固定意义，而其检验标准则是提供某一标准或程序判断某人是否在发烧。①

关于“什么是真”，在哲学尤其是认识论中是一个核心问题，历史上出现过不同的观点，至今这些不同观点仍然各持己见，比较有影响的，有“符合论”、“融贯论”②、“实用论”等，笔者将对

---

① 弓肇祥著：《真理理论——对西方真理理论历史地批判地考察》，社会科学文献出版社 1999 年版，第 3 页。

② 一般认为，“真”的融贯论即“真”的一致论，参见［英］苏珊·哈克著：《逻辑哲学》，罗毅译，商务印书馆 2003 年版，第 107 页；陈嘉映著：《语言哲学》，北京大学出版社 2003 年版，第 61～62 页。此外，美国哲学家希拉里·普特南和英国哲学家沃尔什在探讨“真”的理论时也只探讨“真”的符合论和融贯论，而没有单独探讨“真”的一致论，对此可分别参见［美］希拉里·普特南著：《理性、真理与历史》，董世骏、李光程译，上海译文出版社 2005 年版，第 55 页以下；［英］沃尔什著：《历史哲学——导论》，何兆武、张文杰译，广西师范大学出版社 2001 年版，第 73 页以下。另外达德利·夏佩尔也认为，“哲学史上曾经提出过三个一般类型的真理论：符合论、融贯论和实用论”，参见达德利·夏佩尔著：《理由与求知——科学哲学研究文集》，褚平等译，上海译文出版社 1990 年版，第 229～230 页。当然，也有人将“真”的融贯论和一致论分开，如胡军著：《知识论》，北京大学出版社 2006 年版，第 315 页；金岳霖著：《知识论》，商务印书馆 1983 年版，第 887～892 页。本书遵从多数，将“真”的“融贯论”与“一致论”视为同一，所以只探讨“融贯论”。

这几种学说作一介绍和分析，并阐明自己的立场。

一、“真”的符合论及其困难

（一）“真”的符合论

“真”的符合论（correspondence theory of truth）认为，“真”指的是认识内容与其认识对象的符合，是某种负荷者与它所表达、代表的对象之间的一种关系。如果负荷者与它所表达的对象符合，那么它就是真的；否则它就是假的。[①] 按照“真”的符合论的观点，一个语句或命题、主张、断言、陈述，当且仅当通过语句表达的事体实际存在时，才应被称为真实的。实际存在的事体就是一个事实。因此，“真”可以被定义为“语句与事实之间的一致性（符合）”。[②]

“真”的符合论有着悠久的历史。古希腊的亚里士多德在其《形而上学》一书中指出：“凡以不是为是、是为不是者，这就是假，凡以实为实、以假为假者，这就是真。”[③] 按照他的说法，“真”就是命题与相关事实之间的一种一一对应的符合关系。命题的真或假并不取决于命题自身，而是取决于命题与事实之间有没有一一对应的符合关系；是事实决定命题的真，而不是命题的真决定事实的存在；如果某命题与一特定的事实之间有一一对应的符合关系，则这一命题为真，反之则为假。[④] 亚里士多德认为，一个人存在着这个事实，蕴涵着“他存在着”这个命题的正确性。那个正

---

① 弓肇祥著：《真理理论——对西方真理理论历史地批判地考察》，社会科学文献出版社1999年版，第32页。

② ［德］罗伯特·阿列克西著：《法律论证理论——作为法律证立理论的理性论辩理论》，舒国滢译，中国法制出版社2002年版，第129～130页。

③ 亚里士多德著：《形而上学》，吴寿彭译，商务印书馆1983年版，第79页，转引自胡军著：《知识论》，北京大学出版社2006年版，第305页。

④ 胡军著：《知识论》，北京大学出版社2006年版，第305～306页。

确的命题绝不能是这个人存在的原因，而这个人存在这个事实，才是这个命题之所以为正确的原因，因为命题的正确或错误取决于这个人存在或不存在这个事实。①

正因为亚里士多德最早表达了“真”的符合论的这种思想，所以他被视为“真”的符合论的奠基者。之后，历史上不少哲学家倡导“真”的符合论，如洛克继承了亚里士多德的“真”的符合论，并对之作了较为系统的发挥和论述；② 逻辑原子论时期的罗素和维特根斯坦也持这种观点，如维特根斯坦指出：“命题是实在的图像”，③ “图像的真或假就在于它的意义与实在符合或者不符合”，④ “命题的意义是它与事态的存在和不存在的可能性符合和不符合”；⑤ 荷兰哲学家斯宾诺莎认为：“真实是关于某一东西的肯定或否定，它符合于这个东西本身。谬误是关于某一东西的肯定或否定，它不符合于这个东西本身。”⑥ 奥斯汀捍卫了“真”的符合论中的一种说法。⑦ 波兰逻辑学家塔尔斯基也认为：“语句之为真在于它与现实相一致（或它符合于现实）。”⑧ 而且，塔尔斯基的理论

---

① 亚里士多德著：《形而上学》，吴寿彭译，商务印书馆 1983 年版，第 46 页，转引自胡军著：《知识论》，北京大学出版社 2006 年版，第 306 页。

② 胡军著：《知识论》，北京大学出版社 2006 年版，第 307 页。

③ ［奥］路德维希·维特根斯坦著：《逻辑哲学论》，贺绍甲译，商务印书馆 1996 年版，第 42 页。

④ ［奥］路德维希·维特根斯坦著：《逻辑哲学论》，贺绍甲译，商务印书馆 1996 年版，第 31 页。

⑤ ［奥］路德维希·维特根斯坦著：《逻辑哲学论》，贺绍甲译，商务印书馆 1996 年版，第 54 页。

⑥ ［荷］斯宾诺莎著：《简论上帝、人及其心灵健康》，顾寿观译，商务印书馆 1999 年版，第 122 页。

⑦ ［英］苏珊·哈克著：《逻辑哲学》，罗毅译，商务印书馆 2003 年版，第 107 页。

⑧ ［美］A. P. 马蒂尼奇编：《语言哲学》，牟博、杨音莱、韩林合等译，商务印书馆 1998 年版，第 84 页。

被认为是“真”的符合论所能取得的最高成就。[①]

其实，“马克思主义真理观也属于符合论范畴。”[②] 因为辩证唯物主义认为，真理是“客观事物及其规律在人们意识中的正确反映”，[③] 即认识对认识对象的正确反映，而从下文的探讨中我们可以看出，“真”的符合论的实质在于认识与其认识对象而非其他东西的一种符合、一致关系。真正的符合论应该讲认识与认识之外的客观现实的符合，讲其他东西之间的符合则不是符合论所说的符合。[④] 因此马克思主义真理观关于“真”的定义也属于“真”的符合论。[⑤] 而且，辩证唯物主义的符合论是比其他符合论更为科学的符合论，“没有科学的合理的唯物主义及其反映论就不会有真正的符合论。”[⑥]

尽管由于对“符合”的不同解释，“真”的符合论有不同的变种和表述，但其实质都是一样的，即都指的是“负荷者与它所表达的对象符合”，[⑦] 而在本书中，从方便表述的角度出发，一般将

① 胡军著：《知识论》，北京大学出版社 2006 年版，第 320 页；［英］苏珊·哈克著：《逻辑哲学》，罗毅译，商务印书馆 2003 年版，第 107～116 页。

② 弓肇祥著：《真理理论——对西方真理理论历史地批判地考察》，社会科学文献出版社 1999 年版，第 50 页。

③ 《辞海》（修订本·语词分册），上海辞书出版社 1979 年版，第 117 页。

④ 郭继海著：《真理符合论的困难及其解决》，中国社会科学出版社 2003 年版，“导言”，第 2 页。

⑤ 不少学者持此主张，如“辩证唯物主义真理论也主张符合论”（参见梁庆寅：《符合真理论在 20 世纪的演变》，载《中山大学学报》（社会科学版）1996 年第 5 期）；“马克思主义真理论是真理符合论的当代形式”（参见董玉整：《试论真理符合论是一切真理论的基础》，载《中山大学学报论丛》2004 年第 5 期），等等。

⑥ 郭继海著：《真理符合论的困难及其解决》，中国社会科学出版社 2003 年版，第 136 页。

⑦ 弓肇祥著：《真理理论——对西方真理理论历史地批判地考察》，社会科学文献出版社 1999 年版，第 32 页。

其表述为“认识或命题与它所揭示、表达、描述的对象的符合”。①

(二) 所谓“真”的符合论的困难

哲学史上，在关于“真”是什么这个问题中，“真”的符合论不但最早提出，而且不断得到发展，成为支持者最多、影响最广泛的一种学说。“它也是最易于理解和掌握、在实践中产生重大影响的理论。”② 但是，“真”的符合论在哲学史上并没有得到完全一致的支持和认可，伴随“真”的符合论的发展的是对符合论尖锐的批评，有的批评甚至看起来似乎是致命的。“真”的符合论遭受到的批评或曰符合论的困难主要体现在以下几个方面：

第一，“真”的符合论的最大困难是如何才能知道认识内容与其认识对象是符合还是不符合。这个理论难题来自于认识内容与客观实在的关系，即所谓的认识内容与客观实在之间不可逾越的理论上的鸿沟。因为认识内容在我在内，而客观实在在物在外。如何才能有足够的理由证明证实认识内容与认识之外的客观实在是符合的呢？客观实在只有在被认识之后成为认识内容，才能用来同其他认识相比较、相对照，这样，虽然字面上说的是认识与客观实在的符

---

① 关于“真”的符合论有多种表述，如有用“命题与事实相一致”来表述的（参见陈嘉映著：《语言哲学》，北京大学出版社2003年版，第60页）；也有用“认识主体的信念与外在的独立的世界之间有着一种符合或一致的关系”来表述的（参见胡军著：《知识论》，北京大学出版社2006年版，第304页）；也有用“认识与实在的符合”来表述的。当然最根本的，“真”的符合论中的符合乃是“负荷者与它所表达或揭示的对象符合”，但这个表述中有“负荷者”，并不是一个一眼就能看明白的词语，所以本书使用其他表述。为什么本书采用“认识或命题与它所揭示、表达、描述的对象的符合”的表述？这是因为，第一，“判断”、“命题”、“语句”或者是认识的一种，或者是认识的外在表现形式，所以用“认识”至少不会引起太大的歧义，而且习惯上使用更多的也是“认识”；第二，“事实”、“实在”、“世界”等概念或者本身含混不清，存在争议，或者所指对象不明确，不如用“对象”这样一个比较抽象的概念恰当。对此下文还有探讨。

② 弓肇祥著：《真理理论——对西方真理理论历史地批判地考察》，社会科学文献出版社1999年版，第45页。

合，但落到实处的还是认识与认识的符合，还是不能断定认识内容是否与客观实在相符合。这么看来，似乎认识的真实性永远也得不到证明证实，除非陷入独断论。[①] 正如有人指出的，“真”的符合论要求我们对自己的语言表达与语言之外的实在的对应情况进行检查，为了做到这一点，我们必须谈到实在，而要谈到实在，我们必然已把自己语言所特有的某种概念系统强加给了实在。这样我们就仍然是在语言的界限内涉及实在。如此推论下去，那个把语言与未被概念化的实在进行客观比较的任务就像西西弗斯的不幸劳役一样永远不可能完成。[②] 法国学者涂尔干也指出，“假如真理只能去模仿实在，那么它究竟有什么用？它似乎什么用也没有。不过，这里也出现了另一个难题。如果理念所模仿的实在是外在的、超验的，那么我们怎样才能认识到它呢？如果它外在于我们，永恒存在于世界中，或者超越于这个世界，如果实在是这个世界的一部分或总体，我们怎样才能把握住它呢？……这个世界与我们之间有一条鸿沟：我们怎样才能在两者之间架起一座桥梁呢？或者说，这些理念的实在怎样才能堕入到我们的世界中呢？”[③]

第二，“真”的符合论需要对“认识内容与其认识对象的符合”或者说“认识内容与客观实在的符合”中的“认识内容”、“客观实在”、“符合”作出更加清晰的、科学的解释，目前的符合论似乎都没有做到这一点。[④]

第三，有些人认为，有的真命题并不需要涉及客观存在着的事

① 以上说法参考了郭继海著：《真理符合论的困难及其解决》，中国社会科学出版社2003年版，“导言”，第2~3页；胡军著：《知识论》，北京大学出版社2006年版，第318~319页。

② 张盾：《无须存在公理的指称理论》，载《哲学研究》1989年第6期。

③ ［法］爱弥尔·涂尔干著：《实用主义与社会学》，渠东译，梅非校，世纪出版集团、上海人民出版社2005年版，第29页。

④ 胡军著：《知识论》，北京大学出版社2006年版，第317~318页。

物，如几何学、数学、逻辑学等学科中的命题，而如果根本没有与这些命题相符合的客观实在，那么说这个命题的真就在于命题与它所表达、描述的对象的符合，则就是毫无意义的。[①]

第四，“真”的符合论似乎不能解释否定性命题如何为真，如“猫不在垫子上”这个命题符合什么呢？[②]

一些学者看到命题与事实之间有着不可跨越的鸿沟，符合与否无法验证，便放弃了“真”的符合论。既然求真于主客二者的合不可能，就“不如求真于主”。[③]“求真于主”也有两种方式：一是拿到实际效用上来讨论；二是从命题与命题的关系上来讨论。前者强调真的有效性或有用性，后来发展成“真”的实用论；后者强调命题之间的融洽一致，后来形成了“真”的融贯论。[④]

二、“真”的融贯论及其缺陷

（一）何谓“真”的融贯论

“真”的融贯论（coherence theory of truth）[⑤]，又称为“真”的联贯论[⑥]，将“真”理解为“判断之间、命题之间、信念之间的

---

① 胡军著：《知识论》，北京大学出版社2006年版，第319页。

② 陈嘉映著：《语言哲学》，北京大学出版社2003年版，第60页。

③ 金岳霖著：《知识论》（下），商务印书馆1983年版，第892页。

④ 张耕华著：《历史哲学引论》，复旦大学出版社2004年版，第50页注2。

⑤ 需要注意的是，在谈到融贯论时，它有时指关于“真”的定义、内涵方面的融贯论，有时指关于“真”的证实方面的融贯论，对此要注意区分，前者以“融贯”为真，后者以“融贯”为判断是否真实的标准。在“真”的定义方面主张“真”的融贯论的，在“真”的证实理论方面一般都主张“真”的证实的融贯论；在“真”的证实理论方面主张融贯论的，不一定在“真”的定义方面主张融贯论，而可能主张“真”的符合论，即以“融贯”为标准判断是否“符合”。在本部分，“真”的融贯论指的是“真”的定义、内涵方面的融贯论。

⑥ 如胡军所著的《知识论》（北京大学出版社2006年版）中，就使用“联贯论”这个概念，但多数论著中使用“融贯论”概念，因此本书遵从多数。

融贯性”。[①] “真”的融贯论的代表人物之一、哲学家纽拉特认为，经验命题的真或假并不取决于经验命题与经验之外的某种“实在”或“存在”之间有或者没有符合的关系，而完全取决于命题与命题之间的一致。如果某一命题与同一体系内的其他相关的命题之间是一致的，那么这一命题就是真的；如果这一命题与同一体系内其他相关命题之间是冲突的，那么显而易见这一命题也就是假的了。[②] “真”的融贯论是要把“真”定义为一种陈述与另一种陈述之间的关系，而不是陈述与事实之间的关系。它主张，如果一个陈述被表明可以和我们所准备接受的其他一切陈述相融贯，那么它就是真的。[③]

理解“真”的融贯论，关键在于理解“融贯”一词。融贯论中所使用的“融贯”（coherence）一词，从来也没有很精确地定义过。一个一般性定义是：说两个或更多的信念的集合是融贯的，当且仅当（1）该集合的每个元素都跟另一些元素组成的子集合相协调；（2）每个元素都被作为前提的所有其他元素所蕴涵。[④] 此外，Peczenik 引用哲学家 Laurence BonJour 的理论，将融贯性的基本性质表述如下：如果满足下列条件，一个信念的体系就是一个奠基于论证的、融贯的体系：（1）它是逻辑上无矛盾的；（2）它拥有高度的无矛盾可能性；（3）它的组成信念彼此之间，有着相当数量相互强烈逻辑蕴涵的关系；（4）只有很少数无法说明的异常状况；（5）它提供了某种对于世界相对稳定的理解方式，且此种理解方

---

① 陈嘉映著：《语言哲学》，北京大学出版社 2003 年版，第 60 页。

② 胡军著：《知识论》，北京大学出版社 2006 年版，第 168 页。

③ ［英］沃尔什著：《历史哲学——导论》，何兆武、张文杰译，广西师范大学出版社 2001 年版，第 76 页。

④ 弓肇祥著：《真理理论——对西方真理理论历史地批判地考察》，社会科学文献出版社 1999 年版，第 51 页。

式能维持融贯性；[①]（6）它满足了观察的要求（observation requirement），亦即它必须包含一套法则，这套法则足以提供人们在合理范围内形成自发性的、多样性的认识信念，包括内省性的信念。[②]

尽管关于何谓“真”的融贯论，人们有这样那样的分歧，但它们在基本点上是一致的，这就是：其一，一个系统内部应是协调一致的，也就是说，在一个命题系统中不能同时存在两个相反的命题；其二，命题系统内部各个子命题相互之间是相关的，而非完全无关的。[③]

在哲学史上，主张“真”的融贯论的大有人在，如布拉德雷、斯宾诺莎、黑格尔、布兰夏德、莱布尼茨、纽拉特、亨普尔等。[④]从某种意义上说，普特南在某个时期也主张过“真”的融贯论，如他曾经说过，“真”是“某种（理想化）合理的可接受性——是我们的诸信念之间、我们的信念同我们的经验之间的某种理想的融贯（因为那些经验本身在我们信念系统中得到了表征）——而不是我们的信念同不依赖于心灵或不依赖于话语的‘事态’之间的符合”。[⑤]

（二）“真”的融贯论的缺陷

在笔者看来，“真”的融贯论的缺陷是显而易见而且非常致命的，它的缺陷主要体现在：

第一，如果“真”指的是命题与命题之间的融贯，认识、命

---

① 意指在一个相当长的时期内持续满足前述（1）至（4）的条件。

② 颜厥安著：《规范、论证与行动——法认识论论文集》，台湾地区元照出版公司2004年版，第96页。

③ 弓肇祥著：《真理理论——对西方真理理论历史地批判地考察》，社会科学文献出版社1999年版，第64页。

④ 参见陈嘉映著：《语言哲学》，北京大学出版社2003年版，第61页；胡军著：《知识论》，北京大学出版社2006年版，第315页。

⑤ ［美］希拉里·普特南著：《理性、真理与历史》，董世骏、李光程译，上海译文出版社2005年版，第55～56页。

题的真假与认识、命题所表达或揭示的对象无关，而真假乃是诸如认识、命题这样的真值负荷者的真假，那么诸如认识、命题这样的真值负荷者也就与其所表达、揭示的对象无关了。但这可能吗？认识、命题如果不对其对象有所表达、揭示，那还能称为“认识”、“命题”吗？所以说，“真”的融贯论割裂了主体与客体的联系，正如有人指出的，“真”的融贯论是对“真”的主观主义理解的一种形式，这种理论把知识封闭在知识中，不留给它通向客体的出路。[①] 而从历史学的角度，英国哲学家指出，一切知识都必须从一个被认为是没有问题的基础开始，而一切事实性的知识则必须从一个事实的基础开始，但是这另一种选择，亦即融贯论，却架空了整个结构，结果是我们就没有可以区分现实和想象的有效标准了。总之，融贯论是不足以说明历史的真实性的，我们还需要有与现实相接触的保证。[②] 可见，从理论上看，融贯论这种把“真”理解为某个系统中各个命题之间相互一致性的做法，并不足以保证它就能够充分有效地解释或描述它想解释或描述的世界。[③]

第二，正因为“真”的融贯论割裂了主观与客观的联系，所以“真”的融贯论中判断认识是否真实的只能是一种主观的标准，而非以真值负荷者所表达或揭示的客观对象为标准，那么任何假的命题，只要内部是融贯的、一致的，都可能成为真的命题。如果融贯论是正确的话，如果所谓的真只是一思想体系内相关命题之间的一致，那么前后一致、衔接得天衣无缝的神话或侦探故事，如福尔摩斯探案故事或科幻故事也不得不说是真实的了。果真如此，那么

---

① ［苏］科普宁著：《马克思主义认识论导论》，马迅、章云同译，求实出版社1982年版，第140页。

② ［英］沃尔什著：《历史哲学——导论》，何兆武、张文杰译，广西师范大学出版社2001年版，第87页。

③ 曾志：《西方知识论哲学中的真理融贯论》，载《社会科学辑刊》2005年第1期（总第156期），第9页。

我们生活在其中的客观世界和西游记所描绘的世界或与神话世界也就没有实质性的区别了。[①] 石里克在反驳纽拉特的“真”的融贯论时也指出：“如果一个人认真地把联贯论看成是真理的一般性标准，那么他就必须把任意编造的神话故事看成是与历史报告一样真实的，或者像化学教科书中的命题一样真实的，只要这样的神话故事编造得前后不矛盾，借助于想象我能够描绘一个充满种种怪异冒险的奇异世界。只要我注意使我的陈述能够相互一致，将我的故事情节只与遥远的星球相关，并以此来注意避免与这个实际世界的观察出现可能不一致的地方，那么提倡联贯论的哲学家肯定会相信我的故事的真实性。实际上，严格说来，我并不需要提出上述与观察相关的要求。我可以要求其他的人来适应我的描写，而不是相反。他们不会反对，比如说，这一故事与观察是不一致的。因为根据联贯论，观察并不是它所要求的，它所要求的只是陈述之间的一致。”[②]

此外，“真”的融贯论还存在种种其他问题，但最致命的就是以上两个问题。“真”的融贯论正是关于“什么是真”的理论，而它存在的主要问题恰恰在于回避了“什么是真”这一根本性问题，融贯论认为真假在于陈述、判断、命题、语句之间是否融洽连贯，但是“融洽连贯”最多只是两个以上有关系的命题在同真的情况下必须具备的一个条件；而只有先确定了怎样才算真，然后才谈得上是否同真。[③] 所以，在“‘真’是什么”这个问题上，“真”的融贯论是一种不可取的学说。

---

① 胡军著：《知识论》，北京大学出版社 2006 年版，第 168 页。

② Chisholm, Roderick M., and Robert J. Swartz, ed. Empirical knowledge, Englewood. Cliffs, NJ. Prentice Hall, 1973, p. 419. 转引自胡军著：《知识论》，北京大学出版社 2006 年版，第 168 页。

③ 刘永富著：《真假论纲》，中国社会科学出版社 2002 年版，第 4 页。

三、"真"的实用论及其缺陷

(一) 何谓"真"的实用论

出于克服"真"的符合论的困境的目的，不少学者提出了"真"的实用论 (pragmatic theory of truth)，比较有影响的实用论者有皮尔士、詹姆士、席勒、杜威等人,[①] 其中尤以詹姆士的观点具有代表性。

从表面上看，詹姆士也是"真"的符合论者，如詹姆士认为，"真理是我们某些观念的一种性质；它意味着观念和实在的'符合'，而虚假则意味着与'实在'不符合。实用主义者和理智主义者都把这个定义看做理所当然的事。"[②] 只是在什么是符合，什么是实在等问题上，实用主义者与符合论者才有明显的分歧。詹姆士认为，实在包括"具体的事实"、"抽象的事物与它们之间直觉地感觉到的关系"以及"我们所已经掌握了的其他真理的全部",[③] 那么什么是符合呢? 詹姆士认为："广义说，所谓与实在'相符合'，只能意味着我们被一直引导到实在，或到实在的周围，或到与实在发生实际的接触，因而处理实在或处理与它相关的事物比与实在不符合时要更好一些，不论是在理智上或是在实际上都要更好一些。"[④] 这样，"符合基本上变成为引导的问题——而且此引导是

① 英国哲学家苏珊·哈克将皮尔士、詹姆士、杜威列为实用主义者（参见［英］苏珊·哈克著：《逻辑哲学》，罗毅译，商务印书馆 2003 年版，第 120 页）；詹姆士将席勒也列为实用主义者（参见［美］詹姆士著：《实用主义》，陈羽纶、孙瑞禾译，商务印书馆 1979 年版，第 101 页）。

② ［美］詹姆士著：《实用主义》，陈羽纶、孙瑞禾译，商务印书馆 1979 年版，第 101 ~ 102 页。

③ ［美］詹姆士著：《实用主义》，陈羽纶、孙瑞禾译，商务印书馆 1979 年版，第 108 ~ 109 页。

④ ［美］詹姆士著：《实用主义》，陈羽纶、孙瑞禾译，商务印书馆 1979 年版，第 109 页。

有用的，因为它引导我们到那些包含有重要事物的地方。”① 总之，“主要的事是被引导的过程。任何观念，只要有助于我们在理智上或在实际上处理实在或附属于实在的事物；只要不使我们的前进受挫折，只要使我们的生活在实际上配合并适应实在的整个环境，这种观念也就足够符合而满足我们的要求了。这种观念也就对那个实在有效。”② “这就是实用主义者对‘符合’这个词的广泛的解释。他完全从实际上来处理它。”③ 也就是说，“‘它是有用的，因为它是真的；’或者说：‘它是真的，因为它是有用的。’这两句话的意思是一样的。”④ 可见，实用主义者关于“真”是什么的观点是：一个观念是有用的，它就是真的，或者说，一个观念是真的，它就是有用的。⑤

（二）“真”的实用论的缺陷

正如“真”的融贯论，“真”的实用论的缺陷也是显而易见而且致命的。

首先，正如前面所说的，“真”的实用论以“有用”为真。实际上，“真”是认识论意义上的概念，“有用”却是价值论意义上的概念。认识论意义上的“真”是客观的，一个认识一旦为真，它的真就不会随着时间、地点等的变化而改变，而有用则具有较多的主观色彩，是相对于不同的人、时间、地点以及具体情况而言的，不同的人对于某个东西是否有用有不同的看法，同一个东西对

---

① ［美］詹姆士著：《实用主义》，陈羽纶、孙瑞禾译，商务印书馆 1979 年版，第 110 页。

② ［美］詹姆士著：《实用主义》，陈羽纶、孙瑞禾译，商务印书馆 1979 年版，第 109 页。

③ ［美］詹姆士著：《实用主义》，陈羽纶、孙瑞禾译，商务印书馆 1979 年版，第 110 页。

④ ［美］詹姆士著：《实用主义》，陈羽纶、孙瑞禾译，商务印书馆 1979 年版，第 104 页。

⑤ 胡军著：《知识论》，北京大学出版社 2006 年版，第 313 页。

于一个人是有用的，对于另一个人则可能是无用的。例如，将农田改为宅基地，盖起高楼大厦，对于房地产开发商显然是有利的，对于农业的发展则是不利的。[①] 以有用为“真”，既否认了客观的“真”的存在，“真”也没有客观的判断标准。

其次，“真”不一定就是有用的，而“有用”的也不一定就是真的。从真的认识、命题与有用的关系来看，真的认识、命题不一定有用，而假的命题有时可能更有用，如善意的谎言，以及曹操利用“望梅止渴”鼓舞士兵的士气，等等。[②]

再次，有时判断一个命题是有用的还是无用的似乎要比判断它是真的还是假的更为复杂，更加困难。[③]

最后，按照“真”的实用论，有真假的是为了达到一定目的而设计的行动方案，而行动方案的真假又在于是否有效，但是“行动方案到底是否有效”、“行动到底是否遵循了方案”、“目的到底是否达到”等不都也有真假吗？这些真假又根据什么来确定呢？[④]

可见，“真”的实用论的缺陷是致命的，在“真”是什么这个问题上，我们不能坚持“真”的实用论的立场。

四、为“真”的符合论辩护

本书坚持“真”的符合论的立场，理由是：

（一）所谓符合论的困难，有的实际上不是符合论本身的困难，而有的困难则可以解决

（1）关于“真”的符合论的第一个困难，即如何才能知道认

① 胡军著：《知识论》，北京大学出版社2006年版，第313页。

② 胡军著：《知识论》，北京大学出版社2006年版，第313～314页。

③ 胡军著：《知识论》，北京大学出版社2006年版，第313页。

④ 刘永富著：《真假论纲》，中国社会科学出版社2002年版，第4页。

识内容与其认识对象是符合还是不符合。

首先,"如何才能知道认识内容与其认识对象是符合还是不符合"属于"真"的证明证实问题,而命题的"真"不等于命题的"真"的证明证实,正如金岳霖先生所说的,命题的真不等于它已经被证实,"假和证明为假,真和证明为真,当然都不是一件事。一个命题可以真而我们无法证明其为真,或在某一阶段我们没有工具证明其为真。"① 也就是说,"真"是存在的,不一定就能够证明证实这个"真"是存在的;认识是"真"的,不一定就能够证明证实该认识是"真"的;"真"能够达到,也不一定能够证明证实"真"能够达到。可见,所谓的"真"的符合论的第一个困难其实是"真"的证明证实的困难而非"真"的符合论本身的困难,"真"的符合的证明证实的困难不等于"真"的符合论的困难。"真"是否能够证明证实,与"真"是否"负荷者与它所表达或揭示的对象符合"或曰"认识内容与其认识对象的符合",这是两个不同层面的问题。只有先明确"真"是什么,之后才存在对于命题的"真"能否证明证实以及如何证明证实的问题。所以,不能因为认识内容与其认识对象的符合难以证明证实或者可能无法证明证实而否认"真"乃是认识内容与其认识对象的符合,否则就是本末倒置、因噎废食。正如有学者指出的,决不能以符合的认识、言说或论证方面的困难为理由而否定符合关系的客观存在,因为符合与符合的论证,真与真的证明证实是不同的。一时有某些根据或理由言说的符合不一定就是符合,而一时难以言说、证明证实的符合关系不一定不存在;证明证实为真的不一定就是真,一时难以证明证实的也不一定不真。在认识或科学发展史上有许多曾经被认为是与现实相符合因而被认为是真的命题或理论而其实并不是真的命题或理论,自然也有真的命题或理论在一定时期没有得到证明证实

① 金岳霖著:《知识论》(上),商务印书馆 1983 年版,第 38、75 页。

的情况。如果只有能言说的符合才是符合，只有能证明证实的真才是真，那就把普遍的真变成因人而异的真的证明了，那就把不受时间限制的真变成因时而真了，那就把客观的认识与现实的符合关系变成为主观的观念间的融贯或一致了。[①]

在法学界，有学者认为，“在所谓‘认识符合事实’的说法中，事实只是现实中的事实”，[②]“由于案件事实是作为历史的事实而成为认识对象的，而历史事实又不可能存在于现实之中”，所以“所谓‘认识符合事实’，在我们讨论关于案件事实的认识时，根本就是一句毫无意义的废话”，[③] 也就是说，“符合论”在关于过去事实的认识中根本无法实现。这种说法也混淆了“‘真’是什么”和“真”的证明证实这两个不同的问题。符合论中的“符合”，并不需要将两个东西都拿出来放在一起，才能符合。否则就没有任何的“认识与事实的符合”，因为任何客观的事实，一旦发生，即成为过去。实际上，对过去事实的认识，仍然可以与过去事实符合，如“张三杀了李四”这个认识，如果张三确确实实杀了李四，即使张三杀了李四这个事实已经成为过去，但是“张三杀了李四”这个认识仍然与这个过去事实符合。案件事实不复存在，只是无法将关于案件事实的认识与案件事实进行对照，无法确切地判断、证实两者是否符合，但这属于对符合与否的判断问题，属于符合与否的证明证实问题，而非能否符合的问题。

其次，虽然“认识内容与其认识对象的符合”的证明证实有一定困难，但是“真”的证明证实也是可能的，尽管不是所有认

---

① 郭继海著：《真理符合论的困难及其解决》，中国社会科学出版社 2003 年版，第 109 ~ 110 页。

② 王敏远：《一个谬误、两句废话、三种学说——对案件事实及证据的哲学、历史学分析》，载王敏远编：《公法》第 4 卷，法律出版社 2003 年版，第 196 页。

③ 王敏远：《一个谬误、两句废话、三种学说——对案件事实及证据的哲学、历史学分析》，载王敏远编：《公法》第 4 卷，法律出版社 2003 年版，第 206 页。

识的真实性都能得到证实。对此，马克思主义哲学已经解决了这个问题，即通过实践检验并证实。因此，这个困难已经不成其为困难。例如，对于当前和未来的认识对象，我们可以通过实践来将认识对象与认识进行对照和比较，从而证明证实认识是否与认识对象相符合。当然，有人可能质疑，你的感觉可能是错误的。对此的回答是，我们相信常识和自己在正常情况下的感觉。我们知道我们的认识有时是绝对正确的，如在正常情况下，对于“我有一双手”、“我面前摆着一张桌子”这样的认识，显然是可以证明证实的，或者说是能够绝对确定地相信的。①

所以说，所谓符合论的困难，其实只是如何言说或论证的困难，并不是符合是否存在的问题；对一个命题的论证的困难并不表明这个命题的谬误，论证的困难也不等于论证的根本不可能。② 我们不能因为有的认识的真实性可能一时无法证明证实或者永远无法证实而否认所有认识的真实性都无法证明证实，更不能因为有的认识的真实性不能证明证实而否认“真”乃是“认识、命题与它所表达、揭示的对象的符合”这样的符合论立场。

（2）关于第二个困难，即“真”的符合论对“认识内容与客观实在的符合”中的“认识内容”、“客观实在”、“符合”没有作出清晰的、科学的解释。

这个困难其实只是“真”的符合论的发展阶段上的困难，而非其本身的、永远的困难。这个困难可以通过对“认识内容”、“客观实在”、“符合”作出精细而科学的解释得以解决。实际上，随着哲学的发展，这一缺点已经得到了很大程度的克服。

（3）关于第三个困难，即某些诸如几何学、逻辑学等学科中

① 关于这个问题，涉及对怀疑论的回应，对此下文有专门的探讨。

② 郭继海著：《真理符合论的困难及其解决》，中国社会科学出版社 2003 年版，“导言”，第 1 ~ 2 页。

的命题所表达或揭示的所谓“不存在”的事物，对此命题与其对象如何符合？

这其实涉及如何理解“实在”的问题。所谓实在的事物并非必须是看得见、摸得着的，几何学、逻辑学命题所表达或揭示的对象虽然是看不见、摸不着的，但却是客观存在的，正如宇宙的客观规律，虽然看不见，但却是客观存在的。在证明证实这样的命题时，我们可以用具体的东西来代替这样抽象的观念，如对于“2 +2 =4”这个命题，上小学时我们经常拿出四根小木棍，一边两根，将它们放在一起，就有四根了，这样就证实“2 +2 =4”这个命题了，在这里，我们不需要去找出“2”、“4”究竟在哪里，不需要深究“2”、“4”是什么样子的。只要命题正确地表达、描述了其对象，命题与其对象仍然是符合的，而不需要将此类看不见、摸不着的事物实实在在地摆出来才能与命题符合。可见，这个所谓的困难实际上是不存在的。

(4) 关于第四个困难，即诸如“猫不在垫子上”这样的否定性命题与什么符合、如何为真的问题。

首先需要明确的是，这个命题中有一系列隐含的限定，如“猫”当然指特定的某只猫，垫子也指特定的某个垫子，而且这个命题也属于某个特定的时间。那么，说“甲猫在乙时间里不在丙垫子”时，如果甲猫在乙时间确实不在丙垫子上，这不就符合客观实际了吗？这不就是真命题了吗？与之相反的是，甲猫在乙时间确实在丙垫子上，那么这个命题就是假的了。还有如“张三没有杀李四”这一所谓的负命题，其实也有与之符合的事实，这个事实就是张三根本没有杀李四这个事实，而且这样的事实有证明证实的依据，如果李四还活着，或者李四的死是因为李四的自杀，或者李四的死是因为王五或其他人杀他，都可以成为“张三没有杀李四”的命题的“真”的依据。而如果张三确实杀了李四，那么“张三没有杀李四”这个命题就是假的。可见，否定性命题有其符合的对象，而且判断、证实否定性命题的真假也不存在问题。①

所以说，所谓符合论的困难，有些并非符合论本身的问题，而有些问题虽然目前存在，但并非永远不可解决。

（二）符合论是关于“真”是什么的最原始的学说，其他几种关于“真”是什么的学说都从符合论发展而来，都以符合论为基础，甚至无形中又回到了符合论

正如前面提到“真”的符合论的历史渊源时所说的，在关于“真”是什么的学说中，符合论是“最原始的真假说法。所谓原始的说法，是说一方面在思想及工具未发达的时候，我们只有此说法；另一方面，别的说法都根据此说法”。② 其他几种关于“真”是什么的学说，基本上都从符合论发展而来，都以符合论为基础，“真”的融贯论如果没有以符合论为基础，我们就不能确定某一认识应与其他哪一个认识进行比较从而断定彼此是否一致，所谓在一个演绎系统内部观念彼此一致，其哲学基础就是认识与现实的符合一致。而如果说任意两个认识或观念只要彼此一致就是真的则明显与事实相左。③ 讲观念与观念的符合就一定要涉及观念与客观现实的符合，而且要以观念与现实的符合为基础，如果只讲观念与观念的符合，否认认识与现实的符合，那么观念与观念的符合就讲不清楚。④

而且，在“真”是什么这个问题上主张别的说法如融贯论、实用论的人，无形之中，也许仍持符合说。⑤ “一不小心，就回到

---

① 对于如何判断和证实否定性命题，下文还有探讨。

② 金岳霖著：《知识论》（下），商务印书馆 1983 年版，第 896 页。

③ 郭继海著：《真理符合论的困难及其解决》，中国社会科学出版社 2003 年版，第 116 页。

④ 郭继海著：《真理符合论的困难及其解决》，中国社会科学出版社 2003 年版，第 83 ~ 84 页。

⑤ 金岳霖著：《知识论》（下），商务印书馆 1983 年版，第 894 页。

符合说”,[①] 即使有些批评符合论的学者，自己也还是在运用符合论，如英国当代著名哲学家沃尔什在其《历史哲学——导论》[②]中，就用自己的符合论来批评他人的符合论，这正是逻辑上的自相矛盾。[③] 所以，符合论不容易被放弃，因为放弃它的人常常在无形之中仍然保留它；放弃也许只是在明文表示上的放弃，而保留是非正式的骨子里的保留。[④]

（三）常识是一切知识的出发点，符合论是最接近常识的学说

在我们判断一个事物时，在运用理论来认识之前，我们常常先运用我们所拥有的由经验而来的常识。常识构成我们生活的基础。正如金岳霖先生所说的，常识是一切知识的出发点，常识虽然可以批评，一大部分也许可以放弃，但是它决不能被完全推翻，常识被完全推翻，任何学问都无从开始，完全放弃常识一定会和他别的思想发生冲突。哲学家虽然可以利用科学知识来修改一部分常识中的知识，但科学知识的最原始的基础就是另一部分常识中的知识，这就是说，修改常识的最后根据仍然是常识，所以常识是科学知识或哲学知识的“大本营”。[⑤] 而从“真”是什么这个问题来说，符合论最接近常识，在日常生活中，我们的确以“真”为命题和事实或实在的符合，因为常识接受一独立于认识者的客观的外界。命题对于那个外界有所陈述或有所断定，命题的真假不能与那个外界不相干；认识者不能要求那个外界迎合认识者的意趣，不能盼望那个外界来将就认识者的命题，他只能要求他的命题和那个外界中的情形符合。这是日常生活中的情形，这也是大道理，这种情形在事实

---

① 金岳霖著:《知识论》（下），商务印书馆 1983 年版，第 909 页。

② [英] 沃尔什著:《历史哲学——导论》，何兆武、张文杰译，广西师范大学出版社 2001 年版。

③ 张耕华著:《历史哲学引论》，复旦大学出版社 2004 年版，第 49～50 页。

④ 金岳霖著:《知识论》（下），商务印书馆 1983 年版，第 895 页。

⑤ 金岳霖著:《知识论》（下），商务印书馆 1983 年版，第 896 页。

上我们不容易不接受。[①] 正因为符合论最接近常识，所以在运用我们的理论体系来推翻符合论之前，在建立其他的理论来取代符合论之前，我们会根据自己的常识先接受符合论。

（四）没有哪种理论能够取代“真”的符合论

由前面的分析可知，在关于“真”是什么的理论中，其他几种理论都有致命的、不可克服的缺陷，其中最致命的是，认识就是对认识对象认识之后形成的结果，那么，如果“真”不是指认识内容与其认识对象的符合，指的是什么？不管是“真”的融贯论还是实用论，都否认了认识乃是对认识对象进行认识之后形成的结果这样一个基本事实，其实就是否认了认识对象的可认识性，最终将否认“真”的存在。正如金岳霖先生指出的，“融洽、有效和一致作为真的标准，单独的任一个都不是真的充分条件。”[②] 那些批判符合论的理论，它们在论证上的困难比符合论的困难还要多，没有一种是颠扑不破的。[③]

而相对来说，符合论的困难则小得多，容易解决得多，正如前面论述的，其实所谓的符合论的困难都不是真正的困难。符合论在常识上根深蒂固，不容易被推翻，问题只是如何才能说得通而已。[④] 符合论尽管有这样那样的问题，并不尽如人意，但是基本上它还是可以为我们所接受的，尤其是与其他关于“真”是什么的理论相比较，它应该是最具有解释力度，最贴近生活，最符合常识的，因此从经验知识理论的角度来审视，我们所能够采取的理论就

---

① 金岳霖著：《知识论》（下），商务印书馆1983年版，第894、909页。

② 金岳霖著：《金岳霖文集》第3卷，甘肃人民出版社1995年版，第789~791页，转引自杜国平著：《“真”的历程——金岳霖理论体系研究》，中国社会科学出版社2003年版，第114页。

③ 郭继海著：《真理符合论的困难及其解决》，中国社会科学出版社2003年版，“导言”，第1~2页。

④ 金岳霖著：《知识论》（下），商务印书馆1983年版，第908页。

是“真”的符合论。[①]

（五）坚持唯物主义的哲学立场，必须以坚持“真”的符合论作为支撑

前面说过，马克思主义哲学的反映论实际上也是符合论。不坚持“真”的符合论就不能真正坚持辩证唯物主义。恩格斯在谈到辩证唯物主义的基本态度时说：“人们在理解现实世界（自然界和历史）时，决意按照它本身在每一个不以先入为主的唯心主义怪想来对待它的人面前所呈现的那样来理解；他们决意毫不怜惜地牺牲一切和事实（从事实本身的联系而不是从幻想的联系来把握的事实）不相符合的唯心主义怪想。除此以外，唯物主义根本没有更多意义。”[②] 这就说明，唯物主义的世界观是由如实反映世界的认识建立起来的，是由与世界相符合的真的认识或理论构筑起来的，而不是由幻想或迷信组成的四面透风的危楼。而唯物主义的世界观确立之后，又要求人们按照世界的本来面目来认识世界、反映世界，从而得到与世界符合一致的认识，从而不断深化、发展、完善唯物主义世界观。如果把思辨、幻想得到的假观念看成是世界的本质或规律，那就无异于把风车当巨人，把羊群当军队，那就肯定不是唯物主义了。[③] 可见，唯物主义离不开符合论，要坚持唯物主义的哲学立场，必须同时坚持“真”的符合论。

综上所述，在关于“真”是什么这个问题上，符合论是最原始的学说，而且是最接近常识的学说，其他几种关于“真”是什么的学说都是从符合论发展而来，都要以符合论为基础，没有哪种学说能够完全取代符合论，要坚持马克思主义，必须坚持符合论。

---

① 胡军著：《知识论》，北京大学出版社 2006 年版，第 332 页。

② 《马克思恩格斯选集》第 4 卷，人民出版社 1972 年版，第 238 页。

③ 郭继海著：《真理符合论的困难及其解决》，中国社会科学出版社 2003 年版，第 90 页。

虽然“真”的符合论自身也有种种理论上的困难，然而要从根本上完全彻底地颠覆它也是不可能的。而且“真”的符合论，与其他种种理论相对比，似乎有着明显的优长之处。要发展“真”的理论，就不能完全绕开或撇开“真”的符合论，而只能在符合论的基础上去开辟新的天地。虽然符合论不能够说是“真”理论的唯一选择，但是我们却可以说它是一种不可避免的理论选择。① 不少西方学者放弃“真”的符合论，只是因为符合论存在种种困难，如符合与否难以判断、难以证明证实等。但是，困难可以解决，学说可以发展。即使符合论的有些困难暂时不能解决，也不能因为它在某些方面存在一定困难而彻底放弃它，因为“真”是什么是一个问题，而“真”的证明证实的困难能否解决以及如何解决则是另一个问题，不可将二者混为一谈。

五、符合论中“符合”的两个关系项

所谓符合论中“符合”的两个关系项，实际上是“什么与什么之间的符合”的问题。有人指出，各种“真”的理论对符合的关系项是有不同看法的，而且正是对符合关系的关系项的不同回答体现了不同的真理观甚至不同的哲学观。② 从前面的分析可以看出，“真”的符合论、融贯论和实用论三种关于“真”是什么的学说，都强调了认识、命题之类的真值负荷者与其他东西之间的关系，符合论强调认识之类的真值负荷者与它所表达、描述、揭示的对象的符合，融贯论强调认识与其他认识之间的融贯、一致，实用论强调了认识与人的目的、需要的一致。可见，符合论中“符合”的两个关系项，前一个关系项实际上就是诸如认识、命题、陈述之

---

① 胡军著：《知识论》，北京大学出版社 2006 年版，第 327 页。

② 郭继海著：《真理符合论的困难及其解决》，中国社会科学出版社 2003 年版，第 79 页。

类的真值负荷者，[①] 甚至其他几种关于“真”是什么的学说也是如此，看来，区分不同的关于“真”是什么的学说，关键在于“符合”的后一个关系项。

对于“真”的符合论中的后一个关系项，在符合论者之间也存在不同的理解和表述，如在实在主义哲学家看来，“真”的符合论中的前一个关系项是所谓的真值负荷者，后一个关系项则是使前一个关系项为真的外在的客观事物或康德在《纯粹理性批判》一书中所称的“物自体”。对符合关系中的第二个关系者比较合理的解释是，事实就是独立存在的外在实在，它是由客体、事件等所组成的。[②] 又有人认为，“真”的符合论主张认识的真在于与现实的符合。在语言哲学中，常见的提法是“真”在于命题与事实相一致。[③] 还有人认为，真正的符合论应该讲认识与认识之外的客观现实的符合，讲其他东西之间的符合则不是符合论所说的符合。[④]

可见，关于符合论的第二个关系项的表述很多，如外在的客观事物，由客体、事件等组成的外在实在，事实，客观现实，等等。

笔者认为，符合论中的第二个关系项，实质上就是认识、命题之类的真值负荷者所表达、揭示、描述的对象。承认这一点也就坚持了“真”的符合论的立场。本书不采用前面列举的几种表述，而是倾向于使用“所表达、描述、揭示的对象”这样的表述，即“真”乃是认识、命题与它所表达、描述、揭示的对象的符合。对此，需要作几点说明：

---

① 需要注意的是，这里的第一个关系项，如果用“认识”来表述，并非指认识行为，而是指认识的结果、认识的内容，只不过约定俗成，一般也用“认识”指称认识的结果、认识的内容。

② 胡军著：《知识论》，北京大学出版社 2006 年版，第 327 ~ 328 页。

③ 陈嘉映著：《语言哲学》，北京大学出版社 2003 年版，第 59 ~ 60 页。

④ 郭继海著：《真理符合论的困难及其解决》，中国社会科学出版社 2003 年版，“导言”，第 2 页。

第一，符合关系中的第二个关系项，必须是作为真值负荷者所表达或揭示的对象，既不能是对该对象的另一个认识的结果，如我对我面前的桌子的认识，不能以与张三对该桌子的认识的符合为真，如果以符合另一个认识的结果为真，则是典型的融贯论的立场；也不能以与不是该认识对象的另一个客观实在的符合为真，如对我面前的桌子的认识，不能以与隔壁房间的桌子的符合为真。如果某一个认识与某个实在符合，但这个实在并非该认识的认识对象，则并不是真正的符合论。正如有人指出的，如果一种认识论体系一方面承认认识是关于对象是什么的反映，另一方面又主张反映对象 A 的认识，必须符合并非对象 A 的 B，并认为这才是证明该认识是否真实的标准，那么这种认识论体系在逻辑上显然是混乱的。[①] 所以，如果以“实在”、“现实”、“事实”等来表述符合关系的第二个关系项，则不能避免以上问题，不能表明认识、命题等真值负荷者是与它所表达、描述、揭示的对象符合而非与其他的实在符合，别人可以质问：你的认识与哪一个客观事物的符合为真？

第二，前面说过，认识对象即第二个关系项虽然是不依赖于认识者而独立存在的，但并不是说它必须是“看得见”、“摸得着”的有“硬性”的东西。认识的结果一旦形成，也可以成为认识对象，如张三说“2006 年 1 月 1 日下雨”，这是一个认识结果，如果李四想看看张三陈述的命题是否真实，张三的命题也可以成为李四的认识对象，李四认识之后形成“‘2006 年 1 月 1 日下雨’这个命题是真的”或者“‘2006 年 1 月 1 日下雨’这个命题是假的”的认识结果，这里李四的认识以张三的认识结果为认识对象。目前关于第二个关系项的表述，如“现实”、“实在”、“事实”等，似乎在外延上过于狭窄，不能涵盖所有的可以作为第二个关系项的东西，所以用“认识对象”或者“认识、命题所揭示、表达、描述

① 周农建：《论观念的证明》，载《求索》1990 年第 6 期。

的对象”表述第二个关系项更为恰当。

而且，如果说“真”就是“认识与认识的符合”，从表面上看，这是典型的融贯论的说法，而实际上，由于“认识”一词既可指认识行为，也可指认识之后形成的认识结果，所以如果将“认识与认识的符合”中的第二个认识解释为第一个认识的认识对象，就像前面所举的例子那样，张三的“2006年1月1日下雨”的认识成为李四的认识对象，则上述说法实际上也是符合论的立场。可见，某一个认识结果与该认识的认识对象符合，才是判断是否“真”的符合论的关键。

当然，虽然本书对符合论的第二个关系项如何表述作了一番说明和辨析，却无法禁止别人使用其他表述。但无论如何，“真”的符合论中的符合乃是真值负荷者与它所表达、揭示、描述的对象之间的符合，如果否定这一点，则并非符合论的立场。

六、符合论中的“符合”

如何理解“真”的符合论中的“符合”，是能否坚持符合论的另一个关键问题。正如维特根斯坦所说的，“‘真或伪’这个表达式的使用为什么容易误导的原因在于它就像说‘这与事实相符或者不相符’一样，问题正是‘符合’在这里到底是什么意思。”[①] 陈嘉映先生也认为，“真就是符合事实”这一常识没什么错，只不过这一常识的多数哲学阐述由于简陋而站不住脚。[②] 亚里士多德的符合论被认为是朴素的，其表述的形式并不是很精致的，显得简单且粗糙，远远不能满足理论上的需要。洛克对符合论作了系统的发挥和阐述，提出了“摹本说”，认为如果认识是其相关的原型的

---

① ［奥］路德维希·维特根斯坦著：《论确实性》，张金言译，广西师范大学出版社2002年版，第33～34页。

② 陈嘉映著：《语言哲学》，北京大学出版社2003年版，第401页。

“摹本”，那它就是真的，这就是所谓的“照相式的符合”，这种符合论由于其自身的局限性遭到了不少哲学家的批评。[1] 可见，如何理解和解释“符合”，是坚持符合论立场需要解决的又一个重要问题。

（一）从日常生活经验出发我们很容易理解符合论中的“符合”

从日常生活经验出发，我们可能很容易理解“符合”，对于认识、命题之类的真值负荷者是否符合它所表达、描述、揭示的对象，我们可能很容易判断。如果一个认识、命题描述的是外在的客观事物的存在或者某个行为、事件的发生，而如果该事物确实存在，或者该行为、事件确实发生了，那么我们都能很容易地判断出，认识、命题与它所描述、表达、揭示的对象符合了，或者说认识与其认识对象符合了。判断这样的“符合”不需要我们先从理论上对何谓“符合”作任何解释。正如罗素所说的，信念都具有一幅图画的性质，加上一种“是的”或“不是的”感觉；在我们遇到“是的”感觉的情况下，如果有一件事实对于那幅图画具有一个原型对于一个意象所具有的那种相似，那么它便是“真的”，在我们遇到“不是的”感觉的情况下，如果没有这样的事实，那么它也是“真的”。[2]

日常生活中有很多这样的例子，如张三说“李四明天会来我家”，如果第二天李四确实去了张三家，那么我们就能判断出张三的命题是符合客观实际的，就是真的，而如果李四第二天没有去张三家，则我们就能判断出，张三的命题不符合客观实际，就是假的。我说“我的楼下有一棵树”，如果我的楼下确实有一棵树，则

① 胡军著：《知识论》，北京大学出版社2006年版，第306页。

② ［英］罗素著：《人类的知识——其范围与限度》，张金言译，商务印书馆1983年版，第190页。

我的认识与认识对象符合了。对于这些日常生活中遇到的“符合”，相信一般人都能理解和判断。这也是“符合”的最直观的理解，但也是最难以用言语来描述的，如果要我对以上所列举的“符合”作出解释，我可能会很为难，我可能用“一致”、“一一对应”来解释，但解释之后还需要进一步解释，“一致”、“一一对应”又是什么意思，如果非要解释，除了循环解释外，我别无他法。我这里想说的是，即使不对“真”的符合论中的“符合”作任何解释，从日常生活经验出发，一般人都能理解这个“符合”，判断具体情况下认识是否与其认识对象“符合”。而且重要的是，我们研究学问，多是为了应付生活，在日常生活中，多数是这样的仅凭日常生活经验就能判断的“符合”。判断日常生活中的“符合”，多半不需要我们对“符合”做过多的理论解释。所以，指出这一点，这里对符合论中的“符合”的解释已经完成了大半任务。剩下的任务，只是从理论上，对凭借日常生活经验难以理解和判断的“符合”做一些解释，以使符合论更加丰满。

（二）应当从真值负荷者的最基本单元着眼来理解“符合”

对于像“这是一张桌子”这样简单的命题，如果那个被描述的东西确实是桌子，那么这个命题就是真的。但在我们的学习、生活和研究中，毕竟不全是这样简单的命题，我们遇到的，可能更多的是包含有多个命题的命题。举个简单的例子，如命题“我走到树底下，捡起一块石头，往树上的虫子砸去”，其中就包含“我走到树底下”，“我捡起一块石头”，“我拿石头往树上的虫子砸去”这么几个独立的行为，“我走到树底下，捡起一块石头，往树上的虫子砸去”可以称为一个命题集合或曰命题体系，而“我走到树底下”，“我捡起一块石头”，“我拿石头往树上的虫子砸去”都可以视为这个命题集合中的不同的、独立的命题单元。[①]

在刚才这个例子中，如果我实际上是“走到树底下，捡起一块瓦片，往树上的虫子砸去”，那么“我走到树底下，捡起一块石头，往树上的虫子砸去”这个命题是真的还是假的？说它是真的，似乎有点别扭；说它是假的，似乎也说不过去，拿石头砸虫子和拿瓦片砸虫子究竟有什么本质区别？可见，从理论的严谨角度，我们似乎不能笼统地说一个包含有真命题和假命题的命题集合是真的还是假的。

理解“真”的符合论的“符合”，应当从真值负荷者的最基本的单元着眼。何谓负荷者的最基本的单元？简单地说，就是真值负荷者中独立的、不能再分解的、没有包含更小的独立单元的单元，如“这是一张桌子”这个命题。而如“这是一张红色的桌子”这个命题就不是最基本的、不可分解的，它可以分解出更基本的命题，即“这是一张桌子”和“这张桌子是红色的”这两个命题。命题集合可能是多重的，如“这张红色的桌子上放着一台电脑”，这个命题集合可以分解为“这是一张红色的桌子”和“这张桌子上放的是电脑”两个命题，而这两个命题又可以进一步分解为更基本的命题，如“这是一张红色的桌子”可以分解为“这是一张桌子”和“这张桌子是红色的”这两个命题等，直至不可再分。

从真值负荷者的最基本单元着眼来理解“真”的符合论中的“符合”，这样，在一个命题集合或曰命题体系中，其中一个最基本命题的假不会影响另一个最基本命题的真。例如，“这是一张红色的桌子”这个命题，如果这张桌子实际上是红白相间的，虽然“这张桌子是红色的”这个命题是假的，但不会影响“这是一张桌子”这个命题的真。也就是说，在一个命题集合或命题体系中，

---

① 当然独立的命题单元有时不一定是最小的、最基本的命题单元，它们也可能是包含更小命题的命题集合。

可能既包含真的子命题，又包含假的子命题，命题中可以既包含真的子命题又包含假的子命题。对于这样的命题集合，我们不好笼统地说这个命题集合或命题体系是真的还是假的，而只能说这个命题集合中有真的子命题也有假的子命题。①

（三）立场、角度、条件、要求等对于理解“符合”也非常重要

在日常生活中，说某一个认识、命题是真的还是假的，不一定像学术研究那么严格，有时我们要看判断者的立场。例如，张三想看《布莱克法律词典》，我说：“明天李四会带一本第四版的《布莱克法律词典》过来”，第二天，李四带了一本第五版的《布莱克法律词典》来，如果张三只是想大致了解一下这本词典，而不是非要看哪个版本的，那么他可能会认为我说的话是真的；而如果我和张三正在讨论李四明天带过来的《布莱克法律词典》是第四版的还是第五版的，我说：“明天李四会带一本第四版的《布莱克法律词典》过来”，第二天，李四带了一本第五版的《布莱克法律词典》来，则张三会认为我说的话是假的。这并非命题的真假没有客观性和确定性、因人而异。从一个命题集合来说，它其中的最基本命题可能有真有假，但对于从特定的立场、角度来看的人来说，对于他有意义的是他所关注的那个最基本命题的真假，如果他所关注的那个最基本命题是真的，则他可能会笼统地认为整个命题集合是真的。也就是说，虽然他说的是命题集合是真的，但实际上他指的是对他有意义的那个最基本命题是真的。

又如在诉讼中，如果凶器的生产年代与侦破案件、认定事实以及适用法律都没有关系，那么张三用一把什么时候制造的刀去杀李

① 当然，在日常生活中，即使一个命题集合中并不全都是真的子命题，我们也经常说这个命题集合是真的，这一方面是日常生活中为了方便而不太严谨的说法，另一方面是因为涉及判断“符合”的立场、角度、条件等问题，对此下文专门论述。

四，并不为人所关注，人们关注的是张三是否杀了李四。所以，如果张三用一把 2000 年制造的刀杀了李四，而裁判者认定的则是“张三用一把 2001 年制造的刀杀了李四”，人们一般不会认为这个认定是假的，而会认为它是真的。但对于考古学家来说，如果他要考证张三杀人的刀是什么时候制造的，而不关心张三是否杀了李四，则他可能会认为“张三用一把 2001 年制造的刀杀了李四”是假的命题。

此外，有时说某一个命题是真的，其实隐含了这个命题的一定条件。例如，牛顿万有引力定律，它在某种条件下是正确的，而在这个条件之外则是错误的。我们平时说牛顿万有引力定律是正确的，并非指它在任何条件下都是正确的，说它是正确的，其实隐含了它的适用条件。这种情况，也可以说是一种立场，就是陈述者、判断者站在一般的、正常情况下的立场。

当然，这并不是说命题的真假只决定于判断者的立场，并非不同的立场有不同的真假，并非认识有不同的真假。上述说法只是对日常生活中或某些特定行为中不太严格但又常见的关于命题的真假的说法的一种解释，即解释为什么人们有时会将一个并不完全都是符合实际情况的命题、认识说成真的，[①] 而从严格的学术研究角度来说，任何一个最基本命题，如果它符合客观实际，它就是真的；如果它不符合客观实际，它就是假的，真的就是真的，假的就是假的，不能有丝毫的含糊。而由最基本命题组成的命题集合，如果其中的最基本命题有的是真的有的是假的，则一个最基本命题的假不

---

① 就拿诉讼案件来说，对于任何一个案件事实的认识，不可能其中任何一个最基本的命题都是符合实际情况的，但我们经常会认为某个关于案件事实的认识是真的，这其中的一个原因就是判断者的立场和角度，或者说是条件，即我们只需要对与定罪量刑有关的事实的认识是符合客观实际的，至于对其他细枝末节的认识是否符合客观实际，我们并不关心。如果对与定罪量刑有关的事实的认识符合客观实际，我们会笼统地说关于案件事实的认识是真的。

影响另一个最基本命题的真，真的还是假的，同样含糊不得。

（四）“符合”的表现形式

1. 不能把“符合”理解为“相同”、“相等”关系

认识内容与其认识对象之间的符合关系，很难有物与物之间可能有的本体论意义上的相同关系，有如相同面值的两枚硬币那样的完全一模一样的关系。[①] 例如，“天正在下雨”这个认识，与作为认识对象的客观上发生的“天正在下雨”这个事实之间，绝不是像“甲地在下雨”中的“下雨”和“乙地在下雨”中的“下雨”之间的相同关系。

“符合”不能理解为“相同”关系，同样的，也不能将“符合”理解为“相等”关系。

2. “符合”可以是照相式、地图式、目录式的符合，但并不限于此类形式的“符合”

（1）照相式的符合。照相式的符合是“符合”的一种。洛克的“摹本说”就是一种照相式的符合。[②] 虽然由于这种符合论主张简单的认识与事物原型一模一样而有其局限性，因而遭到不少哲学家的批评，但是我们不能否认，现实生活中有照相式的符合，“真”的符合论可以是照相式的符合，因为人完全可以获得关于事物的形色状态的认识，而这样的认识就有与事物本身的形色状态符合或不符合的问题，符合就真，不符合就不真。例如，我们观察一栋楼，在头脑中就会产生相应的图画式的认识，如楼的形状、高低、样式、风格、位置以及建造材料等，都会在意识的图画中表现出来，如果头脑中的图画与楼本身的形状、高低、式样、风格、位置以及建造材料等符合，那我们关于这栋楼的认识就是真的，否则

① 参见郭继海著：《真理符合论的困难及其解决》，中国社会科学出版社 2003 年版，第 84 页。

② 胡军著：《知识论》，北京大学出版社 2006 年版，第 309 页。

就是假的。①

（2）地图式的符合。符合论中的“符合”还可以是地图式的符合。我们知道，地图是根据一定的比例绘制而成的，地图上所画的一切与所画的地表有一一对应的关系，地图式的符合“大都只是平面的省市城区的空间上的关系在地图与地域有一种一一相应的情形”。② 如果地图根据一定的比例准确地显示了城市、道路、村庄、山峰、河流等的网络关系或者所在位置，则地图与其所画的地理位置、地貌等就是符合的。③ 对此，一般人都能理解。所以“真”的符合论中的“符合”，除了以上所说的照相式的符合外，还可以是这种地图式的符合。④

（3）目录式的符合。符合论中的“符合”还可以是目录式的符合，正如金岳霖先生所说的，图书馆的目录，如果是完备的，与图书馆的书也符合。好的目录告诉我们什么样的书在什么地方，内容如何，每一张卡片都有一本相当的书，遵照卡片的指示，我们可以找到相当于它的书。这当然也是符合。目录不是书，然而它们之间有一种一一对应的情形，使我们按照目录所指示的地方去找一本书，我们可以找到那本书，所找到的书的内容是目录上所说的那样的内容，等等。⑤

当然，照相式、地图式、目录式的符合只能适用于相对比较具体、直观尤其是可感觉的、能够以这种直观的方式表现出来的认识

① 郭继海著：《真理符合论的困难及其解决》，中国社会科学出版社 2003 年版，第 92 页。

② 金岳霖著：《知识论》（下），商务印书馆 1983 年版，第 915 页。

③ 郭继海著：《真理符合论的困难及其解决》，中国社会科学出版社 2003 年版，第 93 页。

④ 地图式的符合应该说是比照相式的符合更为复杂的符合，照相式的符合只是机械地“一模一样”，而地图主要是反映被反映对象的地理位置，地图式的符合不要求地图与被反映对象的“一模一样”，而在于地图与实际地貌的“一一对应”。

⑤ 金岳霖著：《知识论》（下），商务印书馆 1983 年版，第 916 页。

对象，而对于像“张三记忆力惊人”这样抽象的认识对象，则是无法用照相、地图、目录等方式来表述的。可见，照相式、地图式、目录式的符合虽然是重要的符合方式，但不是所有的符合方式，“符合”还有其他的符合方式。

3. 符合论中的“符合”还可以理解为“一致”、“一一对应”的关系

如果需要继续解释一下符合论中的“符合”的话，如果不是从严格的定义来说，我们还可以把“符合”理解为认识内容与其认识对象之间的“一致”、“一一对应”的关系。这种“一致”、“一一对应”当然不是相同关系，因为认识与其认识对象在多数情况下并不属于同一类东西，不可能相同，但是这不排除它们之间有“一致”、“一一对应”的关系，这种“一致”、“一一对应”的关系能让人理解和明白认识对象究竟是什么，如一幅地图，虽然那么小，但是由于它是根据一定的比例来描绘的，据此人们能够得知实际的情况是怎样的，据此我们能够明白某一个地方在实际中大致处于什么位置。

中外不少哲学家明确用过“一致”、“一一对应”等词语来理解和解释“符合”，如法国学者涂尔干认为，“真的观念就是与事物相一致的观念。这是一种意象，一种对象的摹本，是事物的心理表现。只有当心理表现与被表现出来的对象逐一对应时，观念才能算是真实的。而且，这一观念不仅完全符合理性主义的看法，同时也是经验主义的特点。”[①] 我国也有学者认为，“说信念是真的，就是要在我们的信念与外在世界这两者之间发现一一对应的关系。如果我们的信念与外在的经验事实有这样的一一对应的关系，或者说，外在的经验事实表明我们关于它们的信念是符合这些外在的经

① ［法］爱弥尔·涂尔干著：《实用主义与社会学》，渠东译，梅非校，世纪出版集团、上海人民出版社2005年版，第20页。

验事实的，那么我们的信念便就是真的了。”① “一个命题为真是说有一对象与此一个命题相对应，它们之间有一一对应的关系。”②金岳霖先生也认为，“符合是命题与实在之间一一对应的关系质。”③

当然，这样对“符合”的解释虽然能够让我们理解很多场合下的“符合”，但在理论上还远远不够。不过，正如前面所说的，在日常生活中，我们多半依靠我们的日常生活经验来理解和判断“符合”，再加上前面的理论解释，对于“符合”，我们基本上就能够理解和判断了。

第五节 “真”的主客观问题

一、“客观”与“主观”

“真”作为命题的“值”，有没有主客观问题？这就涉及如何理解“主观”与“客观”的问题。

虽然笔者希望“真”最好没有主客观问题，“真”最好不涉及主客观问题，但在本书中，需要探讨对“真”的认识、判断、证实问题，以及“真”的程度问题，而“真”这个东西如果是完全主观的东西，实际上很难判断，有没有程度之分也说不清楚，所以需要在此探讨一下“真”的主客观问题。而在探讨“真”的主客观问题之前，需要先大致了解一下“主观”与“客观”这一对概念。

---

① 胡军著：《知识论》，北京大学出版社2006年版，第117页。

② 胡军著：《知识论》，北京大学出版社2006年版，第75页。

③ 杜国平著：《“真”的历程——金岳霖理论体系研究》，中国社会科学出版社2003年版，第115页。

“主观”与“客观”是哲学中一对重要的范畴，尤其是在马克思主义哲学中，然而何谓“主观”，何谓“客观”，笔者寡闻，很少见到对它们的专门解释，似乎它们是一对不言自明的概念。

在马克思主义哲学论著中，经常涉及“主观”与“客观”概念，有时也有对它们的解释，如一种解释是：“‘客观’是与‘主观’相对应的范畴，这两个范畴最基本的含义是分别指物质和意识，指客观物质世界和它在人的头脑中的反映，即分别指第一性的东西和第二性的东西”，“‘主观’一词的基本含义，是指不同于客观物质的意识现象，指人的精神世界或观念形态的东西。主观性，是指一切意识现象都具有而物质实体所没有的性质，即它们都是人脑对物质的反映，而不是物质实体本身”，“真理的客观性，就是它与客观对象的符合性。为什么把这种性质称为客观性呢？客观事物在人的认识之外独立存在着，人们的认识必须从客观实际出发，如实地反映对象，而不能任意虚构。”① 毛泽东说，“研究问题，忌带主观性”，而“所谓主观性，就是不知道客观地看问题，也就是不知道用唯物的观点去看问题”。② 这几种对“主观”与“客观”的“定义”，似乎都没有直接涉及“主观”与“客观”的实质，好像还不能让人完全清楚“主观”与“客观”究竟指什么。

倒是以色列特拉维夫大学的助理教授 Andrei Marmor 在一篇题为《法律的客观性》的文章中，区分了三种不同的客观性与主观性概念，似乎很能说明问题。他的解释是：

一是语义学的客观与主观：一个陈述（statement）在语义上是客观的，当且仅当它是一个关于在世界中特定客体的陈述。一个陈述在语义上是主观的，当且仅当它表达了主体的情感、态度、反

① 田心铭著：《认识的反思》，人民出版社 2000 年版，第 441、446 页。

② 《毛泽东选集》第 1 卷，人民出版社 1991 年第 2 版，第 312 页，转引自田心铭著：《认识的反思》，人民出版社 2000 年版，第 443 页。

应、欲求，等等。

二是形而上学的客观与主观：一个言说（discourse）在形而上学意义上是客观的，当且仅当这个言说所要描述的客体确实存在于世界中。相反的，若所描述的客体事实上并不存在于世界中，那么这一言说就是主观的。这一组客观、主观概念有几个特点：第一，它涉及了真理的问题。第二，它只适用于描述性质的言说。第三，形而上学意义上的主观性代表着客观性的否定。如果主张特定种类的言说仅能具有形而上学的主观性，这正是典型的怀疑主义观点，也就是不认为这一类言说可以描述任何世界当中的实在（reality）。

三是逻辑上的客观与主观：认为特定种类的言说具有客观性，当且仅当我们可以将"真值"（truth value）赋予这类言说中的陈述。如果完全不可能这么做，那么此类言说在逻辑上就是主观的。①

根据以上解释，哲学上的"客观"可以理解为"有"、"存在"，而"主观"则是"没有"、"虚构"、"不存在"，"客观"的东西就是确实存在的东西，而"主观"的东西则是不存在的东西；逻辑学上的"客观"相当于本书的"真实"，"主观"相当于本书的"虚假"。

还有，金岳霖先生认为，"客观"指的是事物的本来面目，②强调的是不以人的主观意志为转移，客观地如何如何就是本来如何如何。本来的意思的中坚部分就是没有受到别的东西的影响，如果一个体受了别的个体的影响，它就不能保存它本来的面目。③

鉴于"客观"与"主观"的复杂性和这对概念在哲学中的重

① 引自颜厥安著：《规范、论证与行动——法认识论论文集》，台湾地区元照出版公司2004年版，第83～84页。

② 金岳霖著：《知识论》（上），商务印书馆1983年版，第139～140页。

③ 金岳霖著：《知识论》（上），商务印书馆1983年版，第142页。

要地位，笔者能力有限，不敢对它们妄下定义，只能根据以上的几种说法，尤其是马克思主义哲学论著中的有关说法，归纳出几种可能的理解：

第一，“客观”相对于“主观”而言，“客观”和“主观”与“真实”和“虚假”属于不同的哲学范畴，“真实”与“虚假”涉及的是认识是否如实反映事物的本来面目，“客观”与“主观”当然不能在这个意义上使用。当然人们有时将“客观”与“真实”混用，如用“客观性”表示“真实性”。①

第二，“客观”的东西就是实实在在地存在的东西，而不是虚构的、没有的、不存在的东西。“客观”的东西的存在不以人的意志为转移，不管你有没有认识到它，它都存在着。正如有人指出的，“在日常意义上，我们说一件事物是客观的——如喜马拉雅山的存在是客观的——我们的意思是说，它的存在并不依赖于人的认识，也就是无论人们认识它与否，它总归是存在着的。”②

第三，“客观”的东西是那个东西的本来面目，不但它的存在不以人的意志为转移，它的“面目”也没有受到其他东西的影响，不以人的意志为转移。

第四，“客观”的东西，不但现在没有受到其他东西的影响，而且将来也不以人的意志为转移。如果有外力强行改变了它，那它也就成为另一个东西了，原来的那个东西，仍然可以说是“客观”地存在过。

当然，“主观”与“客观”概念的复杂程度可能远超出笔者的想象，所以笔者不想在这个问题上深陷下去，只是点到为止，提出

① 如袁吉富先生所著的《历史认识的客观性问题研究》（北京大学出版社 2000 年版），其中“客观性”实指“真实性”，这是他自己承认了的。但是，虽然有时可以将“客观”与“真实”混用，却无论如何也不能将“主观”与“虚假”混用。

② ［英］沃尔什著：《历史哲学——导论》，何兆武、张文杰译，广西师范大学出版社 2001 年版，译序一：“沃尔什和历史哲学”，第 8 页。

几点不一定准确的理解，在此前提下，粗浅地探讨一下“真”的主客观问题。

二、“真”是客观的

前面说过，“真”最好不涉及主客观问题，而如果“真”有主客观问题，那么根据前面对“客观”与“主观”的理解，笔者认为，“真”的存在是客观的，是“客观”的存在。也就是说，有“真”这个东西。正如有学者指出的，“真是认识论意义上的性质……认识论意义上的真具有客观的性质。”① 不但“真”的存在是客观的，而且“真”这个东西有它自己的“本来面目”。“真”的存在和“真”是什么，不以人的主观意志为转移，它虽然不如“桌子”那么有“硬”性，看不见、摸不着，但和物理学中的“场”一样，仍然是实实在在的东西。

“真”不能是主观的，正如“红色”，如果非要问它是主观的还是客观的，那只能说它是客观的。如果否定“真”是客观的，就否定了有“真”这个东西。而“真”既然有，它就有自己的“本来面目”，就是客观的。②

“真”是客观的，某个认识是真的还是假的，同样也是客观的。③

以上的说法，具体还可以作如下解释和引申：

第一，“真”或“假”这个东西是客观存在的，它的存在不以人的意志为转移。正如“桌子”、“红色”这个东西一样，不是主观想象出来的，也不能以人的意志为转移，不管你是否愿意，你都

---

① 胡军著：《知识论》，北京大学出版社2006年版，第313页。

② “真”是客观的，同样“假”也是客观的。

③ 当然，这不是说有不同的“真”，“真”只有一种，就是“认识、命题与它所表达、揭示、描述的对象的符合”，不同的只是认识及认识对象的内容而非“真”。

不能否认有“真”、“假”、“桌子”、“红色”这些“东西”的存在。这一点也许不好理解，这里先从反面说，如果“真”这个东西不是客观的，那么说明它的存在以及它是什么是以人的意志为转移的，那么有好事者就可以否定“真”这个东西的存在，或者就可以根据自己的理解来认为“真”是什么，而这显然是不可能的。虽然不同的哲学家对“真”是什么有不同的理解，但不管如何理解，都不会否认有“真”这个东西的存在。如何理解“真”属于对“真”的认识问题，和“真”是什么无关，“真”是什么就是什么，不会因为有人认为它是“融贯”它就成为“融贯”，有人认为它是“有用”它就成为“有用”。其实，真、假和上、下都是一样的，上或者下这个东西，是客观存在的，不以人的意志为转移，对此应当没有人否认，既然这样，也就应当承认“真”、“假”是客观的。

对于“真”是客观的，我们还可以从“符合”来说。在“真”的符合论的立场上，“真”就是认识内容与其认识对象的符合，那么说“真”是客观的，就是说认识与其认识对象的“符合”是客观的，是不以人的意志为转移的。正如有人所说的，认识与其认识对象之间的符合关系是确定的、客观的，即与人们是否认识到这个符合关系或者是否相信这个符合关系是不相干的。某一认识一旦被提出后，这个认识与现实的符合关系就存在于认识与现实之间，且是确定的，或者符合或者不符合，与我们是否对它进行反思无关，绝不是说只有当我们相信或证明了某个认识与现实是符合的，这个认识与现实才是符合的，没有得到证明的就是不符合的。相信是符合的，不一定就符合；没有人相信的，不一定不符合。[①]

第二，对于真值负荷者如某一个认识来说，这个认识一旦形

---

① 郭继海著：《真理符合论的困难及其解决》，中国社会科学出版社2003年版，第106~107页。

成，那么这个认识是真的还是假的，则就是确定的、客观的、不以人的意志为转移的，如果是真的，那它就是真的，不会因为你认为它是真的才成为真的，不会因为你认为它是假的而变成假的。[①] 例如，“2000 年 1 月 1 日下雪”这个命题，如果 2000 年 1 月 1 日确实下雪了，那它就是真的，没有什么能够影响到它是真的。当然，对于这个认识，可能有人认为它是真的，有人认为它是假的，但这都属于对这个命题的认识问题，而这个认识的真假不会以人的意志为转移。“2000 年 1 月 1 日下雪”这个认识的真假与是否认识到它的真假无关。如果它是真的，那么不管你是否认识到它是真的，它也是真的，如果它是假的，那么不管你是否认识到它是假的，它也是假的。对于某一个普遍性认识，它或者是真的，或者是假的，如果它是假的，也许在某个历史时期，所有人都认为它是真的，而在之后另一个历史时期，发现它是假的，也许人类一直把它当做真的认识看待，而永远认识不到它是假的，但这些都不影响它的假。它的假是客观的，是不以人的意志为转移的。以牛顿万有引力定律来说，不管我们现在是否认识到它是真的还是假的，都是客观的，是不以人的意志为转移的，现在我们都认为它是真的，也许将来也认为它是真的，但这些都不影响它的真或假。如果它实际上是假的，即使我们永远都认为它是真的，也不会因此就使它成为真的。

第三，认识的真假是客观的，包含有自始至终如此的意思。[②]

认识的真假是客观的，自始至终的，指的是从有某个认识开始，该认识的真假就是自始至终的、客观的。假如秦朝时人们没有见过螃蟹，则当然没有螃蟹有毒还是无毒的认识，所以秦朝时也就

---

① 当然，你可以改变认识的内容，这样，一个真的认识可能就变成假的认识了，这不就说明认识的真假以人的意志为转移吗？也不是，你改变的是认识的内容，被改变了的认识已经是另一个认识了，对于原来那个认识来说，它是真的还是假的，仍然不以人的意志为转移。

② 这个问题其实是上一个问题的引申，这里只是为了再次强调。

没有“螃蟹有毒”这个认识的真假问题，而在汉朝时，人们见过螃蟹，出现了“螃蟹有毒”这个命题，而且人们都相信它是真的，在明朝时发现这个命题是假的，这个命题的假是客观的，就是自始至终的假，在汉朝时它就是假的，而非在明朝时才开始假。

也就是说，真假不相对于特殊的时空。正如金岳霖先生认为的，假如命题的真是随特殊的时空而变化的，那么一方面因没有恒真的命题而无法把握真命题，另一方面命题的交换就不可能，因为出自甲之口的真命题入乙之耳就可能已经不是真命题了。[①]

以上例子中说，如果没有“螃蟹有毒”这个认识、命题，就没有“螃蟹有毒”这个认识、命题的真假，认识的“真”的存在必须以认识之类的真值负荷者的存在为前提，但这样说并非否定“真”、“假”的存在，并非在“螃蟹有毒”这个认识出现之前就没有“真”、“假”存在。“真”是客观的，也意味着“真”是自始至终存在的。只要有人存在，就必然有认识，必然有像认识、命题这样的真值负荷者，就有真假问题，所以真假这个东西不依赖于某一个认识、命题而存在，真假是自始至终存在的。即使秦朝时没有“螃蟹有毒”这个命题，没有这个命题的“假”，但“假”在秦朝时就有，在秦朝之前就有，因为有其他命题、认识等负荷者的存在，有其他认识、命题的假。

第四，“真实”就是客观真实，“真实”前面加上“客观”一词，意在强调，实际上仍指“真实”。“真实只能是客观的真实，不存在所谓主观的真实。”[②] 有人会说，对于某一个认识，如果它是假的，而某人认为、相信它是真的，这不就是“主观真实”吗？这其实不是“主观真实”。首先，虽然某人认为、相信它是真的，

---

① 金岳霖著：《知识论》（下），商务印书馆1983年版，第901～904页。

② 魏晓娜：《客观真实的价值与困境》，载《法学研究》2004年第6期，第122页。

但在客观上，该认识或者是真的，或者是假的，并不以他的相信与否为转移；其次，对某一个认识的真假进行认识之后，相信或者不相信，这是下文要提到的关于真假的信念，而非“真”或“假”本身。关于真假的信念与真假不同。如果非要说“主观真实”，则在于强调这个所谓的“真实”其实不是“真实”，而是“虚假”，而不是说“真实”可以是主观的。诉讼法学界有学者认为，所谓主观真实，是指司法活动中人们对案件事实的认识符合主观标准而脱离客观实际情况的真实。① 这里所谓的“主观真实”，既然“脱离客观实际情况”，则是典型的“虚假”而非真实。②

说“真”是客观的，恐怕不少人难以接受，因为人们习惯于将“真实”与“真理”混同，“真理”怎么能够是完全客观的呢？前面说过，“真理”一词有时指“真实”，有时指真的认识、理论，真的认识、理论当然不能是完全客观的，但真的认识、理论与“真实”不同，不能因为在“真的认识”意义上使用的“真理”不完全客观而否定“真实”的客观。举例来说，如果“鱼”既指水中游的“鱼”，又可指天上飞的“鸟”，那么“鸟”当然是能飞的，不能因为指水中游的“鱼”时的“鱼”不能在天上飞而否定“鸟”能飞。认识的“真”是客观的，不等于说“真的认识”是客观的，“真的认识”如真理仍然只是“认识”，除了客观性外，

---

① 何家弘：《司法证明的目的与标准——兼论司法证明的基本概念和范畴》，载《法学研究》2001 年第 6 期。

② 在我国诉讼法学研究中，除了这里提到并已经分析的“客观真实”、“主观真实”，还有“法律真实”、“相对真实”、“形式真实”、“实质真实”、“程序真实”等提法。由于“法律真实”、“相对真实”已经发展为具有一定影响的学说，所以下文将专门作出分析。而对于“形式真实”、“实质真实”、“程序真实”等，笔者不打算专门展开分析，只是指出，在笔者坚持“真”的符合论的立场上，在主张“真”是客观的、“真”没有程度之分（下文将提出）的前提下，如果以上所谓的“真实”指的是认识与其认识对象的符合，则就是真实，就是客观真实，如果并非指认识与其认识对象的符合，则就是虚假，而非真实。

还有其主观的一面。

总之，如果非要问“真”是客观的还是主观的，那么本书认为，“真”就是客观的，它是实实在在的，它的存在以及它是什么不以人的意志为转移。真虽然是与经验事实的符合，然而一旦为真，那么它的真的性质似乎并不仅仅局限于某一时间、地点以及特定的某一事件。[①]

当然，需要注意的是，本书说“真”是客观的，是建立在“真”的符合论的立场上的。如果不坚持“真”的符合论而主张“真”的融贯论、实用论，则“真”不一定是客观的，因为那样一个命题是不是真的取决于其他认识或者人的目的等，认识、命题的“真”就成为以人的意志为转移的东西了。

第六节 “真”与对“真”的信念

一、“信念”

本书中所用的“信念”的含义与哲学认识论中的“信念”概念不完全相同。认识论中的“信念”相当于本书的认识、命题这样的真值负荷者，如“知识是认识主体对外在事物正确把握后形成的信念”，“知识是信念、是真的信念，是经过证实的信念”。[②]

而在本书中，“信念”经常在这个意义上使用：“信念通常为某一特殊的认识主体所持有，是认识主体内在的一种心理状态，或是在自己的思维活动中对某一思维内容的断定。”[③] 或者说，本书

① 胡军著：《知识论》，北京大学出版社2006年版，第313页。
② 胡军著：《知识论》，北京大学出版社2006年版，第45、57页。
③ 胡军著：《知识论》，北京大学出版社2006年版，第58页。

中的“信念”就是“相信与否或者在某种程度上的相信”。[1] 在这个意义上，“信念”其实尚未外化为认识结果、命题，还不能作为真值负荷者。当然，本书的“信念”不仅在此意义上使用，内心的“信念”通过语言、文字等表现形式外化出来，形成像“命题”这样的东西，就可以成为真值负荷者，也有真假问题，其真假也能够为他人所认识、判断。

二、“真”与对“真”的信念

对“真”的信念产生于对“真”的认识行为。有时，对于某一个认识或命题，它是真的还是假的，你不能确定，即使它是真的，实实在在是真的，但你不知道它是真的，正如有人所说的，“‘相信为真’和‘本身为真’是两个完全不同的概念。”[2] 于是需要你去认识这个命题的真假，或者别人向你证明它的真假，[3] 认识之后，就形成了关于这个命题的真假的“信念”。[4]

“真”与对“真”的信念不同，两者显然不是一回事。[5] “信念”属于主观的范畴，而“真”属于客观的范畴。这里的“信念”是对“真”的信念，而“真”则是信念的对象。前面本书强调了“真”与“认识”不同，“真”与“认识”不同和“真”与对“真”的“认识”不同，以及“真”与对“真”的信念不同，其

---

① “信念”的这种用法比哲学认识论关于“信念”的用法更接近于日常生活中对“信念”一词的使用。

② 张继成、杨宗辉：《对“法律真实”证明标准的质疑》，载《法学研究》2002年第4期，第120页。

③ 但实际上，别人向你证明，证明之后你还是有一个认识，所以归根结底，信念还是产生于认识行为而非证明行为。

④ 关于真假的信念，既可能是认识者对自己的认识的真假的信念，也可能是接受证明者对证明者的认识的真假的信念。

⑤ 这个命题这么提出来，似乎很好理解和接受，但在实践中，却有人将“信念”等同于“真”，如将诉讼中裁判者的内心信念称为某某“真实”。对此下文有专门探讨。

实是一回事。[1]

需要注意的是，前面已经说过，一个认识、命题一旦形成，它或者是真的，或者是假的，如果它是真的，那它就是真的，如果它是假的，那它就是假的，而不以人的意志为转移。对于命题的真假的认识，同样不能改变该命题的真或假。一个命题无论是真的还是假的，与它是不是被相信无关。假的命题可能被相信，真的命题也可能不被相信。[2] 不能绝对确定一个命题的真假，并非该命题的真假本身的不确定，而是认识主体对真假判断的不确定，这是两个完全不同的问题。

(一)“信念”有程度的不同

信念是主观的，信念有程度的不同，对“真”的信念也有程度的不同。

对于一个客观的“真”，人们也许不能确定它是“真”还是“假”，于是去认识、判断它，之后形成对“真”的信念，即相信或不相信它是“真”。这个“信念”，有的达到了绝对确定的程度，有的虽程度非常高但没有达到绝对确定的程度，而有的程度不高，只是认为“可能”而已。举例来说，张三家门前如果有一棵树，李四说“张三家门前的树是一棵榆树”，对于这个命题，你不知道它是不是真的，于是你到张三家门前看一看，如果你知道榆树是什么，你就对“张三家门前的树是一棵榆树”这个命题的“真”有了绝对确定的信念，而如果你对榆树是什么不能确定，那么虽然你看过了，但仍然只是觉得那“可能”是一棵榆树，这个“觉得”“可能”就是你的信念以及信念的程度。前面说过，对“真”的信

---

① 当然，正如前面已经指出的，本书的“信念”与哲学认识论中的诸如“认识”这样的在真值负荷者意义上使用的“信念”不完全等同。

② 弓肇祥：《信念逻辑》，载王雨田主编：《现代逻辑科学导引》（下册），中国人民大学出版社 1988 年版，第 305 页，转引自张继成、杨宗辉：《对“法律真实”证明标准的质疑》，载《法学研究》2002 年第 4 期，第 120 页。

念不等于“真”，就如“相信它是榆树”不等于“榆树”一样。

对“真”的信念有程度的不同，其中具有特别意义的，是所谓的绝对确定的“信念”[①]。

（二）对“真”的绝对确定的“信念”

1. 如何理解对“真”的绝对确定的信念

绝对确定的信念是信念的最高程度。信念达到绝对确定的程度，则认识主体对于信念的对象已经没有任何的怀疑，对于信念的内容已经“别无选择”，而只能无条件地承认、接受了。信念达到绝对确定的程度，那么信念其实已经不再是信念，因为此时已经没有认识主体主观判断的空间了，不容许认识主体有丝毫的主观意志自由，这时也就没有主观的东西在其中了，认识主体只能完全相信，“不得不”信了，而不能有任何怀疑了。就拿对“真”的绝对确定的信念来说，此时作为信念内容的认识的“真”就是确确实实的“真”了，已经没有任何“假”的可能了，认识主体已经不能认为它是假的了，不能认为它有可能是“假”了。

如果信念没有达到绝对确定的程度，则说明认识主体心中还存在怀疑，尽管可能是不合常理的怀疑，但仍然是怀疑。此时对于认识主体来说，信念所揭示的内容还不一定就是所揭示的内容，还有可能是其他的东西。就对“真”的信念来说，如果对“真”的信念没有达到绝对确定的程度，那么对于认识主体来说，这个作为信念内容的认识的“真”还不一定就是“真”，它有可能是“假”。

信念达到绝对确定的程度，此时已经不再是个别人的主观信念了，至少在能够形成绝对确定的信念的那个时刻，信念的内容成为公开的，具有一定的公共性，能够客观地评价，而且具有正常理性

---

① 前面说过，“证实”指的是使人对认识的“真”形成绝对确定的信念。所以，使人对某个认识的“真”形成绝对确定的信念，也就是这个认识被证实，这两个说法的含义是一样的，在下文中，这两个说法都有可能使用。

的人都能对同一个信念内容形成绝对确定的信念。而如果不能达到绝对确定的信念，则由于不同的人的认识有所不同，对于同一个信念内容，信念的程度可能不同。举例来说，如2007年1月1日王五说“张三明天要去李四家”，你听了可能非常相信，但不能绝对确定地相信，赵大听了也可能非常相信，但由于对王五的信任程度不同，或者因为其他考虑，你和赵大对“张三明天要去李四家”这个命题的真实性的相信程度很可能是不一样的。而如果2007年1月2日你和赵大都在李四家，那么就都能绝对确定地相信“张三明天要去李四家”这个命题是真的了。不仅如此，在2007年1月2日张三在李四家的时候，从理论上说，任何人都可以去李四家看张三是否确实在李四家，任何具有正常理性的人都能绝对确定地相信王五所陈述命题的真实性。

在“真”的符合论的立场上，只有认识对象呈现，能够将认识与其认识对象相对照，才能使人对该认识的“真”的信念达到绝对确定的程度，才能绝对确定该认识是真的。正如有学者指出的：“供给我们认识以最坚固的妥当性的，是事物自身，它把自己摆在我面前，或是藉一种媒介物而呈现出自己，使我能发觉到它，并且加以判断，由此可知是事物自身来保障思想与自己的相合性。我们只要把判断追源到它，便不会有破坏确实性之任何合理的疑惑了。”① 所以，如果认识对象没有呈现，那么就无法将认识与其认识对象进行对照，认识的真假就不能绝对确定，对于认识的“真”，就只能是对“真”的某种程度的信念。而如果对“真”的信念达到了绝对确定的程度，那就说明认识对象已经呈现了，而一旦认识对象呈现，认识与认识对象的符合就已经是清清楚楚、明明

① 宋熙著：《认识论》，商务印书馆1948年版，第294页，转引自张建伟著：《司法竞技主义——英美诉讼传统与中国庭审方式》，北京大学出版社2005年版，第343页。

白白的了，就能够绝对确定认识是“真”的了，已经不容许认识主体对它有所怀疑了。

下面，对以上论述举例说明：

2007年1月2日，王五对你说“张三2007年1月1日去了李四家”，那么你会觉得张三2007年1月1日去了李四家的可能性非常大，因为你知道王五2007年1月1日正好在李四家，而且王五这个人平时一直非常诚实可靠，没有见他说过谎，别人对他的印象也都是如此，在他告诉你“张三2007年1月1日去了李四家”时，你也看不出王五有什么动机要欺骗你，但是对王五的说法，你仍然只能在很大程度上“相信”，而不会绝对确定地相信，并非没有一丝一毫的怀疑，世事难料，谁知道他是如何想的？谁能保证王五在这件事上不会说谎呢？

接着你去问李四，李四与王五说的一样，这时你更加相信“张三2007年1月1日去了李四家”这个命题是真的了，因为李四是房屋主人，而且李四平时也不会说谎，但是你仍然不能绝对确定“张三2007年1月1日去了李四家”就是真的。会不会他们想联合起来开个玩笑？或者有其他动机联合起来欺骗你？

接着，在李四家的烟灰缸里，你还发现了一个烟蒂，这种牌子的烟正是张三平时爱抽的，而李四家里没有人抽烟。但这也只能增加你对“张三2007年1月1日去了李四家”这个命题的“真”的相信程度，而不能据此对这个命题的“真”绝对确定地相信，因为可能另外有一个人也抽这种牌子的香烟，正好去了李四家。如果你不嫌麻烦，非要将这件事搞个水落石出，你可以将烟蒂拿去化验，化验结果表明烟蒂上的唾液正是张三所留，这时如果你是一个理智的人，你应当极其相信“张三2007年1月1日去了李四家”是真的了。但是，如果你足够理智和清醒，你仍然可以怀疑：万一化验出现差错了呢？万一化验人员和王五、李四串通起来呢？万一拿错了烟蒂呢？万一这个烟蒂不是2007年1月1日而是前一天留的呢？有了这些怀疑，你仍然不能绝对确定“张三2007年1月1日去了李四家”这个命题就是真的。

而如果换一个前提，你在2006年12月1日听王五说张三2007年1月1日要去李四家，在你听说的时候，你不可能绝对确定地相信王五所说的，不可能没有一丝一毫的怀疑。在2007年1月1日，你去了李四家，亲眼看到张三在李四家，那么如果你清楚自己最近的身体状况非常好，当时也非常清醒，那么你只能绝对确定地相信王五所陈述的命题是真的了，你已经不能有丝毫的怀疑了，已经容不得你有丝毫的怀疑了，此时已经不再是你相信还是不相信、在多大程度上相信的问题了，你别无选择，只能接受“张三2007年1月1日去李四家”这个事实了。此时，有了“张三2007年1月1日确实在李四家”这个事实的保证，“张三2007年1月1日去李四家”这个命题的“真”也就绝对确定了，完全不可能是假的了。

2. 形成绝对确定的信念的途径或方法

下文中，我们将提到，我们对有些东西是完全能够绝对确定的，如亲眼观察、亲身体验，等等。正如维特根斯坦所说的，“如果我做实验，我就不怀疑我眼前的仪器的存在”，“如果我说‘我有两只手’，我能补充说些什么来表明我的可靠呢？最多是说在通常的情境下。”① 也就是说，对于“我有两只手”这样的命题，我们只能绝对确定它是真实的，而不能有丝毫的怀疑。

除此，对认识的证实②也可以使认识主体拥有这样的绝对确定的信念，证实的方法和途径就是实践的检验，③ 如对于“张三明天要去李四家”这个命题，我可以在第二天去李四家，看看张三是

① ［奥］路德维希·维特根斯坦著：《论确实性》，张金言译，广西师范大学出版社2002年版，第52、71页。

② 也就是通过证明行为达到证实程度。本书中“证实”表示“证”的最高程度，对此上文有说明。

③ 当然从更广泛的意义上说，前面提到的亲眼观察、亲身体验等也属于“实践”。

否真的在李四家，通过这样的实践检验，可以证实命题的真假。可见，通过实践的检验也可以对认识的“真”形成绝对确定的信念。

第七节 “真”的证明、检验与证实

在关于“真”是什么这个问题的探讨中，我们只是说“真”即认识、命题与它所表达、描述、揭示的对象的符合，只是说明认识内容与其认识对象是可以符合的，如果认识内容与其认识对象符合，那它就是真的；如果两者不符合，则就是假的。但是，客观的“真”存在不一定就能够证明证实该客观的“真”存在；认识是“真”的不一定就能够证明证实该认识是“真”的；“真”能够达到也不一定能够证明证实“真”能够达到。我们凭什么相信一个具体的认识与其认识对象是符合的？认识与认识对象的符合关系能否证明证实以及如何证明证实？这就需要探讨一下认识、命题的“真”的证明证实问题。①

下面，本书介绍并分析一下西方哲学中几种主要的证实理论和马克思主义哲学中的实践检验理论，并提出自己的观点与立场，以说明认识的真实性能否证明证实以及如何证明证实，为下文探讨诉讼认识真实性的证明、检验与证实问题提供理论分析的工具。

一、当代西方哲学中几种主要的证实理论

在当代西方哲学中，从“真”的证实理论看，主要有基础主

① 这里的“真”的证明证实问题，其实就是认识、命题的证明证实问题，就是认识的“真”的证明证实问题，从“真”的符合论的立场出发，也是“符合”的证明证实问题，这几个说法都是一样的。

义、一致主义和外在主义等。[①] 需要说明的是，这里所说的基础主义、一致主义、外在主义等证实理论是从认识的“真”的证实理论角度来划分的，某个哲学家主张哪种证实理论，与他在其他方面的哲学立场以及是否坚持“真”的符合论关系不大。

本书下面主要介绍和分析比较有影响的证实理论，即基础主义和一致主义，外在主义其实是基础主义的一种，[②] 所以不单独介绍，至于其他证实理论，如证据主义等，并非主流，这里也不一一介绍。

(一)“真”的证实的回溯问题

在西方，很多证实理论的提出，是为了解决证实理论中的“回溯”问题。[③] 所以，在介绍几种证实理论之前，需要先介绍一下“真”的证实的回溯问题。

按照传统的知识论，“知识是信念，是真的信念，是经过证实的信念”。[④] 要证实一个信念是真的，就需要提供一个或多个根据，而这用来证实某一信念为真的根据本身就是一信念，[⑤] 因此它本身

---

① 参见胡军著:《知识论》，北京大学出版社 2006 年版；陈嘉明主编:《实在、心灵与信念》，人民出版社 2005 年版，第 256 ~ 278 页；陈嘉明著:《知识与确证》，上海人民出版社 2003 年版。

② 如胡军先生认为，“外在主义的认识理论就是基础主义认识论的一种”，参见胡军著:《知识论》，北京大学出版社 2006 年版，第 204 页。

③ 胡军先生指出，正是知识证实的回溯问题“为某些哲学家构造基础主义的认识论体系提供了最为主要的动机”，参见胡军著:《知识论》，北京大学出版社 2006 年版，第 134 页。

④ 胡军著:《知识论》，北京大学出版社 2006 年版，第 57 页。这里的“信念”实际上就是本书一般所称的“认识”。

⑤ 这句话看起来似乎难以接受，但却是事实。例如，我们在证明时，证明的根据是证据，表面上看是证据本身作为根据，而实际上，如果证据没有被我们认识，则不能作为证明的根据，所以作为证明根据的，实际上是关于该证据的认识，即“信念”。当然，前面说过，这里的“信念”其实就是认识、命题这样的真值负荷者，与本书“对‘真’的信念”中的“信念”并不完全等同。

在作为证实的根据之前也必须得到证实，而且用来证实第二个信念的信念也必须以同样的方式得到证实，依此类推，以至无穷，于是“真”的证实过程将会陷入证实的无穷的恶性回溯的困境之中。①要解决这种困境，从理论上说，有如下四种选择：

第一，证实的恶性回溯在未得到证实的信念上停下，也就是说，我们根据某一类信念来作为证实其他信念的前提，这类信念是其他信念可能得到证实的基础，但是如果要求这一类信念自身也必须得到证实的话，我们则无能为力，因为既然它们是证实其他一切信念的前提，所以也就没有任何信念可以用来证实它们。

第二，证实的回溯过程不断向后作无限的、非循环的延续，在这样的无限延续中，没有一个信念会重复出现，同时我们也将永远达不到这一无穷延续序列的终点。

第三，这一知识证实的回溯过程不断回到自身，在一定阶段上，在证实的序列中前面阶段已经作为证实结论的信念将会被要求作为另一个证实的根据。

第四，由于存在着不需要证实的、自明的基本信念，所以证实的回溯可以在达到这一类最基本的信念时终止。以这些最基本的信念作为根据，其他信念由此可以得到证实。②

从这四种选择来看，如果选择了第一种，那么就意味着你是一位怀疑主义者，因为既然任何信念都得不到证实，而没有证实就没有知识，那么我们也将永远不可能拥有任何知识。而怀疑主义就是怀疑我们有获取任何知识的可能。③

如果选择了第二种，那么实际上也是怀疑主义的立场，因为既

① 参见胡军著：《知识论》，北京大学出版社 2006 年版，第 64、66 页；陈嘉明主编：《实在、心灵与信念——当代美国哲学概论》，人民出版社 2005 年版，第 267 页。

② 参见胡军著：《知识论》，北京大学出版社 2006 年版，第 139 ~ 140 页。

③ 胡军著：《知识论》，北京大学出版社 2006 年版，第 224 页。

然这一证实的回溯过程是无法停下的，是无穷的，那么从中得出的结论也就必然和从第一种选择中得出的结论是一样的，也就是没有一个信念是能够被证实的，所以我们也就不可能拥有任何知识，而这也正是怀疑论的立场。①

如果选择第三种，那么就是一致主义的立场；如果选择第四种，就是基础主义的立场。②

（二）基础主义的证实理论及其困难

1. 基础主义证实理论的基本主张

基础主义的证实理论认为，存在着不依赖于其他信念的、自明的基本信念，这些基本信念作为证实的最初的根据，所有其他信念都是根据这些基本信念而直接或间接地得到证实。由此，知识证实的回溯问题得到解决。③

具体来说，基础主义的基本主张有两条。首先是把信念区分为基本的信念与非基本的信念，前者是自明的，不需要其他信念证实的，后者并不是自明的，而是需要根据其他信念来证实的；其次是断定基本信念是存在的。也可以把这两个基本主张表述为如下两个命题：（1）某些信念是基本的，基本信念的证实不依赖于任何其他信念的支持；（2）所有其他信念都是推论出来的，这些信念是由某个或某些基本信念的直接或间接的支持才得到证实的。④

2. 基础主义证实理论面临的困难

前面说过，基础主义证实理论解决知识证实回溯问题的理论是，存在着这样一些基本信念，它们是自明的、自身不需要证实的，不需要其他信念的支持，根据这样的基本信念可以证实其他非

---

① 胡军著：《知识论》，北京大学出版社2006年版，第224～225页。

② 胡军著：《知识论》，北京大学出版社2006年版，第139～140，225页。

③ 陈嘉明著：《知识与确证》，上海人民出版社2003年版，第185页；胡军著：《知识论》，北京大学出版社2006年版，第64、133页。

④ 陈嘉明著：《知识与确证》，上海人民出版社2003年版，第185页。

基本信念，知识证实的回溯于是在这样一些基本信念面前停止。但是，不管是哪种基础主义，都必然面临一个最基本的最重要的诘难，这就是"任何一个经验信念都不可能具有不以其他经验信念证实为基础的证实。"① 也就是说，不可能存在这样的一种基本信念，即它可以用来证实其他一切经验信念，而它自身却不需要任何经验性的证实。② 即使像知觉信念这样所谓的基本信念，实际上也是可能出错的，③ 如我的桌子上放着一本红色封面的书，但很可能由于种种原因，我却把它看成是黄色封面的。

也就是说，并不存在这样的可以证实其他非基本信念而其自身却不需要证实的基本信念，这样基础主义理论也就难以成立。这就是基础主义证实理论面临的最大困难。

(三) 为基础主义证实理论辩护——兼论对怀疑论的回应④

需要说明的是，在西方哲学中，证实概念包括本书中的结果意义上的证明和证实两个含义，而且在西方哲学中，因为证明证实有不同的标准，所以不同标准的证明证实就有不同的含义，正如有人指出的，"证实问题也是紧紧地与证实标准问题相连的。不同的学科有不同的标准，因此也就有不同的证实。可见，证实总是要从属于一定的相应的标准。没有相应的标准，也就没有了相关的证实。由于证实的标准是不同的，所以在实际的运用中必然存在着许多不

---

① 胡军著：《知识论》，北京大学出版社 2006 年版，第 151 页。

② 胡军著：《知识论》，北京大学出版社 2006 年版，第 161 ~ 162 页。

③ 陈嘉明主编：《实在、心灵与信念——当代美国哲学概论》，人民出版社 2005 年版，第 269 页。

④ 怀疑论问题实际上涉及"认识是否具有客观性"以及"能否证实认识的真实性"两个问题。前者涉及可知论与不可知论问题，后者涉及"真"的证实问题，在这里，仅仅讨论"真"的证实问题。本部分的论述参考了胡军著：《知识论》，北京大学出版社 2006 年版，第 1 ~ 44、133 ~ 160 页；鲁成波著：《西方怀疑论》，山东大学出版社 2003 年版；[英] 约翰 · 沃特金斯著：《科学与怀疑论》，邱仁宗、范瑞平译，上海译文出版社 2006 年版。

同种类的证实”，“有不同的标准就有不同的证实，有多少种标准就有多少种类的证实。”① 而本书对于“证实”的概念有特定的界定，所以这里为基础主义证实理论辩护以及对怀疑论的回应，则是从本书的“证实”含义出发的，如果辩护成功，那么对“真”的证明行为达到证明的程度，则更不在话下了，基础主义证实理论也就能够成立了。

从方法上说，对于前面提到的不同的哲学家所认为的可以作为基本信念的东西中，本书不需要一一论证这些东西都是能够作为基本信念的，而只要论证其中一种东西能够作为基本信念，也就能说明基本信念是存在的，也就能说明基础主义证实理论是能够成立的。

前面说过，对于基础主义证实理论的最重要的质疑是，不存在一个不需要证实的、不可能出错的基本信念。其实，持这种质疑的立场就是怀疑主义的立场。因为既然没有什么是不可能出错的，那么也就没有确定的知识，既然没有确定的知识，那么一切都是不确定的，而这正是怀疑主义的立场。可见，要为基础主义证实理论辩护，唯一可行的方法就是对怀疑主义作出回应，反驳怀疑主义的立场。

在历史上，不少哲学家都坚持怀疑主义立场或主张过怀疑论。怀疑主义有多种流派，而且不同的哲学家也有不同的主张。要对所有的怀疑主义观点作一个全面的反驳，既是不可能的，也是不必要的。本书这里需要回应的，是所谓的彻底的或极端的怀疑主义。因为对基础主义证实理论以及本书其他观点构成真正威胁的，正是彻

① 胡军著：《知识论》，北京大学出版社2006年版，第113页。

底的怀疑主义。①

彻底的怀疑论者认为，人的感官和心灵的任何印象都是不可靠的，因此“我们谁都不知道任何事物，甚至于不知道‘我们究竟是知道某物还是什么都不知道’。”② 他们认为，世界上的一切都可能是虚幻的，一切都可能是梦境，或者像笛卡儿所说的一切都只是被魔鬼所操纵的虚幻的世界，③ 或者像普特南所说的“钵中之脑”。④

但是，要坚持彻底的怀疑论，本身似乎也必然受到怀疑论的质疑，这样就不得不陷入自相矛盾的怪圈之中。因为，第一，如果彻底的怀疑论的看法是能够成立的，那么“我们谁都不知道任何事物，甚至于不知道‘我们究竟是知道某物还是什么都不知道’”这一看法就是正确的，而如果这一看法是正确的，那么说明我们至少知道有一个命题是正确的，也就说明实际上我们并非“不知道任何事物”，可见“我们谁都不知道任何事物，甚至于不知道‘我们究竟是知道某物还是什么都不知道’”这一说法本身就是自相矛盾的。所以，从逻辑上说，彻底的怀疑论的哲学立场是站不住脚的。第二，在彻底的怀疑论者看来，一切都是不确定的，不存在所谓的确定的东西，而如果一切都是不确定的话，那么彻底的怀疑论的观

---

① 不可否认，在历史上，怀疑主义对哲学的发展起到了一定的积极作用，如怀疑论提供的怀疑的思想和方法，以及怀疑论提出的一些需要解决的哲学问题，化解了哲学研究和知识论探讨中的独断论和专断的作风，在很大程度上推动了知识论乃至哲学的发展，参见鲁成波著：《西方怀疑论》，山东大学出版社 2003 年版，第 148 ~ 151 页；胡军著：《知识论》，北京大学出版社 2006 年版，第 5 ~ 8 页。

② 《古希腊罗马哲学》，商务印书馆 1961 年版，第 341 页，转引自胡军著：《知识论》，北京大学出版社 2006 年版，第 3 页。

③ ［法］笛卡儿著：《第一哲学沉思录》，商务印书馆 1986 年版，第 20 页，转引自胡军著：《知识论》，北京大学出版社 2006 年版，第 18 ~ 19 页。

④ ［美］希拉里·普特南著：《理性、真理与历史》，董世骏、李光程译，上海译文出版社 2005 年版，第 1 页。

点本身也是不确定的。如果情况确实是这样的话，那么诸如“我们”、“知道”、“不知道”、“某物”等概念也都是不确定的，但实际上在彻底的怀疑论者看来，这些概念的含义是明确的，它们都有明确的所指。如果这些概念是不确定的，那么彻底的怀疑论者也就不知所云。如果他们明白他们说的是什么，那就说明这些概念至少在他们的心里是明确的、清楚的，这又是彻底的怀疑论自相矛盾的地方。① 也就是说，任何论证都首先需要一个立场、一个前提，正如“如果我想转动门，就得把门轴固定下来”② 一样，怀疑论要能够成立，必须有不能怀疑的、确定的东西。“怀疑本身只依靠不容怀疑的东西。”③“如果你想怀疑一切，你就什么也不能怀疑。怀疑这种游戏本身就预先假定了确实性。”④ 而怀疑论要坚持自己的立场，则必须连怀疑论也要怀疑，即否定自己。这就是彻底的怀疑论无论如何都不可避免的理论困境。

可见，我们不能彻底地、极端地怀疑一切，我们必须承认有我们能够绝对确定的东西，比如说，在多数情况下我们应当相信自己的感觉经验，如我们的亲眼所见、亲身体验，等等。⑤ 在正常情况下，我们都只能无条件地相信它们，而不能有丝毫的怀疑。这些信

---

① 胡军著：《知识论》，北京大学出版社2006年版，第3~4页。

② ［奥］路德维希·维特根斯坦著：《论确实性》，张金言译，广西师范大学出版社2002年版，第53页。

③ ［奥］路德维希·维特根斯坦著：《论确实性》，张金言译，广西师范大学出版社2002年版，第83页。

④ ［奥］路德维希·维特根斯坦著：《论确实性》，张金言译，广西师范大学出版社2002年版，第21页。

⑤ 如在我的面前放着一张桌子，我说“我的面前有一张桌子”，我当然能够确定我的面前确实有一张桌子，能够绝对确定“我的面前有一张桌子”这个命题就是真实的，而如果你认为我这样的认识也是可能出错的，可能桌子并不存在而只是我的幻觉，那么如果你是从理论上而非某一次的经验上这么认为，你就是一位彻底的怀疑论者。前面已经分析，彻底的怀疑论是经不起推敲的。

念都是所谓的"基本信念"的组成部分。虽然我们知道，感觉在相当多的场合是靠不住的，但这一情形却不能够使我们得出如下的结论，即我们的全部感觉经验都是有问题的，都是靠不住的。有时候，我们对于自己的感觉经验是确信无疑的。我们的有些感觉经验是可疑的，但另有些感觉经验应该说是确切可靠的。我们相信我们眼睛所看到的外在的事物，是因为我们有许多理由使我们有这样的信念：第一，生活常识告诉我们，外在事物就在我们眼前；第二，我们从未怀疑我们的感觉经验，我们相信我们的视觉能力是正常的；第三，感觉经验在我们的日常生活中扮演着十分重要的角色，我们根据感觉去讨生活，在绝大部分时间里，并没有给我们带来很大的麻烦。这些理论实质上假定了，在我们的感觉经验与外在的事物之间存在着某种因果联系，外在的事物引起了我们关于它们的感觉经验。①

除了相信我们自己的感觉经验之外，我们还相信我们在正常情况下的理性。我们知道，有些信念并不依赖于感觉经验，而是以我们的理性为其基础的，如我们都相信"1+1=2"、"等边三角形的三条边是相等的"、"25的平方根是5"等命题，我们并不是诉诸于感官经验而是依靠理性相信这些命题的。② "如果12×12=144这个命题不容怀疑，那么非数学命题也一定不容怀疑。"③

虽然我们承认不是所有的东西都是绝对可靠的，但是我们总是需要绝对确定地相信一些东西，以其作为生活的基础。否则，生活将乱成一团，而无法继续下去。比如说，我们相信我们自己的感觉经验，我们也相信我们在正常情况下的理性。而只要有绝对可靠

---

① 胡军著：《知识论》，北京大学出版社2006年版，第13～14、17～18页。

② 胡军著：《知识论》，北京大学出版社2006年版，第20页。

③ ［奥］路德维希·维特根斯坦著：《论确实性》，张金言译，广西师范大学出版社2002年版，第106页。

的、可以绝对确定的东西，彻底的怀疑主义就不能成立，[①] 说明还是存在作为证实基础的基本信念的，由此基础主义就是能够成立的。

可见，对于认识的真，并非如彻底的怀疑主义者所认为的那样，一律不能证明证实，对于我们来说，有一些信念是不容置疑的，以此为基础，多数认识的真实性能够证明证实。

（四）一致主义的证实理论及其面临的问题

1. 一致主义证实理论的基本主张

前面说过，融贯论（联贯论、一致主义）既有可能是关于“真”是什么的理论，即认为“真”就是认识（命题）系统（集合）中认识与认识之间的融贯，也可能是关于“真”的证实的理论，即认为如果认识与认识之间是联贯融洽的，则认识的“真”得到了证实。主张“真”的融贯论的，一般在知识证实理论上也主张融贯论，而主张知识证实的融贯论的，在“‘真’是什么”的理论上不一定主张融贯论。[②]

证实理论中的联贯论或曰一致主义[③]是建立在对基础主义证实理论的批评的基础之上的。一致主义者认为，根本不存在基础主义理论所称的基本信念，而基本信念不存在，基础主义证实理论也就不能成立。相反的，他们认为，所谓的证实就是一信念体系内信念

---

① 当然，你也可以把彻底的怀疑论当做你的信仰，坚持你的彻底的怀疑论立场，信仰是纯粹个人的事，在这里讨论这个问题也就毫无意义了。

② 参见胡军著：《知识论》，北京大学出版社 2006 年版，第 226 页；陈嘉明主编：《实在、心灵与信念——当代美国哲学概论》，人民出版社 2005 年版，第 273 页。

③ 联贯论中的“联贯”一词是从英文 coherence 中翻译而来的，在关于“真”的定义中，有将该词译作“融贯”的，在知识证实理论中，胡军所著的《知识论》将这一证实理论译作“联贯论”，陈嘉明先生在《知识与确证》和《实在、心灵与信念》中将这一理论译作“一致主义”，也就是将 coherence 一词译作“一致”。本书同时使用“联贯论”和“一致主义”这两种表述，但为了与基础主义相对应，多称为“一致主义”。

之间的相互联贯融洽的关系。所以，联贯理论强调指出，当且仅当一经验信念是与该信念所属的信念体系相联贯时，这一经验信念才可以说是得到了完全的证实。[①]

2. 一致主义的难题[②]

知识证实的联贯论或曰一致主义遭受到的最主要的批评是认识与外在的客观世界的隔绝。一个认识本来是要反映外在的客观世界的，但根据联贯论或曰一致主义的看法，关于“一致”的任何要求都没有表明一个“一致”的命题体系需要从外在的客观世界得到某种经验内容或以某种方式受到外在的客观世界的影响，在完全脱离自己应该反映的客观存在的情况下，这样的命题又怎能得到证实呢？这样已经得到“证实”的命题又怎能保证它是真实的呢？[③]正如塞拉斯在《经验论和心灵哲学》中谈到“真”的证实理论的一致主义时说，像黑格尔所说的，“真”的证实理论的一致主义就如一条首尾相接的知识巨蟒，问题是，它从哪里开始？[④]

与第一个批评相关的另一个批评是，如果有许多命题集合都符合联贯论或曰一致主义的要求，但这些命题集合却是相互冲突的、矛盾的，那么根据联贯论的说法，到底哪一种命题集合才是符合联贯论要求的呢？哪一种才是正确的呢？如果坚持知识证实的联贯论或曰一致主义，那么我们就很难在这些相互冲突的命题集合中选出真正正确的、符合客观实际的命题，如果非要作出选择，那我们的

① 胡军著：《知识论》，北京大学出版社2006年版，第232～233页。

② 需要注意的是，“真”的证实理论是与“真”是什么密切相关的，因此本书对有关“真”的证实理论的分析，是站在本书主张的“真”的符合论的立场来说的。而如果在“真”的内涵方面持其他立场，则这些证实理论就不一定有这样的问题了。

③ 胡军著：《知识论》，北京大学出版社2006年版，第248～249页。

④ Sellars, “Empiricism and the Philosophy of Mind”, p. 170. 转引自［英］苏珊·哈克著：《逻辑哲学》，罗毅译，商务印书馆2003年版，第10页。

选择肯定是任意的、武断的。[1]

知识证实理论中的联贯论或曰一致主义存在的这几个问题，对它们来说应该是致命的，不可克服的。所以，一致主义或曰联贯论显然不能成为正确的知识证实理论。也就是说，要证实一个认识的真实性，仅仅表明这个认识与其他认识或者所属的认识体系是联贯的，是远远不够的。联贯论或曰一致主义不能完成知识证实的任务。

当然，我们不能由此完全否认联贯论或曰一致主义的作用。首先，就“联贯”这个概念而言，它是哲学认识论研究中一个非常重要和有用的概念。正如有学者指出的，联贯是而且似乎必须是所有一切认识论体系的最基本的因素，不管这样的认识论体系是赞成还是反对联贯论。其中的道理应该是十分清楚的，我们很难设想一个信念体系内部充满着互相矛盾、冲突的认识论体系称得上是科学的或合乎理性的体系。[2] 其次，联贯论也并非一无是处。根据本书对证明与证实概念的界定，对于证明来说，达到联贯的要求，有时就达到了证明的程度。也就是说，虽然对于认识真实性的证实要求而言，联贯论无疑具有不可克服的缺陷，显然不能满足知识证实的要求，但是对于认识真实性的证明而言，联贯论理论，或者说认识之间的联贯，显然能够满足要求，即认识之间的联贯，显然是使人接受认识真实性的重要因素。例如，张三说“王五在隔壁房间”，如果李四也接着说“王五在隔壁房间”，张三和李四所陈述的一致，而李四为人诚实，此时又没有明显的说谎的动机，那么显然张三的命题得到了证明，虽然不一定得到证实。

---

① 陈嘉明主编：《实在、心灵与信念——当代美国哲学概论》，人民出版社 2005 年版，第 276 页；胡军著：《知识论》，北京大学出版社 2006 年版，第 247～251 页。

② 胡军著：《知识论》，北京大学出版社 2006 年版，第 233 页。

二、马克思主义哲学中的实践检验理论

（一）“实践是检验真理的唯一标准”

20世纪70年代末80年代初，在我国的真理标准问题大讨论中，重新确立了“实践是检验真理的唯一标准”这个命题。

为什么实践能够作为检验真理的标准，而且只有实践才能作为检验真理的标准呢？这是因为“辩证唯物主义所说的真理是客观真理，是人的思想对客观世界及其规律的正确反映。因此，作为检验真理的标准，就不能到主观领域内去寻找，不能到理论领域内去寻找，思想、理论自身就不能成为检验自身是否符合客观实际的标准，正如在法律上原告是否属实，不能以他自己的起诉为标准一样。作为检验真理的标准，必须具有把人的思想和客观世界联系起来的特性，否则就无法检验。人的社会实践是改造客观世界的活动，是主观见之于客观的东西。实践具有把思想和客观实际联系起来的特性。因此，正是实践，也只有实践，才能够完成检验真理的任务。”①

① 《光明日报》1979年5月11日评论员文章，载杨西光主编：《辩证唯物主义认识论探索——真理标准问题讨论集》，光明日报出版社1987年版，第2页。

（二）实践如何发挥检验作用

既然实践能够检验认识的真实性,[①] 那么实践如何发挥检验作用?

在“真”的符合论看来，检验认识的真实性，就是检验认识和它所表达、描述、揭示的对象是否符合，就是把观念同它所反映的客观对象相对照，检验观念的正确性，即看它是否与客观对象一致。[②] 问题在于：人们怎样才能判断一个认识是否与它所反映的对象相符合？要判断一个认识是否与它所反映的对象相符合，无疑要把认识和认识对象对照比较，而这在认识和认识对象各自范围内都

---

① 笔者认为,“实践是检验真理的唯一标准”这个命题中的“真理”实际上应当是“认识的真实性”。另有人认为，实践应当是检验认识真实性的根本方法、手段而非标准，检验认识真实性的标准是其他而非实践，如“有时人们把检验真理的标准和检验真理的手段（或程序）加以混淆，并用后者代替前者。例如，我们常说‘实践是检验真理的标准’，其实实践是检验真理的手段”（参见弓肇祥著:《真理理论——对西方真理理论历史地批判地考察》，社会科学文献出版社 1999 年版，第 4 页）;“一个以经验知识为对象的知识理论体系的首要任务显然是要能够从客观存在的外在世界获取经验性的内容，必须能够基本正确地反映外在的世界。检验这样的知识体系正确与否的唯一标准也只能是它们是否正确地反映了客观存在的外在世界”（参见胡军著:《知识论》，北京大学出版社 2006 年版，第 252 页）;“检验主观认识是否正确的标准当然是看其是否与客观情况相符合，离开客观事实，主观认识是真是假永远无法判定”（参见张继成、杨宗辉:《对“法律真实”证明标准的质疑》，载《法学研究》2002 年第 4 期，第 118 ~ 119 页)。可见，实践是检验认识真实性的根本方法还是“唯一标准”，值得商榷，确实，就实践检验本身来说，它只能是检验认识真实性的方法而不能作为判断认识真实性的标准，更不用说是“唯一标准”。当然，正如刘永富先生所说的，“无论是检验真理的标准，还是检验真理的途径，最后都被归结为实际从事的活动，即实践，因此检验真理的标准与检验真理的途径实际上是从不同角度看的同一件事”（参见刘永富著:《真假论纲》，中国社会科学出版社 2002 年版，第 133 页)。而且,“实践是检验真理的唯一标准”这个命题在我国的重新确立，其政治意义大于学术意义，所以笔者不打算深入探讨此问题，而在讨论相关问题时，则按照自己的理解进行表述。

② 田心铭著:《认识的反思》，人民出版社 2000 年版，第 625 页。

无法解决，为此必须找出一个“第三者”，这个“第三者”就是实践。[①] 因为人的社会实践是改造客观世界的活动，是主观见之于客观的东西。实践具有把思想和客观实际联系起来的特性。[②] 实践的作用在于把不能对照比较的变为可对照比较的，把不能检验的变为可检验的。[③] 也就是说，实践能够使认识和认识对象相互对照，从而确定二者是否符合。[④]

当然，实践发挥检验作用，其方法、途径不一定是完全一样的。有时通过实践行为，收集相关信息、资料、证据，可以证明某个认识的真实性或虚假性，可见实践检验要发挥证明作用，有时不一定非要将认识与认识对象进行对照。但是，如果要达到证实程度，则必须将认识与认识对象进行对照，这样认识的真实性才能得到证实。

（三）多数认识能够通过实践检验予以证实

认识可以分为普遍性认识和特殊性认识。特殊的认识表示或肯定特殊的事实，普遍的认识表示或肯定固然的理。[⑤] 对于普遍性认识和以当前事实、未来事实为认识对象的特殊性认识，都可以通过

---

① 蔡英田：《真理本性和实践检验之管见》，载《哈尔滨师专学报》1995 年第 2 期。

② 《光明日报》1979 年 5 月 11 日评论员文章，载杨西光主编：《辩证唯物主义认识论探索——真理标准问题讨论集》，光明日报出版社 1987 年版，第 2 页。

③ 胡寿鹤：《真理标准和检验真理的标准》，载《东岳论丛》1996 年第 1 期。

④ 正如有学者指出的，“符合论认为，检验真理就是检验认识或思想和它反映的客观事物是否符合以及符合到什么程度，而这个问题在‘思想’和‘事物’各自范围内无法解决，为此必须找出一个‘第三者’，这个‘第三者’就是实践。实践由于主客观结合的特点，能够使‘思想’和‘事物’相互对照，从而确定二者的符合性和符合度。”参见蔡英田：《真理本性和实践检验之管见》，载《哈尔滨师专学报》1995 年第 2 期。

⑤ 金岳霖著：《知识论》（下），商务印书馆 1983 年版，第 751 页。

实践[①]检验并证实。下面，本书将举例说明，通过实践如何检验和证实对当前事实和未来事实的认识以及普遍性认识。

对于以当前事实和未来事实为认识对象的特殊性认识的实践检验和证实，举个简单的例子，如我说“我面前有一张桌子”，那么在我陈述这个命题的时候，从理论上说，无论由谁来看，只要是具有正常理性的人，都能看到我面前确实有一张桌子，能够确定“我面前有一张桌子”与客观实际是符合的，从而我的命题得到了证实。对于以未来的事实为认识对象的特殊性认识的实践检验和证实，同样如此。

有人提出，否定性命题如何证实？例如，如何通过实践检验并证实“猫不在垫子上”这个命题呢？前面在探讨“真”的符合论时提到，否定性的命题同样可以与它所描述、表达的对象“符合”，而这里要说的是，这样的否定性命题同样可以通过实践检验并证实。当然，这里的所指——时间、猫、垫子——都应当是特定的。如果在特定的时间，如 2005 年 11 月 1 日称“2005 年 11 月 2 日中午 12 时特定的猫，如张三家的大花猫不在特定的垫子，如张三家的红色斑纹垫子上”，从理论上说，在 11 月 2 日中午 12 时，可以一直盯着张三家的大花猫和红色斑纹垫子看，如果一直没有看见那只猫在那个垫子上，不就证实认识与认识对象符合了吗？

对于普遍性认识，从无限发展的角度来说，同样可以通过实践的方法予以检验和证实。在科学史上，不少科学理论是经过长期的实践检验才被证实的，如关于光本质的理论，牛顿主张微粒说，惠更斯主张波动说，这两种理论都在一定时期被认为是正确的，但最

---

① 这里的“实践”是在极其广泛的意义上使用的，既包括复杂的实践行为，如科学实验、理论分析，也包括简单的实践行为，如看、走、观察等。

终都被经过实践检验为正确的爱因斯坦的波和粒的统一说所否定。[①]

可见，对于多数命题，可以通过实践予以检验并证实。当然，对发生在过去的事实的认识，虽然可以通过实践予以检验，而且有时能够证伪，却难以达到证实的程度。

本书前面对证实理论中的基础主义的辩护，与坚持马克思主义的实践检验理论是一致的，相通的。前面提到的对怀疑论的回应和为基础主义的辩护，其方法就是借助于实践。当然，马克思主义哲学的实践检验理论是更基本、更深刻、更全面的理论，西方证实理论中的基础主义则是不全面的，需要依赖实践检验理论的理论。

三、多数认识的“真”能够证明证实[②]

对于某一个认识、命题的真实性，可以对它进行证明，但实施了证明行为，却不一定能够达到证明的程度，更不一定能够达到证实的程度。对认识的真实性经过证明后，有可能没有任何结果，有可能产生达到证明程度的结果，也可能产生达到证实程度的结果。

前面谈到了关于真假的信念，指出信念有程度之分，绝对确定是关于真假的信念的最高程度。关于真假的信念的最高程度，即绝对确定的程度，就是本书的“真”的证实程度。

而“真”的证明程度则是没有达到证实程度的程度。关于真

① 李继武：《论实践作为检验和实现真理的根本方式及其基本特征》，载《上海社会科学院学术季刊》1999 年第 4 期。当然，目前来说关于光本质的理论也只是阶段性的检验，爱因斯坦的波和粒的统一说也只是被暂时“证实”，从理论上说不能完全排除将来被其他的理论否定的可能。但从无限发展的角度来说，普遍性认识仍然具有可证实性。

② 这里的“证明证实”指结果意义上的。

假的信念是有程度之分的，证明[①]也是有程度之分的，[②] 达到什么程度的信念[③]可以视为达到证明程度？如果接受证明者对作为证明对象的认识的真实性“半信半疑”，我们不能说他已经相信并接受了该认识的真实性，不能说对该认识的证明已经达到了证明程度。高于“半信半疑”的程度，也就是认为该认识真实的可能大于不真实的可能，从最低标准来说，达到这种程度，则可以相信和接受该认识的真实性，也就是已经达到了证明程度。可见，对“真”的证明证实，如果达到证明程度的结果的话，则是在“半信半疑”程度的信念以上，或者说从“真实的可能性大于虚假的可能性”这样一种程度的信念开始，而在绝对确定程度以下。如果用概率来表示，则是高于 50% 的可能性，在此之上，还有较大的可能性，很大的可能性，内心确信，等等。至于在具体情况下需要达到何种程度的证明，则视具体情况而定。

通过对西方哲学证实理论和马克思主义哲学的实践检验理论的考察，我们知道，对于认识的真，并非如彻底的怀疑主义者所认为的一律不能证明证实，对于我们来说，有一些信念是不容置疑的，以此为基础，多数认识的真实性能够证明，而且通过实践检验，对于多数认识，如对当前事实和未来事实的认识，是能够证实的，即能够绝对确定其真实性。

---

① 指结果意义上的“证明”程度。

② 英国哲学家苏珊·哈克表达了类似的看法：“证成有程度之分”，参见［英］苏珊·哈克著：《证据与探究》，陈波等译，中国人民大学出版社 2004 年版，第 3 页。

③ 关于真假的信念，既可能是认识者对其自己的认识的真假的信念，也可能是接受证明者对证明者的认识的真假的信念。对“真”进行证明后，形成了一定程度的关于“真”的信念，这里的信念是接受证明者的信念而非证明者的信念。

第八节 “真”的程度问题

一、认识、信念以及证明证实有程度之分

认识有程度之分。毛泽东在《实践论》中将认识划分为感性和理性两个阶段，指出感性阶段是感觉和印象的阶段，还不能形成深刻的概念；后来认识过程中发生了突变，产生了概念，概念反映了事物的本质，与感觉相比有了性质上的差别，认识就进入了第二个阶段。认识是一个不断发展的过程，在这个过程中，感性认识因素和理性认识因素二者的地位和相互关系发生着变化，由感性因素为主上升到理性因素为主，从而使认识的发展显示出阶段性来。在第一个阶段，认识的主要内容是映现出事物的现象，主要形式是感觉、知觉、表象；在第二个阶段，认识的主要内容是反映事物的本质，主要形式是概念、判断、推理。这两个阶段就是感性认识阶段和理性认识阶段。①

可见，认识都是一定程度上的认识。任何一个认识，它在广度上、深度上都是有限的，相对的，一定程度上的。

认识有程度之分，那么当“真理”指“真的认识、理论”时，“真理”也就有了程度之分，所以有“绝对真理”和“相对真理”之说。

信念与认识在本质上是一样的，都是认识之后形成的认识结果。认识有程度之分，信念也就有程度之分，关于真假的信念也就有程度之分，即对于某个认识的真实性，是否相信以及在何种程度上相信，这些都是信念有程度之分的体现。

“真”的证明证实就是为了让他人相信某个认识是真的，显然

① 田心铭著：《认识的反思》，人民出版社2000年版，第261、264页。

“真”的证明证实也有程度之分，证明程度与证实程度本身就是两种不同的程度。英国哲学家苏珊·哈克就表达了类似的看法：“证成有程度之分”。①

二、“真”没有程度之分

虽然认识有程度之分，在“真的认识、理论”意义上使用的“真理”有程度之分，对“真”的信念有程度之分，“真”的证明证实有程度之分，但是“真”不等于认识，不等于对“真”的信念，不等于“真”的证明证实。认识、对“真”的信念、“真”的证明证实有程度之分，不等于“真”有程度之分。由于学术研究中往往将“真实”与在“真的认识、理论”意义上使用的“真理”混用，而真理又有绝对真理和相对真理之分，所以不少学者将认识、真理有程度之分直接理解、套用在“‘真’有程度之分”上。真实有程度之分，真实有绝对真实和相对真实之说，被不少学者视为不言而喻的命题。② 而笔者认为，真实没有程度之分。③ 下面稍作论述。

（一）如果“真”有程度之分

如果真假有程度之分，那么百分之多少的“真”才是“真”？何种程度的“真”才是“真”？100%程度的真当然是“真”，99%程度的真呢？应该也是“真”，当然这时只能是相对的真，那

---

① ［英］苏珊·哈克著：《证据与探究》，陈波等译，中国人民大学出版社2004年版，第3页。

② 如在论述有关真实的问题时，论者经常引用马克思主义哲学关于绝对真理和相对真理的论述，之后直接将其套用在真实问题上，将“绝对真理”直接变为“绝对真实”，将“相对真理”直接变为“相对真实”，即是一个例证。

③ “真”的程度问题与“假”的程度问题一样，如果“真”有程度之分，则“假”也有程度之分，如果“真”没有程度之分，则“假”也没有程度之分。所以，本书中有时说“‘真’的程度问题”，有时说“真假的程度问题”，有时说“真实的程度问题”，实际上都是基于论述的方便，并不是说“真”与“假”的程度问题不一样。

么90%程度的真、80%程度的真、70%程度的真、60%程度的真呢？它们当然也是“真”。如果它们也是“真”，那么50%程度的真是不是“真”呢？有人说这是“半真半假”，“半真半假”显然不是彻底的假，它至少有“半真”，所以也应当是一种“真”。那么40%程度的真、30%程度的真、20%程度的真、10%程度的真呢？它们当然也是“真”，那么1%程度的真是不是“真”？当然也是，0.1%程度的真当然也是“真”了？只要是“真”，那么除了0%的程度之外，不管何种程度的“真”则都应当是“真”，既然“真”有程度之分，那么程度多少并不影响它仍然是“真”这个东西。

如果这样，则必然面临或带来一系列问题：

第一个问题：既然100%程度的真是“真”，99%程度的真是“真”，1%程度的真也是“真”，依此类推，任何程度的“真”都是“真”，那“真”岂不是有无数个了？那么，说某一个认识、命题是真的，它究竟指哪个“真”？是哪种程度的“真”？我们又怎能知道它是哪种程度的“真”？因为100%程度的真是“真”，99%程度的真是“真”，0.0000001%程度的真也是“真”，而0.0000001%程度的真同时也是99.9999999%程度的假，可见0.0000001%程度的真与100%程度的假似乎只有一步之遥，而与100%程度、99.99999999%程度的真却有天壤之别。那么，说一个认识、命题是真的还是假的，如果不说明是哪种程度的“真”，或者不能说明是哪种程度的“真”，岂不是等于没说？岂不是对于问题毫无意义？真假问题岂不是也成为一个没有意义的问题？

第二个问题：如果“真”有程度之分，0.0000001%程度的真也是“真”，甚至更低程度的、接近于无穷小的程度的真也是“真”，而100%假的认识、命题毕竟极少，那世界上的诸如认识、命题之类的真值负荷者岂不是绝大多数都可以说是真的？

这样，真假问题岂不是变得没有多少意义？因为既然绝大多数认识、命题都是真的，那区分哪个认识、命题是真的，哪个是假的，就没有必要了。

第三个问题：既然0%以上程度的“真”都是“真”，“真”有无数个，那0%以上程度的“假”也都是“假”，那“假”岂不是也有无数个？100%真的认识、命题毕竟也不多，那世界上的诸如认识、命题之类的真值负荷者岂不是绝大多数都可以说是假的？上一个问题又说世界上绝大多数的认识、命题都是真的，那么世界上诸如认识、命题之类的真值负荷者，究竟是绝大多数是真的，还是绝大多数是假的？

第四个问题：如果“真”有程度之分，90%程度的真同时是10%程度的假，90%程度的真是“真”，10%程度的假是“假”，90%真10%假，我们可以说它是“真”，也可以说它是“假”，只要是0%以上程度的假我们都可以说它是“假”，可见只有0%假，即100%真时我们才能“踏踏实实”地说它是彻底的、真正的“真”，也就是说只有100%真才是唯一的“真”，“真”只有一个。同样，“假”也只有一个，只有100%假才是真正的“假”。而前面又得出了“真”和“假”都有无数个的结论，这岂不是相互矛盾？

第五个问题：如果“真”有程度之分，那么即使是0.0000001%程度的真甚至是更低程度的、接近于无穷小的程度的“真”也是“真”，0.0000001%程度的真同时意味着也是99.9999999%程度的假，而99.9999999%假的认识、命题也可以说是真的，从常理来说，这岂不是不可思议？

第六个问题：如果“真”有程度之分，那么某个“东西”如果含有90%程度的真，那么必定同时含有10%程度的假，同样某个“东西”里面如果含有10%程度的真，也必定同时含有90%程度的假。90%程度的真是真，10%程度的真也是真，10%程度的假是假，90%程度的假也是假，那么90%真10%假这样的“东西”

或者10%真90%假这样的“东西”岂不是既是“真”又是“假”？只要是100%程度以下0%以上程度的“真值”[①]岂不是都既是“真”又是“假”？既是“真”又不是“真”？这和说一个数字既是2又不是2有什么两样？

第七个问题：如果真假有程度之分，对于一个有真假之说的，如认识、命题这样的负荷者来说，如果是90%真10%假或者10%真90%假，我们可以说它是真的，只是相对的“真”，一定程度的“真”；也可以说它是假的，只不过是相对的“假”，一定程度的“假”。相对真的同时也就是相对假。相对的“真”仍然是“真”，相对的“假”仍然是“假”，那么诸如认识、命题这样的真值负荷者岂不是可以既是真的又是假的？这和说一个东西既是方的又是圆的有什么两样？

第八个问题：要解决“一个东西可能既是‘真’又是‘假’”和“一个命题可能既是真的又是假的”的矛盾，只能承认，不是任何程度的“真”都是“真”，而必须达到一定程度的“真”才是“真”。那么，达到什么程度的“真”才是“真”？1%程度的真是否“真”？50%程度的真是否“真”？99%程度的真是否“真”？如果要设定一个分界线，分界线之上的“真”才是“真”，分界线之下的就不是“真”，那这个分界线有吗？应该由谁来设定？根据什么标准设定？可见，设定分界线也是不可能的，不可行的，以上矛盾不可解决。

第九个问题：如果真假有程度之分，岂不是“对错”、“是非”也有程度之分？“对错”、“是非”显然没有程度之分。有时我们说“可能对”、“可能是”，这并不是“对”、“是”本身有程度之分，而是对于认识对象是对的还是错的，是还是不是，并不确定，属于

① 前面说过，真假是命题的“真值”，这里的“真值”指的是或者是“真”这个东西或者是“假”这个东西。

对"对"、"是"的认识的程度问题。既然"对错"、"是非"没有程度之分，那么真假怎么能有程度之分?

由上可见，如果认为"真"有程度之分，那么必然面临或者带来一系列矛盾，而这些矛盾又没有解决的办法，唯一的理论出路是只能承认真假没有程度之分。

（二）认识有程度不等于"真"有程度

1. 不能将认识的深度或广度问题当做"真"的程度问题

认识有程度，真的认识也有程度，当"真理"指真的认识、理论时，"真理"也有程度，认识有相对性。

但是，认识有程度、有相对性，不等于"真实"有程度、有相对性，很多问题看似是"真"有程度，实际上属于认识的深度或广度问题而非真假的程度问题。例如，"我面前有一张红色的桌子"这个认识，如果我面前确实有一张桌子，这张桌子在颜色上是红色的，在形状上是方形的，那么"我面前有一张红色的桌子"这个认识在广度上显然不如"我面前有一张红色的方形的桌子"这个认识，这属于认识的广度问题而不是"真"的程度问题。"我面前有一张红色的桌子"这个命题显然符合客观实际，这个命题显然是真的，不能因为"我面前有一张红色的桌子"这个认识在广度上不如"我面前有一张红色的方形的桌子"这个认识，就说这个"真"是一定程度的"真"，是相对的"真"，就说"我面前有一张红色的桌子"这个认识的"真"的程度比"我面前有一张红色的方形的桌子"这个认识的"真"的程度更低。"我面前有一张红色的桌子"这个认识的"真"与"我面前有一张红色的方形的桌子"这个认识的"真"是完全一样的"真"。

同样，对于一张深红色的桌子，如果你说"这是一张浅红色的桌子"，那么这个认识显然就是假的，而如果认识到"这是一张红色的桌子”，这个认识显然是真的，因为深红色属于红色，① 就如“白马”属于“马”一样。当然，“这是一张红色的桌子”在深度上显然不如“这是一张深红色的桌子”这个认识。但这属于认识的深度问题而非“真”的程度问题。不能因为“这是一张红色的桌子”在深度上不如“这是一张深红色的桌子”这个认识，就说“这是一张红色的桌子”这个认识的“真”只是一定程度上的“真”，相对的“真”，就说“这是一张红色的桌子”这个认识的“真”在程度上不如“这是一张深红色的桌子”这个认识的“真”。“这是一张红色的桌子”这个认识的“真”，与“这是一张深红色的桌子”这个认识的“真”是完全一样的“真”。

所以，认识有深度和广度不等于真假有程度，正如郭继海先生所说的，真是一，这就说明真没有程度的不同，也不发展。真只有和假相对，没有有点儿真、近似的真和绝对的真的不同。如果认为真有程度，就会同时得到有许多真甚至无数的真和没有真这两个相互矛盾的结果，因此真没有程度的不同。一般所理解的一个认识或理论比另一个认识或理论更真之类的说法，其实际的含义是指认识或理论的程度，如深度、广度、精确度或者证明证实的程度。真也是不发展的，没有由不真发展为有点儿真、更真、最真，也没有由真发展为假。一般所理解的真理是一个过程之类的说法，其实际的含义是指认识或理论的发展，如由对一个事物或现象的表面的认识到对该事物或现象的本质的认识，由一种真的理论发展出另一种真的理论；由肤浅的、片面的真的理论发展为深刻的、全面的真的理论等，这些都是认识或理论的发展，真并没有发展。一个表面的、肤浅的认识，如果是真的就是真的，与一个深刻的认识的真是没有

---

① 至于多深的红色是深红色，多浅的红色是浅红色，则属于对“深红色”和“浅红色”的界定问题，而与命题的真假无关，真假只与认识（命题）是否符合它所揭示的对象有关。

不同的，这中间没有真的发展和区别。[①]

2. 不能将认识的条件性或曰蕴涵的条件问题当做“真”的程度问题

一般来说，理论都有其适用的条件，在这个条件之内，这个理论可能是正确的，而在这个条件之外，则可能是错误的。有人可能会将这种理论、认识的条件性看做真假的相对性，比如说，牛顿万有引力定律在某种条件下是正确的，而在这个条件之外则是错误的，这说明牛顿万有引力定律有它适用的条件，牛顿万有引力定律是相对的认识，是相对真理，[②] 但不能说，牛顿万有引力定律虽然是真的，但这个“真”只是相对的“真”，一定程度的“真”。

在人们没有认识到牛顿万有引力定律的条件性、局限性、相对性之前，人们认为它在任何条件下都是真的，是普适的真理。这只不过是人们“认为”它是真的，人们认为它是真的，不会改变它本身的真或假。没有任何条件设定的牛顿万有引力定律当然是假的，只不过在那时人们没有意识到而已。而现在意识到牛顿万有引力定律的条件性，它只是在一定条件下是真的，那么，这个“一定条件”也就成了牛顿万有引力定律的一部分，如果某人引用了牛顿万有引力定律，但没有引用定律的这个条件，那这个引用(命题)就是假的，[③] 而非相对的“真”，也非相对的“假”。当然，有时我们指出牛顿万有引力定律，没有同时指出其条件，人们也当它是真的，这是因为对于那个条件，已经为人们所共知，不需

---

① 郭继海著:《真理符合论的困难及其解决》，中国社会科学出版社 2003 年版，“导言”，第 8 ~ 9 页。

② 这里的“真理”指真的认识、理论。

③ 当然，我们不能说现在这样给它限定了条件，这个定律就一定是正确的，也许还需要进一步限定条件，而这就属于认识的局限性问题了，就目前来说，限定了条件的定律是不是真的，是不以人的意志为转移的，现在认为它是真的，只是人们对它的认识和判断，这个认识和判断也有真假的问题。

要在任何时候都特意指出，这个条件已经成为牛顿万有引力定律隐含的前提，一般情况下不需要特别指明。

所以，不能将认识、理论有条件性混淆为真假有程度之分。某个认识如果有其适用的条件，则在条件之内，它就是真的，在条件之外，它就是假的，不能将这个受条件限制的认识、理论的真假看做是一定程度的真假。

（三）“绝对真理”与“相对真理”之说不能说明“真”有程度之分

绝对真理与相对真理的辩证关系原理是马克思主义哲学原理之一。既然有“绝对真理”和“相对真理”之说，就说明这里的“真理”有程度之分。前面说过，在国内学术研究中，“真理”一词有时指“真实”，有时指“真的认识、理论”，在绝对真理与相对真理辩证关系原理中，其中的“真理”指的是“真的认识、理论”而非“真实”。例如，在国内权威马克思主义哲学教材中有这样的话，“真理的绝对性或绝对真理（具有绝对性的真理），是指真理内容表明主客观统一的确定性和发展无限性。”① 在这里，“真理”都是有具体的“内容”的，是包含在“认识”之中的，从“真”与“认识”两者来看，有“内容”的当然只能是“认识”，“真”则没有具体的“内容”，真就是真，假就是假，而无所谓这个内容的真，那个内容的真，可见，这里的“绝对真理”和“相对真理”显然指的是“真的认识、理论”，而不能是“真”、“真实”。②

既然“绝对真理”与“相对真理”之说中的“真理”指的是

---

① 肖前、李秀林、汪永祥主编：《辩证唯物主义原理（修订本）》，人民出版社1991年第2版，第516页。

② 关于绝对真理与相对真理辩证关系原理中的“真理”指“真的认识、理论”而非“真实”，具体可参见本书前面“‘真实’与‘真理’”部分的引述。

"真的认识、理论"，则这个"真理"显然有程度之分，但认识有程度不等于"真实"有程度，所以"绝对真理"与"相对真理"之说不能成为真实有程度之分的论据。

(四) 对"真"的信念有程度不等于"真"有程度

前面说过，对"真"的信念是一个人对某个命题或认识的真假相信与否或在某种程度上相信，显然，对"真"的信念有程度之分，对于某一个命题的真假，人们可能完全认为它是真的，也可能觉得它很可能是真的，也可能将信将疑，也可能觉得可能性不大，也可能觉得完全没有真的可能，等等。但是，这属于对"真"的信念的程度，而非"真"的程度，"真"没有程度之分。一个认识如果是真实的，即使人们认为它是假的，它也仍然是真的，与对它的信念无关。

有时我们有"可能真"、"可能假"的说法。这并不是说真假有程度之分，而是人们不能确定认识是真的还是假的，实际上就是对于真假的判断的不确定。对真假的信念是有程度之分的，而信念有程度之分不等于真假有程度之分。

(五)"真"的证明证实有程度不等于"真"有程度

前面说过，"真"有证明证实问题，"真"的证明证实不等于"真"，认识的"真"有时不一定能够被证明证实。"真"的证明证实有程度之分，如证明程度和证实程度就是两种不同的程度。但"真"的证明证实有程度同样不等于"真"有程度，正如郭继海先生所说的，真没有程度的不同，且不发展，真是客观普遍的，与限于时地的因人而异的真的证明证实是不同的。真不一定能够证明证实，在逻辑上证明为真的也不一定就是真的；真没有程度，不发展，真的证明证实或者对命题或理论的信念则是发展的、有程度的。[①]

（六）命题集合中有真的子命题也有假的子命题不等于真假有程度之分

如果说“真”没有程度，那么可能有人会质疑：既然“真”没有程度，那么包含有几个子命题的命题集合，其中有真的子命题，有假的子命题，那这个命题集合是真的还是假的？例如，“我面前有一张白色的方形的桌子”这个命题，实际情况是我面前确实有一张方形的桌子，但这张桌子是红色的，那么这个命题是真的还是假的？如果真没有程度之分，那么这个命题岂不是既真又假？既然不能说它既是真的又是假的，那么只能说它是一定程度的真，相对的真，所以“真”有程度之分。

这个说法显然不对。前面在探讨如何理解“符合”时说过，“符合”与否是从真值负荷者的最基本单元着眼的，对于一个命题集合，我们可以从中分解出最基本的单元，然后看各个最基本单元的命题是否符合它所揭示、描述的对象，是真的还是假的。从严格的意义上说，我们并不笼统地说一个包含有真的子命题和假的子命题的命题集合是真的还是假的，我们只说这个命题集合中并不全是真的子命题，或者说这个命题集合中有真的子命题也有假的子命题。[②]

问一个说法“对不对”，不能说“有”对，只能说“是”对的。“真”也如此，一个命题，不能说它“有”真，只能说它

① 郭继海著：《真理符合论的困难及其解决》，中国社会科学出版社2003年版，“导言”，第9页。

② 当然，在日常生活中，对于含有真的子命题和假的子命题的命题集合，我们可能笼统地说它是真的，或者是假的，对此前面已经分析，这和判断者的立场、角度、条件有关，只是一种不太严格的、适应和方便日常生活的表述和判断，而不是说整个命题集合中的所有最基本命题都是真的，或是假的，而是就判断者的立场和角度而言，就他所关心的那部分命题而言，是真的或是假的。

“是”真的，或者“是”假的，如“这是一张桌子”这个命题，你能说它“有”“真”吗？只能说它“是”真的或者“是”假的。由子命题组成的命题集合也是如此，我们不能说这个命题集合“有”“真”，只能说它的子命题是真的还是假的，或者说其中有真的子命题也有假的子命题。日常生活中有时说“有”真，只是说其中有真的子命题。“他的说法有真有假”，实际上指的是“他的说法中有真的说法也有假的说法”。同样，所谓的“真假参半”、“半真半假”的说法，实际上指的是在一个命题集合中，有真的子命题，也有假的子命题，或者一半子命题是真的，一半子命题是假的。所谓的“有真有假”、“半真半假”、“真假参半”的说法，并不是说真假有程度之分。

在日常生活中也可能说某一个认识有90%符合实际情况，这也不是说“符合”有程度，而是说这个认识中有90%的认识是符合实际情况的。命题集合中有真的子命题也有假的子命题，不能说这个命题集合是相对真实的命题。打个比方，我们经常会问：这件衣服是纯羊毛的吗？一件衣服，它可能含有50%的羊毛，50%的涤纶，但这只能说明这件衣服中羊毛的含量不是100%的，它比另一件含80%羊毛的衣服所含的羊毛少一些，这只是衣服中羊毛的含量有程度之分，而不是羊毛有程度之分。羊毛就是羊毛，羊毛没有程度之分。有人可能会说，羊毛的纯度没有程度之分，怎么会有“纯羊毛”之说呢？有纯羊毛就有不完全纯的羊毛，说明羊毛的纯度也是有程度之分的。这句话看似有道理，实际上似是而非。羊毛衣中掺有其他东西，说明这件衣服不是纯羊毛的，如在羊毛（90%）和涤纶（10%）的混合物中，羊毛中掺杂了涤纶，但这并不能改变羊毛还是客观的羊毛的本质，羊毛还是羊毛，涤纶还是涤纶，羊毛分子还是羊毛分子，并不是羊毛的分子里有了涤纶的原子。真假问题也是如此，真假没有程度之分，就如羊毛没有程度之分一样。

所以说，不能将命题集合中有真的子命题也有假的子命题理解为符合有程度、真假有程度。[①]

（七）关于“近似”问题

在日常生活甚至在学术研究中，有时为了运用的方便，我们也许不需要像探讨哲学问题那么严谨，如在数值运算中，我们经常使用“约等于”这个术语。[②] 如果笼统地说“1.555 等于1.6”，则显然是不符合实际的，是假的，错误的，而如果说“1.555 约等于1.6”，则这个命题显然是符合实际的，是真的，对的。同样，“1.566 约等于1.6”这个命题显然也是符合实际的。有无数个数约等于1.6，但都可能是符合实际的，是真的，我们不能因此认为有无数种真，或者说这些都只是一定程度的真。如果无数个数可以“等于”1.6，那么说明“真”有不同种，“真”有程度之分，但实际上我们不能说无数个数“等于”1.6，而只能说无数个数可以“约等于”1.6。“约等于”就含有“大致”、“相差无几”、“并非绝对精确”的意思，所以说“1.566 约等于1.6”其实就是说“1.566 与1.6 相差无几”，而这种说法显然是正确的，是符合实际

---

① 从某种意义上说，这也是笔者前面在解释符合论的“符合”时将“符合”从理论上解释为从最基本单元着眼的原因。不这样解释，就无法解释一个认识中有真的认识也有假的认识的情况，就会得出“真”有程度之分的结论，而如果“真”有程度之分，则必然面临或带来一系列无法克服的矛盾，根本没有解决这些矛盾的理论出路，所以唯一的解释是，理解“符合”与否是从最基本命题着眼的。笔者只能如此解释，没有其他理论选择。而且笔者认为，这样的解释并无不当，就像逃生一样，前面虽有两条路，但其中一条是死路，一条是生路，你只能选择那条生路。前面提到符合论的所谓困难，其中就包括目前的符合论对“符合”的解释不够精细的问题，笔者认为，不够精细，就包括没有将“符合”从理论上解释为从最基本单元着眼，所以导致有些问题难以自圆其说，如在“真”的程度问题上就会陷于两难的境地。笔者对“符合”作以上的理解，也是对符合论的一种发展，要坚持符合论的立场，就得对“符合”作如此解释。

② 如果不这样，那么可能很不方便，甚至有时一件事就无法进行下去，比如说你需要运用数学中的“π”时，总不至于每次都要将“3.14159”后面的数字全部列出来才可以。

的，是真的。

有时候，我们甚至省略了“约等于”这个术语，如在统计数字时，我们经常只统计到小数点后一位或两位，而将之后的数字都按“约等于”计算，但不一定在每个数字后注明是“约等于”，这只是运用习惯，约定俗成的，大家都知道这是“约等于”。

还有测量，我们一般接受一个大致上的精确，而不需要达到最精确的程度。也许一段路是 10.000011 公里，或者是 9.99999 公里，但测量时一般说它是 10 公里就行了，我们都接受这个结果，也就是说，“这段公路约等于 10 公里”，或者“这段公路差不多 10 公里”，显然这样的命题是真的，测量是正确而非错误的，即使我们说“这段公路 10 公里”，其实也都隐含了“约等于”、“大致”、“差不多”等的说明。

在这里，我们不能说“1.555 约等于 1.6”、“这段公路差不多 10 公里”这样的命题虽是真的，但这个“真”只是一定程度的“真”。省略“约等于”但实际上确实是约等于地、差不多地计算的情况也是如此。

（八）有时认识对象内涵或外延的不确定不等于认识的真假有程度之分

多数时候，我们的认识对象的含义是确定的，如桌子，气体，张三杀了李四，王五去过加拿大，三角形三个内角之和等于 180 度，等等。但也有的认识对象，其本身的含义并不那么确定，我们对它们的理解并不都是一致的，如“美”、“丑”、“好”、“坏”，等等。例如，“李四是美的”这个命题，它是真的还是假的？李四究竟美不美？有人可能说她美，有人可能说她不美。这么说难道“真”还是“假”是不确定的？或者“真”是有程度之分的？

其实不是。关键问题是，认识者对于美如何理解，美应具备什么标准，你有你的看法，我有我的看法，从各自的角度，有不同的看法。对此只能先确定一个“美”的标准，在这个标准之下，你说“李四是美的”，如果李四确实符合你的标准，那“李四是美的”就是符合客观实际的，就是真的。我们还可以制定一个统一的美的标准，这样，什么是美，就是确定的了。① 但无论如何，认识对象内涵或外延的不确定，属于认识对象本身的问题，与认识内容的真假无关，尤其与真假的程度无关，不能因为认识对象本身含义的不确定而认为真假有程度。②

（九）“真”没有程度之分

可见，“真”没有程度之分，认识、信念、“真”的证明证实有程度之分，不等于真假也有程度之分。命题集合中有真的子命题也有假的子命题，不能说这个命题集合是相对真实的命题。“真”无法有程度之分，如果“真”有程度之分，则必然面临或带来一系列无法解决的矛盾。

“真假”与“对错”、“是非”一样，都是没有程度之分的。“对”就是“对”，“错”就是“错”，“是”就是“是”，“非”就是“非”，无所谓百分之多少的“对”，百分之多少的“是”。虽然我们有时也说，“某某说法在一定程度上是对的”，或“这个东西在一定程度上是某某东西”，这只能说明陈述者自己对“对还是错”、“是还是非”不能肯定，我们决不会就此认为“对错”、“是

① 但似乎还有一个问题，假如美的标准有五个条件，如果只是符合其中四个条件，那么是否符合？似乎是一定程度的符合。其实不是。这里就看不符合的那个条件是不是必须的，如果是必须的，当然不符合，如果是可有可无的，则是符合的、真的。其实，如果这样，说明美的这个标准也是不确定的，这也属于认识对象本身的不确定，如果制定标准时说这些条件缺一不可，那这个标准就是确定的，那么全部符合了，就是真的，个别不符合，那就是假的。还有一个问题，有时对于标准中的条件，可能理解不一，但这仍然属于认识对象本身的不确定，而不能说明“真”是不确定的、有程度的。

② 实际上，认识对象本身不确定多属于价值问题，关于这类问题的真假问题，似乎有人称它们为艺术的真假问题。本书探讨这样的问题有点画蛇添足，只不过担心有人在这个问题上做文章，而作为“真”有程度之分的论据。所以这里将这个问题点出来，也就点出来而已。

非”也有程度之分。

真假没有程度之分，正如金岳霖先生所说的，“真是命题与它所断定的对象之间的一种关系质。关系质的有无取决于该种关系条件的满足与否。而条件的满足没有程度之分，条件或者满足或者不满足；关系或者有或者没有，命题或者真或者不真。”①

语言学家吕叔湘先生通过对“某饭庄饭菜内有苍蝇基本属实”这个说法的分析，也得出了同样的结论。吕叔湘先生认为，“某饭庄饭菜内有苍蝇基本属实”这个说法中用了一个“基本属实”就会让人不明白：某饭庄饭菜内到底有没有苍蝇？其实这个问题很简单，如果某饭庄饭菜内确实有苍蝇，那“某饭庄饭菜内有苍蝇”这个说法就是属实的，如果饭菜内没有苍蝇，那“某饭庄饭菜内有苍蝇”这个说法就是不属实的，而没有基本属实或更属实的问题。这里的“属实”就是指命题符合客观实际情况，就是我们所说的“真的”。可见，“属实”不能“基本”，属实没有程度之分，符合也没有程度之分，也就是真假没有程度之分。②

在日常生活中，像“某饭庄饭菜内有苍蝇基本属实”这样的说法并不少见，其实陈述者这么表达，只有两种可能，一种可能是，对该说法是否属实不能肯定，觉得它属实的可能性非常大，所以说“基本属实”，但是不管能否肯定该说法是否属实，它如果是符合客观实际的，那就是属实的，如果不符合客观实际，那就是不

---

① 杜国平著：《“真”的历程——金岳霖理论体系研究》，中国社会科学出版社2003年版，第113页。

② 参见郭继海著：《真理符合论的困难及其解决》，中国社会科学出版社2003年版，第99页。

属实的，不会因为人们不确定它是否属实而变成“基本属实”。①另一种可能是，陈述者认为该说法中多数说法属实，但不完全都是属实的，所以说“基本属实”，这就是前面分析的命题集合中有真的子命题也有假的子命题的情况，这种情况同样不能使“属实”变成有程度的。因此，以上类似说法仍然属于认识的程度、信念的程度或者命题集合中有真的命题也有假的命题的问题，而不能说明真假有程度之分。

小 结

“真”即“真实”。认识、命题、判断、陈述等有真假问题，它们属于“真值负荷者”，而人、事实、事物、名称等则没有真假之说。

本书坚持“真”的符合论，因为“真”的融贯论、实用论等理论都有着致命的缺陷，不符合常识，不能科学地回答“‘真’是什么”这个重大哲学命题。在“真”的符合论看来，“真”指的是认识、命题等真值负荷者与它所表达、揭示、描述的对象的符合。“真”的符合论中的“符合”的两个关系项，一个是认识、命题之类的真值负荷者，另一个是它所揭示、描述、表达的对象。符合论的“符合”不能是任何其他东西之间的“符合”。理解“符合”，

① 在诉讼法学研究中，不少人正是在这个问题上没有弄清楚，如裁判者认定的“事实”，即关于案件事实的认识，它或者是符合客观实际的，或者是不符合客观实际的，如果是符合的，那它就是真的，如果它不符合，那它就是假的，它是真的还是假的，本身是确定的。但是，它究竟是真的还是假的，人们对它的判断却不一定能够确定，一般情况下只能认为它很可能是真的，所以就和这个例子中“某饭庄饭菜内有苍蝇基本属实”的说法一样，认为裁判者认定的“事实”是“相对”的真实，一定程度的真实，实际上就是误将对真假的认识、判断、信念的程度问题理解为真假的程度问题。对此下文另有分析。

应当从真值负荷者的最基本单元着眼，所谓最基本单元，是指其中独立的、不可再分割的负荷者单元。

“真”与“认识”不同，即使是真的认识，也仍然是“认识”而非“真”。在国内学术研究中，“真理”一词有时指“真的认识、理论”，有时指“真实”，当“真理”指“真的认识、理论”时，决不能将它与“真实”混用。否则“真”的主客观问题，“真”的程度问题，以及诉讼法学中不少与真实有关的问题，可能怎么都讨论不清楚。而我国诉讼法学界甚至整个学术界普遍存在对“真理”一词的滥用和误用以及“真理”与“真实”的混用现象，如在同一文章中，上文“真理”指“真的认识、理论”，下文“真理”又指“真实”，弄得读者一头雾水；或者甲在其文中“真理”指的是“真实”，乙又将甲文中的“真理”理解为“真的认识、理论”并予以反驳，如此等等，导致在相关问题上难以达成共识。

“真”是客观的，“真”的存在以及“真”是什么，不以人的意志为转移，所以真实就是客观真实。认识、命题等有真假问题，一个认识或曰命题，它或者是真的，或者是假的，如果它符合它所揭示、描述的对象，它就是真的，这个“真”就是客观真实；如果它不符合它所揭示、描述的对象，它就是假的，而没有其他可能。所以，没有“主观真实”之说，某个认识如果是真的，这个“真”就是客观真实，而非“主观真实”，如果不符合它所揭示、描述的对象，则它就是假的，也非“主观真实”；如果认识主体认为某个认识是真的，那只是对认识的真实性的判断，对该认识的真假本身没有影响，故也非“主观真实”。同样的，是否真实与是否具有法律意义无关，是否真实也不能由法律规定、设定或者认可，是否真实不以人的意志为转移。

“真”与对“真”的信念不是一回事。对于某一个认识，它是真的还是假的，虽然是客观的，但你不一定知道它是真的还是假的，而需要你去认识它的真假，或者别人向你证明它的真假，之后就形成了关于这个认识的真实性的“信念”。“绝对确定”是信念的最高程度。“真”与对“真”的信念不能混同，不能将认识主体对于认识真实性的信念，如“相信它是真实的”视为“真实”本身。

“真”与“真”的证明证实是两个不同的问题。某个认识是真的，别人不一定能够认识到它是真的，这就需要对其进行证明，但证明之后，不一定能够达到证明证实程度。不能证明证实某个认识符合其认识对象，不等于该认识不符合其认识对象。通过对西方哲学的几种证实理论和马克思主义哲学的实践检验理论的考察，我们知道，对有些认识，如以当前事实和未来事实为对象的认识的真实性的证明，是能够达到证实程度的，但并非对所有认识的真实性的证明都能够达到证实程度。

“真”没有程度之分。虽然认识都是有一定程度的，在深度、广度上都是有限的、相对的，认识有程度之分；当“真理”指“真的认识、理论”时，“真理”也有程度之分，如“绝对真理”与“相对真理”；信念也有程度之分，如绝对相信、半信半疑等；对“真”的证明证实也有程度之分，如证明程度就低于证实程度，但是它们有程度之分不等于“真”也有程度之分。认为“真”有程度之分，必然面临或带来一系列矛盾，这些矛盾无法克服，唯一的出路是承认“真”没有程度之分。某个认识中如果既有真的认识也有假的认识，只能说明这个认识是一定程度的认识，而非这个认识的“真”是一定程度的“真”。所以，真就是真，假就是假，非真即假，非假即真，不存在一定程度的真实或一定程度的虚假，没有“相对真实”之说。

第三章 诉讼与追求真实

第一节 诉讼中应当追求真实①

在诉讼尤其是刑事诉讼中，应当追求真实，② 努力发现案件事

① 在诉讼中，“真实”也指的是认识与其所表达、描述的对象的符合，即应坚持“真”的符合论立场，正如达马斯卡先生所说的，虽然随着各学科之间思想交流的不断加强，诸如信息处理、认知科学或实验心理学等领域的发展，无疑会要求当前的诉讼和证据学说发生相当大的更新，但是这并不意味着即将来临的现代化将强令诉讼法学和证据法学拒斥现实主义和“真”的符合论——这些理论构成了当前司法裁判中事实调查活动的基础。如果有人希望我们抛弃当前实践中这些合乎常识的理论基础，他们就必须就以下问题提出比他们迄今所能提出的理由更为有力的论据：以替代理论为基础，司法活动如何能够继续运行（参见［美］米尔吉安 . R. 达马斯卡著：《比较法视野中的证据制度》，吴宏耀、魏晓娜等译，中国人民公安大学出版社 2006 年 10 月版，第59 ~ 60页）。

② 前面已经说过，在本书的“真”的符合论立场上，“真实”即“客观真实”，所以追求真实也就是追求客观真实，下文探讨的诉讼中是否能够追求到真实，其中的“真实”也指的是“客观真实”。还有，追求真实，即追求诉讼认识与其认识对象的符合，由于本书将诉讼认识分为两种，所以追求诉讼认识与其认识对象的符合，其中的诉讼认识包括两种诉讼认识，但是追求第二种诉讼认识的真实，其最终目的与追求第一种诉讼认识的真实一样，都是为了认识到客观的案件事实，作出正确的认定，所以为了表述的方便，在具体的论述中，本书经常只提到关于案件事实的认识，即第一种诉讼认识，读者不可因此认为本书仅仅主张追求关于案件事实的认识的真实。此外，由于诉讼证明的对象是诉讼认识的结果，诉讼证明的结论也表现为关于案件事实的认识，所以追求真实也包括追求诉讼证明结论与客观实际的符合，但由于两者是统一的，目标都是为了发现案件事实真相，所以在表述时一般称“追求诉讼认识的真实”。

实真相，正如我国台湾地区学者李学灯所说的，“司法的职务，在适用法律时，必须寻求法律上的真理；在认定事实时，必须寻求事实上的真实”，“真、善、美，为人类追求的目标。在司法的职务方面，我常以为是唯真唯善，唯真唯美，三者亦可一以贯之。”①

然而，近年来，随着形式理性、程序正义等理论研究的深入，在我国诉讼法学界普遍认识到发现案件事实真相并非诉讼活动的唯一价值追求的同时，在反对不惜一切代价地查明案件事实真相的同时，矫枉过正，逐渐出现了质疑、降低甚至否定追求真实在刑事诉讼中的重要性的倾向，如有人认为，“我国证据法学中的客观真实论以马克思主义的辩证唯物主义认识论为指导，独步学界四十余年。这一理论认为，发现真实是诉讼中最重要的价值。笔者并不否认发现真实在诉讼证明中的重要性，但是笔者认为，裁判事实的可接受性才是诉讼证明的核心问题，也是证据理论和证据规则所要解决的首要问题。就此而言，发现真实这一价值仅仅具有从属性地位。所谓证据法学的理论基础问题，就是如何获得裁判事实的可接受性问题，而不是如何发现真实的问题。”② 甚至有人认为：“在英美法系国家，刑事诉讼与民事诉讼一样，都是为了解决争执，因此，在这些国家，查明真相在实际上确实是无关紧要的。比如，辩诉交易、被告人认罪即可量刑的程序，都是这种观点的反映。”③

对于这种倾向，笔者并不赞同。实际上，从不少国家的法律规定以及多数学者的说法中可以看出，真实应当是诉讼尤其是刑事诉讼追求的目标。在不少奉行职权主义诉讼模式的大陆法系国家，发

① 李学灯著：《证据法比较研究》，台湾地区五南图书出版公司 1992 年版，第 687～688页。

② 易延友：《证据法学的理论基础——以裁判事实的可接受性为中心》，载《法学研究》2004 年第 1 期。

③ 锁正杰著：《刑事程序的法哲学原理》，中国人民公安大学出版社 2002 年版，第 105～106 页。

现案件真相是刑事诉讼法的明确要求，如德国刑事诉讼法第244条第2款规定："为了调查事实真相，法院应当依职权将证据调查延伸到所有的对于裁判具有意义的事实、证据上。"① 不但大陆法系国家如此，奉行当事人主义诉讼模式的英美法系国家也并非不重视发现案件事实真相，实际上这种诉讼模式本身存在并发展的基础就是通过诉讼双方当事人的积极作用揭示出案件事实真相，一系列证据规则得以制定的初衷也正是为了发现案件的真相，防止陪审团受到控辩双方提出的证据的误导，如美国联邦证据规则第102条规定："本规则将用以保证公正施行，消除不合理的耗费和延误，促进证据法的发展壮大，以实现确定事实真相，公正处理诉讼。"② 这足以说明，不管是职权主义还是当事人主义，无论是在大陆法系国家还是英美法系国家的刑事诉讼中，案件事实真相都是其追求的目标，③ 真实在刑事诉讼中的重要地位不可动摇，正如我国台湾地区学者林钰雄先生所说的，"人类的审判史与文明史一样悠久。古今中外，发现刑案之真相，被视为刑事审判想当然尔的目的。"④ 日本学者土本武司先生也认为，"'查明真相'是刑事诉讼在本质上所要求的第一理念。这称为'实体的真实发现主义'"，"刑事诉讼将'查明真相'和'程序主义'作为两大理念，不论过去与现代，东方与西方，都是如此。"⑤ 美国的麦文·弗兰克法官也指出，在审判中，"辩论不是论辩双方或一方的目的，真正的目的在于揭

---

① 《德国刑事诉讼法典》，李昌珂译，中国政法大学出版社1995年版，第101页。

② 《美国联邦刑事诉讼规则和证据规则》，卞建林译，中国政法大学出版社1996年版，第100页。

③ 张建伟：《从积极到消极的实质真实发现主义》，载《中国法学》2006年第4期。

④ 林钰雄著：《刑事诉讼法》（上册　总论编），中国人民大学出版社2005年版，"序"第1页。

⑤ ［日］土本武司著：《日本刑事诉讼法要义》，董璠舆、宋英辉译，台湾地区五南图书出版公司1997年版，第15页。

示案件的'事实、全部事实，除了事实外别无其他内容'。"①

如果说以上说法主要是针对刑事诉讼而言的，那么即使对于民事诉讼来说，也有不少人认为，发现真实是其追求的一个目标，如日本学者松冈义正认为，"证据者，即于民事诉讼上，为使法院认识当事人主张事实之真否，以及认识'法则'并'实验规则'之内容而存在之制度也……审判官，须于审判上详加调查，以求熟知当事人主张事实之真否，并熟知法则及实验规则之内容者也。"②美国学者贝勒斯也认为，解决争执和查明"真相"是审判的两个基本目的。③ 我国也有学者认为，证据是确定事实的方法，诉讼中的证据制度主要是用来确定事实真相的制度，证据法是关于确定有争议的案件事实的方法和程序的法律。由于证据法所调整的社会关系的多样性和证明活动本身具有的复杂性，证据法难免有多种目的，但在多种目的中，应当认为发现真实是其根本目的。④

当然，光是引用主张在诉讼中追求真实的说法，并不足以解决问题，观点有可能是任意的、武断的，观点要能够成立，则应当有充足的理由。对此，不但有部分国家的立法例可循，也有理论上的支持。

（一）部分国家刑事诉讼法或证据法关于追求真实的立法例

刑事诉讼中应当追求真实，这在不少国家的刑事诉讼法或证据法中都有所体现，下面列举数例说明。

---

① ［美］富兰克林.D. 斯特尔：《抗辩制固有的普遍问题与改革建议》，载江礼华、杨诚主编：《美国刑事诉讼中的辩护》，法律出版社2000年版，第265页，转引自张建伟著：《司法竞技主义——英美诉讼传统与中国庭审方式》，北京大学出版社2005年版，第528页。

② ［日］松冈义正著：《民事证据论》，张知本译，中国政法大学出版社2004年版，第1~2页。

③ ［美］迈克尔.D. 贝勒斯著：《法律的原则——一个规范的分析》，张文显、宋金娜、朱卫国等译，中国大百科全书出版社1996年版，第21页。

④ 李浩：《民事证据法的目的》，载《法学研究》2004年第5期。

1. 德国

德国刑事诉讼法第244条第2款规定："为了调查事实真相，法院应当依职权将证据调查延伸到所有的对于裁判具有意义的事实、证据上。"[①] 德国学者克劳思·罗科信教授认为，德国在刑事诉讼上遵循调查原则，这又称为实质真实原则。调查原则是指法院自行对犯罪事实加以调查，即主动"指挥"调查，不受诉讼参与人的申请或陈述的约束。这一调查原则明文规定于德国刑事诉讼法第115条第2项及第244条第2项中。这一原则包括：法院不受诉讼参与人的主张的约束，尤其不受被告人自白的约束；法院可以完全自由地决定是否相信其主张，法院不受证据调查的申请的限制，对检察官及被告人均未提出要求的证据，法院也可以依职权主动进行调查。[②] 可见，在德国，追求"实体事实之正确性"是刑事诉讼的目的之一。[③]

2. 法国

法国刑事诉讼法第81条第1款规定："预审法官应当按照法律规定进行一切他认为有助查明事实的侦讯。"[④] 法国学者认为，这一表述的内涵极宽，它意味着预审法官以查明事实真相为己任：既查明犯罪的有关事实，又查明犯罪行为人的性格；既查明有利于行为人的一面，也查明不利于行为人的一面。预审法官的作用或角色并不是盲目地支持提出追诉的一方的要求。预审法官并不是要努力证明受到指控的人就是其受到指控的事实的犯罪行为人，而是要努

---

① 《德国刑事诉讼法典》，李昌珂译，中国政法大学出版社1995年版，第101页。

② ［德］克劳思·罗科信著：《刑事诉讼法（第24版）》，吴丽琪译，法律出版社2003年版，第114~115页。

③ ［德］克劳思·罗科信著：《刑事诉讼法（第24版）》，吴丽琪译，法律出版社2003年版，第5页。

④ 《法国刑事诉讼法典》，余叔通、谢朝华译，中国政法大学出版社1997年版，第42页。

力查清客观的事实真相。所以，凡是有助于更好地了解事实真相的材料，无论是可以证明被指控人有罪的，还是相反可以排除其犯罪证据的材料，都应当查找并仔细进行审查。凡是有助于更加全面、更加准确地查明事实真相的一切，预审法官都不应当忽视。涉案各方当事人一般都会将预审法官的注意力引导到这一问题或那一问题上，预审法官可以运用其拥有的权力逐一查清，但是，凡是侦查可以有效涉及的问题，预审法官都应自动进行追查。①

3．美国

美国联邦证据规则第102条“目的和结构”规定：“本规则将用以保证公正施行，消除不合理的耗费和延误，促进证据法的发展壮大，以实现确定事实真相，公正处理诉讼。”② 这一规定中的查明事实真相是保证对案件进行公平审理的基础和前提，为了查明事实真相，就需要一套设计合理的证据规则作为保证，③ 其中就包括交叉质证或曰交叉询问。交叉质证在不少人看来，是当事人主义的代表性制度之一，而实际上，交叉质证是用于保证查明案件事实真相的制度之一，Wigmore甚至称交叉质证“毫无疑问是从前发明的用于发现事实真相的最伟大的法律引擎”。④ 可见，即使在奉行当事人主义的美国，查明案件事实真相也是其诉讼追求的目标之一。

4．日本

日本刑事诉讼法第1条规定，刑事诉讼法的目的是“以在刑

---

① ［法］卡斯东·斯特法尼等著：《法国刑事诉讼法精义》（下），罗结珍译，中国政法大学出版社1999年版，第555～556页。

② 《美国联邦刑事诉讼规则和证据规则》，卞建林译，中国政法大学出版社1996年版，第100页。

③ 高忠智著：《美国证据法新解——相关性及其排除规则》，法律出版社2004年版，第6页。

④ John Henry Wigmore著：Wigmore on Evidence，James H. Chadbourn修订，Little Brown and Company 1974年版，第5卷第32页，转引自高忠智著：《美国证据法新解——相关性及其排除规则》，法律出版社2004年版，第6页。

事案件上，于维护公共福利和保障个人基本人权的同时，明确案件的事实真相，正当而迅速地适用刑罚法令为目的。”① 日本学者土本武司先生认为，日本刑事诉讼法关于该目的的规定所表明的指导理念，可归结为“保障程序主义”和“发现案件事实真相”两方面，日本刑事诉讼法第 1 条规定的“正当而迅速地适用刑罚法令”，具体说，就是以准确、公平地认定事实、适用法令及量刑，实现“透过刑事司法达到的正义”。这是以“明确案件的事实真相”为前提的。刑罚权的实现，一方面是维护国家、社会的法律秩序所必需的，另一方面，又会对犯罪人施加刑罚，这是国家权力作用中最严厉的强制力。所以，实体真实发现主义的理念是刑事诉讼必然的要求。②

5. 保加利亚

根据保加利亚学者的介绍，在保加利亚，其刑事司法的基础之一，是“法院和负责预备程序的机关有义务根据刑事诉讼法典规定的方法，在其力所能及的范围内查清事实真相”。③

（二）诉讼中为什么应当追求真实

（1）诉讼中追求真实是人类求真的本能在诉讼中的体现。

真善美是人类永恒的追求，而在真善美这三大观念中，真居于支配地位，就如在自由、平等、正义这三大观念中正义支配着自由和平等这两大观念一样。④“真”即认识与它所反映、揭示、表达、

---

① 《日本刑事诉讼法》，宋英辉译，中国政法大学出版社 2000 年版，第 3 页。

② ［日］土本武司著：《日本刑事诉讼法要义》，董璠舆、宋英辉译，台湾地区五南图书出版公司 1997 年版，第 14 ~ 15 页。

③ ［保］博扬·斯坦科夫：《保加利亚刑事司法制度》，陈学权译，程味秋校，载陈光中主编：《21 世纪域外刑事诉讼立法最新发展》，中国政法大学出版社 2004 年版，第 402 页。

④ ［美］莫蒂默·艾德勒原著：《6 大观念》，陈德中译著，重庆出版社、海南出版社 2005 年版，第 55 页。

描述的对象的符合。有学者在谈到人类求真的重要性时指出，人作为一种有自觉意识的存在的首要标志在认识论上就是他是一认识的存在。要能够成功而幸福地生活在这个世界上，他必须要有能力来正确地认识这个世界。而要认识这个世界，首先他应该要确立反映外在世界及其中的种种事物的信念。有了信念，我们也就会当然地希望这些信念能够如实地反映外在事物，因为我们在认识上所能够做的种种努力都是指向这样的一个清楚的目标：要急切地发现我们的信念是真的。只有相信我自己关于外在经验世界的信念是真的，我们才有可能获得真正的或真实的生活。否则，所谓的一切只不过是镜中花、水中月，我们的一生将注定要在虚幻中度过，这是多么可怕、痛苦而恐惧的一切。① 可见，求真是人类的本能。

在诉讼中，人类求真的本能体现在对案件事实真相的追求上。诉讼因为案件事实的发生而进行，诉讼认识的对象是客观的案件事实，所以诉讼中必然追求诉讼认识与客观的案件事实的符合，即追求诉讼认识的真实。如果不追求诉讼认识与案件事实的符合，那么诉讼实际上就脱离了诉讼据以存在的案件事实，诉讼也就与处理案件无关了，继而诉讼也就失去了存在的基础。举例来说，张三因为头痛而去求医，医生当然要分析一下张三究竟为何头痛，也就是寻找病因，然后对症下药，医生的这次治病行为是基于引起张三头痛的病，没有引起张三头痛的病，也就没有这次治病行为，如果医生不根据引起张三头痛的病来对症下药，病当然治不好，医生的这次治疗行为既失去了存在的基础，也没有存在的必要，更达不到应有的效果。在治病中需要正确诊断病情，与在诉讼中需要正确认识案件事实的道理是一样的。可见，追求诉讼认识的真实，追求认定事实的正确，是任何一个具有正常理性的人都不应反对的。

（2）追求真实是进行诉讼、正确认定事实、实现实体法和程

① 胡军著：《知识论》，北京大学出版社2006年版，第116~117页。

序法目的的需要，这一点在刑事诉讼中表现得尤为明显。

有学者认为，在民事诉讼中，欲达成民事诉讼制度的根本目的，就必须使法院的裁判建立在发现真实的基础之上。如果未能查明有争议的案件事实，就无法期待法院适用实体法正确地解决纠纷。如果法官错误地认定了案件事实，则更加无法实现实体法的根本目的。①

民事诉讼如此，刑事诉讼更是如此。与民事诉讼旨在解决纠纷的主要目的不同，刑事诉讼的目的在于惩罚犯罪和保障人权，这样的双重目的，要求在刑事诉讼中尽量做到不枉不纵，这就比民事诉讼更需要以查明案件事实真相作为前提。如果不以查明案件事实真相为前提，则难以保证认定事实的正确，也就难以作出正确的裁判，则诉讼的结果，很可能或者是“枉”，或者是“纵”，惩罚犯罪、控制犯罪和保障人权的目的也就难以达到。正如我国台湾地区学者所说的，刑事实体法与刑事诉讼法之分野，其实已经预设了后者的功能在于“追诉犯罪并处罚犯人”，这一点经常被视为刑事诉讼想当然尔的目的，甚而被误以为是唯一的目的。既然发动刑事诉讼程序，用意在于“获致一个依照实体刑法的正确裁判”，那么“发现实体真实”便是其必要的前提，也就是查明到底实际上发生的事件是什么，因为只有清楚实际上发生的事件是什么时，才能依照实体法来判断该事件究竟合不合乎法定的构成要件该当性、违法性及有责性等犯罪要件，也才能进而获致一个正确裁判。② 而要正确认定事实，则诉讼认识必须是真实的，诉讼认识真实的可能性越大，认定事实正确的可能性就越大，作出正确裁判的可能性就越大。所以，追求诉讼认识的真实，发现案件事实真相，是进行诉

① 李浩：《民事证据法的目的》，载《法学研究》2004 年第 5 期。

② 林钰雄著：《刑事诉讼法》（上册　总论编），中国人民大学出版社 2005 年版，第 6 ~ 7 页。

讼、正确认定事实、实现实体法和程序法目的的需要。①

(3) 在刑事诉讼中追求真实，也是由犯罪行为的性质和刑罚权的属性决定的。

刑法理论认为，犯罪行为不仅仅是对犯罪对象的直接侵害，而且还被视为是对社会利益、公共利益、国家利益乃至统治秩序的侵犯，所以对于犯罪行为，不能由受侵害对象直接加以处置，不允许当事人之间进行可能歪曲案件事实真相的交易与妥协，而需要由司法机关运用国家刑罚权来惩罚。正是基于犯罪行为的这种性质以及国家刑罚权的专属性，在刑事诉讼中，更应当努力查明案件事实真相，正确地惩罚犯罪行为，因为“刑法中的‘真相’不仅仅是一个孤立的个人利益冲突问题；因为它是关于过去发生的具有道德可责性行为的真相问题，也就是说，它是单个公民与作为一个整体的群体之间的冲突；因此，它不仅承载着个人利益的不和谐，而且折射着或者引发出如同古希腊经典悲剧所展示的关于社会结构的更深层次上的窘境问题。”② 正如蔡墩铭教授所说的，刑事诉讼既然在于决定国家刑罚权是否存在，则应当以真实之事实作为裁判的依据。③ 可见，犯罪行为的性质和刑罚权的属性也决定了刑事诉讼中应当追求诉讼认识的真实，追求准确认定案件事实。

---

① 正如日本学者所说的，“作为一项存在于各个诉讼程序的证据法的基本理念，首先应当明确的是，在诉讼程序中，对于构成审理对象的过去的一定事实的正确认定(发现真实)。对于事实而言，法律是透过法的三阶段论来寻求解答的。因此，如果作为前提的事实本身存在着错误，那么法律性的解答也就难免产生错误。可见，人民对于法院寄予的最大希望就是准确地对事实作出认定，这一点是谁也不能否定的。”参见[日] 石井一正著：《日本实用刑事证据法》，陈浩然译，台湾地区五南图书出版公司2000年版，第8页。

② [斯洛文尼亚] 卜思天 . M. 儒攀基奇著：《刑法——刑罚理念批判》，何慧新、邓子滨、刘中发等译，中国政法大学出版社2002年版，“第一版前言”，第2页。

③ 蔡墩铭著：《刑事诉讼法论》，台湾地区五南图书出版公司2002年版，第26页。

（4）从相反的角度来看，在刑事诉讼中如果不追求真实，那么刑事裁判将失去正当性基础。

裁判的正当性基础之一，即诉讼认识的真实性，认定事实的准确性。裁判者在运用法律规范解决某一个案件时，其任务不仅仅是给出一个裁决，更为重要的是，通过各种方式对这一裁决作出正当性说明。裁决的正当性来源于实体和程序的互动作用，其中最有效的莫过于作为裁决基础的事实认定是准确的。发现真实，使裁判者认定的案件事实同客观事实一致，实现客观真实，是诉讼证明的目标，是裁判具有正当性、使诉讼制度得以存立的基础之一。①

在刑事诉讼中，发现案件真相、准确认定事实并不容易，不但因为作为人的认定事实主体的能力有其局限性，人性有其弱点，而且“审判上所待解决的争执，多是过去事实。事实一经过去，永不复返。虽不一定是春梦无痕，也往往如云烟过眼。吾人凭藉各种推理的方法，把已经过去的事实，重新在审理事实的人心目中构成一幅图画。如非极端谨慎，这一幅构成的图画，便可能与当初事实的真相发生重大的出入，或发生以偏赅全之弊。”② 努力追求案件事实真相尚且如此，何况不以案件事实真相为追求目标？如果不追求真实，则难以保证诉讼认识的真实性，也就难以保证认定事实的正确，那么就可能导致冤枉无辜、侵犯人权，或者是放纵犯罪、影响社会稳定的不利后果，裁判也将失去正当性基础，刑事诉讼就不能发挥应有的作用，刑事诉讼存在的价值就值得质疑，甚至刑事诉讼的存在也就不具有必要性，司法制度也将崩溃，正如有学者指出的，作为审理对象的过去的事实，其准确的认定，与自然科学家在

---

① 陈卫东：《诉讼中的“真实”与证明标准》，载《法学研究》2004年第6期，第116页。

② 李学灯著：《证据法比较研究》，台湾地区五南图书出版公司1992年版，第688～689页。

实验室内的同类工作相比，所受到的制约，是不容否定的。但是，如果因此而偏离了正确认定事实的既定目标，则可能导致整个裁判制度的自我崩溃。[①] 如果刑事司法不能明镜高悬，公力救济的渠道被堵塞，司法的大厦就将倾颓。[②] 可见，追求诉讼认识的真实是维护裁判正当性基础的需要。

总之，诉讼尤其是刑事诉讼中应当追求真实，这在任何时代、任何国家都没有例外，可以说，追求真实是从古到今诉讼活动的一个基本目标。[③] 不管诉讼法学和证据法学怎么转变，都不应否定求真这个基本目标。[④] 正如美国学者达马斯卡在对证据法的未来发展方向进行预测时所说的，站在20世纪末思考证据法的未来，很大程度上就是要探讨正在演进的事实认定科学化问题，[⑤] 即如何最大限度地发现案件事实真相的问题。追求诉讼认识的真实，是实现正义的基础，是进行诉讼、正确认定事实、实现实体法和程序法目的的需要，是维护裁判正当性基础的需要，对于刑事诉讼来说，追求真实，也是由犯罪行为的性质和刑罚权的属性决定的。如果放弃对

---

① ［日］石井一正著：《日本实用刑事证据法》，陈浩然译，台湾地区五南图书出版公司2000年版，第8页。

② 张建伟著：《司法竞技主义——英美诉讼传统与中国庭审方式》，北京大学出版社2005年版，第532页。

③ 王敏远：《再论法律中的“真实”——对相关问题的补充说明》，载《法学研究》2004年第6期，第107页。

④ 王敏远：《证据学的转变》，载王敏远编：《公法》第4卷，法律出版社2003年版，第487页。

⑤ ［美］米尔建.R. 达马斯卡著：《漂移的证据法》，李学军等译，中国政法大学出版社2003年版，第200页。虽然达马斯卡先生在这里指的是要探讨认定事实的方法问题，但不管认定事实的方法是运用科学技术还是依靠人的感官，其目的都是为了发现案件事实真相，提高认定事实的正确性，可见在未来的证据法中，如何最大限度地发现案件事实真相，仍然是一个极其重要的问题。

真实即客观真实的追求，诉讼也就丧失了灵魂，正义也就失去了基础。[①] 难以想象，不追求真实的刑事诉讼将会是什么样子的。

当然，需要强调的是，笔者主张诉讼中应当追求真实，应当查明案件事实真相，并不是主张发现真实是诉讼的唯一目标，并非主张以查明案件事实真相为诉讼的唯一价值追求，[②] 也并非认为发现真实是诉讼的最终目的，也不是主张要查清案件中的所有事实，[③] 更不是认为为了查明事实真相可以不惜一切代价。[④]

第二节　诉讼中多数情况下能够追求到真实

前面说过，诉讼尤其是刑事诉讼中应当追求真实，而诉讼中能否追求到真实，是不少人质疑的问题。他们认为客观真实追求不

---

① 正如吴经熊先生所指出的，“正义”（justice）是法律的最高理想，“正义”以“真”为基础，如人家没有犯罪，却硬要说他犯罪，这就是不公道，没有“正义”，所以无论民事、刑事案件，都应该先把事实弄清楚，才可以加以判断，否则事实明明是错误的，要是张冠李戴，那就不公道了（参见吴经熊著：《法律哲学研究》，清华大学出版社 2005 年版，第 21～22 页）。

② 正如达马斯卡先生所说的，对事实真相的追求仅仅是司法裁判活动的一部分，促进发现真实的那些价值必须与法律程序的其他相反方向的需求（如社会和平、个人尊严、裁判的安定性、诉讼成本）达成一种平衡。获得准确事实认定的最佳方式，并非总是达至适当的法律结论的最佳方式，在某些情形下，一个次理想的事实认定方式，可能比具有更强查明事实能力的方式更有助于全面实现司法裁判的目的（参见［美］米尔吉安.R. 达马斯卡著：《比较法视野中的证据制度》，吴宏耀、魏晓娜等译，中国人民公安大学出版社 2006 年 10 月版，第 4 页）。

③ 正如有学者指出的，以发现案件真实为诉讼的追求目标，并不意味着对案件事无巨细都要查清楚，发现案件真相，需要查清楚的只是具有裁判意义的事实，包括具有法律意义和证明意义的事实（参见张建伟：《从积极到消极的实质真实发现主义》，载《中国法学》2006 年第 4 期）。

④ 反对者在反对诉讼中应当追求真实的时候，可能曲解了追求真实的要求及其准确意义，即认为追求真实就是以查明案件事实真相为诉讼中唯一的追求，就是要查清一切事实，就是要不惜一切代价去追求真实。对此下文另有分析。

到，所以转而寻求其他意义的真实，法律真实论、相对真实论等关于诉讼中真实问题的不同观点，多是在此背景下提出来的。而笔者认为，在诉讼中，多数情况下能够追求到真实，而且多数情况下能够追求到的真实就是客观真实，而非其他。

（一）如何理解“多数情况下能够追求到真实”

诉讼中多数情况下能够追求到真实，指的是诉讼认识在多数情况下能够与其认识对象符合，既包括多数情况下关于案件事实的认识是真实的，即多数情况下第一种诉讼认识是符合客观的案件事实的，[①] 也包括多数情况下对关于案件事实的认识的真假的认识是真实的，即多数情况下第二种诉讼认识是符合客观实际的。[②] 在表述上，“诉讼中能够追求到真实”与“诉讼认识能够达至真实”同义，其中都包含了“诉讼认识能与案件事实相符合”、“诉讼中能够认识到客观的案件事实”等命题。

从认识主体来看，诉讼中多数情况下能够追求到真实，也就是多数情况下诉讼认识是真实的，这里的诉讼认识，从理论上说，包括任何诉讼认识主体的认识，但在本部分讨论的问题中，主要还是指最终的关于案件事实的认识，即裁判者的认识，也就是裁判者认

① 如果犯罪行为并非本案被告人所为，或者没有发生法律意义上的案件事实，如死者系自杀，则追求到真实，即认识到犯罪行为并非本案被告人所为，或者认识到没有发生法律意义上的案件事实，等等。当然，本书指出诉讼中多数情况下能够追求到真实，在于强调有罪认定多数情况下是正确的，所以本书探讨这个问题，并不包括在真伪不明时根据无罪推定原则和疑罪从无原则作出无罪裁判的情况，并不是说在真伪不明时认定无罪在多数情况下是符合客观实际的。

② 第二种诉讼认识的认识对象是第一种诉讼认识的真假，所以如果第一种诉讼认识确实是真的，而认识到第一种诉讼认识是真的，那么第二种诉讼认识就是符合客观实际的，就是真的。由于同一个案件中不同诉讼认识主体的认识依据都差不多，而且第一种诉讼认识的主体同时也是第二种诉讼认识的主体，所以如果第一种诉讼认识在多数情况下是真实的，那么第二种诉讼认识也应当在多数情况下是真实的。

定的“事实”。[①]

笔者认为，“真”是客观的，真实就是客观真实，真实没有程度之分，所以这里的“真实”就是“客观真实”。但是，说“多数情况下能够追求到真实”，并不是说多数情况下能够查清一切事实而且关于案件事实的所有认识都是真实的。真实前面加上“客观”，只是强调关于案件事实的认识的“真”是不以人的意志为转移的，而与“认识是否全面”以及“是否所有的认识都是真实的”无关。[②]

（二）诉讼尤其是刑事诉讼中为什么多数情况下能够追求到真实

（1）案件事实是客观的，只要发生过，就必然留下一定的证据，而且这些遗留下来的证据，其所揭示的内容在多数情况下是真实的，对证据的审查判断保证了多数情况下证据的真实性。

任何客观的案件事实的发生都并非“来无影、去无踪”的，都必然在现实世界中留下或多或少的蛛丝马迹，或者在发生时为他人所感知。这些蛛丝马迹或他人的感知就成为据以进行诉讼认识和证明的证据。人类具有认识客观世界的能力，不但能够收集到案件事实发生时遗留下来的证据，也能够通过认识、分析这些证据来认识案件事实。客观上已经发生的案件事实遗留下来的证据为我们发现案件事实真相提供了基础。

而且我们相信，诉讼中证据所揭示的内容在多数情况下是真实

---

① 裁判者认定的“事实”虽为“事实”，但实际上也只是关于案件事实的认识，而非客观的案件事实。对此前面已经分析过，因为证明对象只能是关于案件事实的认识而不能是客观的案件事实本身，证明结束时，作为证明结论的，也只能表现为关于案件事实的认识，所以作为裁判依据的，以及裁判者认定的，都只能是关于案件事实的认识。

② “认识是否全面”以及“是否所有的认识都是真实的”，属于认识的程度问题，而非“真实”的程度问题或者何种“真实”的问题。

的，如实物证据，它们不会说谎，只要我们对它们的认识和理解没有偏差，它们所揭示的内容就是真实的；还有如证人证言，因为人都是倾向于诚实的，如果没有其他目的，人们一般不会说谎，证人一般都是倾向于说真话的。① 所以诉讼中证人证言在多数情况下也应该是可靠的。

况且，对于证据所揭示内容的真实性以及诉讼认识和证明结论的真实性，我们还需要通过审查判断来综合认定，对证据以及证明结论的审查判断保证了以证据为依据的诉讼认识和诉讼证明在多数情况下的真实性。金岳霖先生在论及命题的真假时指出："单独的命题的真的或然率比在一意念图案中的命题的真的或然率小。显而易见，推翻前者只推翻一命题而已，推翻后者则大部分或整套的意念图案都得推翻。对于一命题，我们弄错了，是比较容易的事，对于一整套的意念图案，我们弄错了，是比较不容易的事。"② 证据之间的关系也是如此。如果经过审查判断，具有证据资格的证据之间没有矛盾，证明内容具有一致性，则虽然不能绝对保证证据的真实性，但可以肯定的是，这样就大大降低了证据的虚假可能性，据此进行的诉讼认识和诉讼证明，其虚假的可能性也不会太大。

（2）人类长期积累的经验与常识所构成的知识体系为诉讼认识能够达至真实提供了知识基础。

诉讼认识和诉讼证明在很大程度上依靠科学技术和人类长期积累的经验知识。在诉讼中，由证据推理案件事实依据的往往是被人们普遍接受的常识。这种常识虽然仅仅作为一种背景性的东西而存在，并不凸显于前台，也不具有数学上的高度精确性，但是它们却构成法官、检察官、律师的共同的知识和文化背景，在事实发现的

---

① 丛杭青主编：《陈词证据研究》，人民出版社 2005 年版，第 53 页及以下。

② 金岳霖著：《知识论》（下），商务印书馆 1983 年版，第 946 页。

过程中潜移默化地起着作用。[①] 例如，在对证言的证明价值和证人的可信性进行评价时，裁判者凭借的是头脑中储备的社会化经验及其个人经历、可资借助的陈规范例、社会传承而来的信念结构以及其他类似的具有文化意义的相关因素。[②] 裁判者评价证言的证明价值和证人的可信性时如此，评价其他证据的真实性和证明价值时也是如此。

这些人们赖以进行诉讼认识和证明的经验法则，[③] 显然具有一定的客观性，因为经验法则来自人们个别经验的积累，是大量经验的归纳和抽象。经验的基础显示着作为经验法则的命题具有在对应于客观事实这一意义上的客观性。[④] 正是由以客观性为基础的经验和常识构成的知识体系，在很大程度上保证了我们的诉讼认识具有较大的真实可能性，才使多数情况下的诉讼认识能够达至真实。

(3) 不断发展的科学技术为诉讼认识达至真实提供了手段和条件。

近现代科学技术的发展和应用，为我们发现案件的真相提供了更为可靠的手段，提高了人们认识案件事实的能力。现代医学的发

---

① 陈光中、陈海光、魏晓娜：《刑事证据制度与认识论——兼与误区论、法律真实论、相对真实论商榷》，载《中国法学》2001 年第 1 期，第 46 页。

② ［美］米尔吉安 . R. 达马斯卡著：《比较法视野中的证据制度》，吴宏耀、魏晓娜等译，中国人民公安大学出版社 2006 年 10 月版，第 18 页。

③ 根据王亚新先生的理解，经验法则是“从人们个别经验的积累中抽象、归纳出来的一般知识或常识”，是“根据已知事实来推导未知事实时能够作为前提的任何一般的知识、经验、常识、法则”，经验法则“具有一般性”，它“不能仅仅停留在个别人所特有的个别经验的水平上，它应该是至少能获得相当一个范围的人们普遍承认的命题”（参见王亚新：《关于自由心证原则历史和现状的比较法研究——刑事诉讼中发现案件事实真相与抑制主观随意性的问题》，载王亚新著：《社会变革中的民事诉讼》，中国法制出版社 2001 年版，第 321 ~ 322 页）。

④ 王亚新：《关于自由心证原则历史和现状的比较法研究——刑事诉讼中发现案件事实真相与抑制主观随意性的问题》，载王亚新著：《社会变革中的民事诉讼》，中国法制出版社 2001 年版，第 323 页。

展更为确认案件的某些事实提供了更新也更精密的手段。① 现代诉讼中，诉讼认识和证明也越来越依赖于科学技术的力量。在诉讼中运用科技证据就是发挥科学技术的作用，运用科技手段发现案件事实真相，如DNA鉴定、指纹鉴定，等等。由于可以进行同一认定，也就极大地提高了认定犯罪人及认定犯罪事实的准确性，这些都是科学技术不断发展的结果。虽然这些科学技术手段也有出错的可能，不能保证诉讼认识和认定事实百分之百的准确，但是谁也不能否认，它们在绝大多数情况下是准确的，是值得信赖的，依靠科技手段去发现案件事实，可以在很大程度上保证诉讼认识的真实性。而且，可以预见的是，随着科学技术的不断发展，人们认识案件事实的能力将越来越强，诉讼认识出现错误的可能性也将进一步减少。

(三) 长期的司法实践表明，大多数诉讼认识没有被证伪，大多数裁判没有被推翻，司法的正当性基础没有动摇，说明多数情况下诉讼认识是真实的

在现代诉讼中，诉讼认识、认定事实主体不能是案件事实的直接知情者，在诉讼发生前必然不了解案情，所以对于案件事实的认识是否真实，认定的“事实”是否符合客观实际，认定事实主体是不能绝对确定的。但是，多数犯罪行为在发生时都会有一些直接知情者，如目击者，而且也有一些案件事实的亲身经历者，如犯罪嫌疑人、被告人、被害人，他们对于诉讼认识是否真实，认定事实是否正确，是能够绝对确定的，在裁判作出后，案件事实的直接知情者，如目击者和经历者就会对事实认定和裁判进行评价。如果事实认定是错误的，他们必然难以接受。也许一两个裁判的错误不一定会产生太大的负面影响，然而如果诉讼认识在多数情况下不能达

① 张建伟：《认识相对主义与诉讼的竞技化》，载《法学研究》2004年第4期，第49页。

至真实，认定事实多数错误，那么多数当事人也就不会息诉罢访，久而久之，司法所应有的惩罚和预防犯罪、解决纠纷、维护社会秩序的功能就难以发挥，人们对裁判就会失去信心，裁判的正当性基础就会动摇，我们的诉讼制度、证据制度乃至整个司法体系就将面临崩溃。① 就这个问题来说，我国的诉讼制度与其他国家的诉讼制度没有本质区别。然而，从目前来看，不管是我国的司法制度，还是其他国家的司法制度，都没有崩溃，都在继续发挥着惩罚犯罪、解决纠纷、维护社会秩序的重要作用。可见，诉讼中事实认定在多数情况下是正确的，多数裁判是正确的，也就是说，在多数情况下，诉讼认识是真实的。

总之，在诉讼中，由于案件事实发生时遗留下来的证据为诉讼认识提供了根据，人类长期积累的经验和常识以及不断发展的科学技术为诉讼认识达至真实提供了基础和条件，长期的司法实践也表明，多数诉讼认识没有被证伪，所以我们可以说，诉讼中多数情况下是能够追求到真实的，正如有学者所说的，“并非所有的案件都能发现真相，并不能推导出所有的案件都不能发现真相的结论。事实上，在大多数案件中，人对案件的主观判断是能够与客观情况相吻合的（需要注意的是，这种吻合并不强求在所有细枝末节上都绝对一致）。这种乐观态度并不意味着否认人的认识能力的有限性，事实上，对这种有限性的认识，正是人们长期以来寻求克服主客观障碍的技术方法以避免在裁决案件时发生误判的基本出发点。”②

---

① 正如有人所说的，“在司法裁判中，错误的事实认定不仅直接关系着当事人的权利义务，而且这种逐案累积的错误犹如长堤蚁穴，间接而深远地影响着诉讼制度、证据制度的正当性”（参见吴宏耀：《司法裁判中的事实问题》，载《法学研究》2004 年第 6 期，第 110 页）。

② 张建伟：《认识相对主义与诉讼的竞技化》，载《法学研究》2004 年第 4 期，第 37 页。

小　　结

在诉讼尤其是刑事诉讼中，应当追求真实，努力发现案件事实真相。诉讼中追求真实是实现正义的基础，是正确认定事实、实现实体法和程序法目的的需要，也是维护裁判正当性基础的需要，对于刑事诉讼来说，追求真实还是由犯罪行为的性质和刑罚权的属性决定的。

在诉讼中，多数情况下能够追求到真实。这就意味着多数情况下诉讼认识是真实的，多数情况下诉讼证明结论是正确的，多数情况下认定事实是正确的，多数裁判是建立在真实的基础上的。

当然，虽然我们相信在多数情况下，诉讼认识是真实的，但是在一个个具体的案件中，认定事实主体能否绝对确定自己面对的具体的诉讼认识就是真实的？能否绝对确定具体哪个诉讼认识是真实的？这就是下面要讨论的问题。

第四章 诉讼认识真实性的证明、检验与证实

前面在介绍西方哲学中的证实理论时，提到了基础主义证实理论，基础主义证实理论认为，存在不需要证实的“基本信念”，这种“基本信念”的真实性是“与生俱来”的、毋庸置疑的。本书在回应怀疑论时也认为，存在这样的不需要证实的“基本信念”，如认识主体对亲身经历的事件的认识，以及诸如“我有一双手”这样的认识，等等。

那么，诉讼认识的真实性是否为自明的、不需要证明的？

案件事实是过去发生的事实，对于现在来说，已经不复存在，诉讼认识主体并不能直接接触案件事实，而只能通过犯罪行为发生时遗留的线索——证据材料来对案件事实进行认识，而证据材料是有真有假的，所以诉讼认识是有虚假可能性的。也就是说，诉讼认识的真实性并非自明的、不需要证明的。

当然，诉讼认识的真实性并非不需要证明，是相对于案件事实的非直接知情者来说的。前面说过，诉讼认识、认定事实主体不能是案件事实的直接知情者，所以对于诉讼认识、认定事实主体来说，诉讼认识的真实性是需要证明的，而对于案件事实的直接知情者，如亲历者、目击者来说，则是自明的、不需要证明的，对此不可混淆。

第一节　诉讼认识真实性的证明

一、诉讼认识的真实性能够证明[1]

前面说过，本书区分证明与证实，并将证明和证实分为行为意义上的和结果意义上的。行为意义上的证明和证实一样，都指的是为了达到证明或证实的结果而运用证据去论证的过程。结果意义上的证明，在本书中指使人相信并接受了证明对象，但没有达到证实程度；结果意义上的证实，指通过论证行为，使人百分之百地相信证明对象的真实性，绝对确定证明对象的真实性。[2]

基于此，本部分的问题在于，既然诉讼认识的真实性并非自明的，就需要对诉讼认识的真实性进行证明，才能使其真实性得到认可，那么，从行为上说，能否对诉讼认识的真实性进行证明？从结果上说，诉讼认识的真实性能否通过证明行为达到证明程度？

① 这里包含两层意思：一是从行为上能够对诉讼认识的真实性进行证明；二是从结果上对诉讼认识真实性的证明能够达到证明程度。这里的“诉讼认识真实性的证明”与“诉讼认识的证明”是一个意思，因为从证明责任的角度来看，诉讼中的证明一般都是证明诉讼认识的真实性，所以从方便表述的角度考虑，本书有时说“诉讼认识的证明、证实”，有时说“诉讼认识真实性的证明、证实”。

② 结果意义上的证实和绝对确定地相信，两者在程度上相同，都是最高程度，只不过两者表述的角度不同，证实是从证明者的角度来说的，绝对确定地相信是从接受证明者的角度来说的。所以，下文中“不能证实诉讼认识”和“不能绝对确定诉讼认识的真实性”指的是一个意思。

我们知道，虽然案件事实不复存在，但案件事实发生后，总会留下蛛丝马迹，或者为人所知，这些蛛丝马迹或者为人所知的以语言文字形式表现出来的信息就是证据，既然有证据，那么就可以这些证据为依据，对诉讼认识的真实性进行证明。所以，从行为意义上看，诉讼认识显然是可以证明的。而且，长期的司法实践表明，对诉讼认识真实性的证明是能够达到证明程度的，即诉讼认识的真实性是能够被接受的。如果对诉讼认识真实性的证明总是不能达到证明程度，那诉讼也就无法进行了。当然，从理论上说对诉讼认识真实性的证明能够达到证明程度，并非指现实中每一个案件中的诉讼证明在结果上都能够达到证明程度，因证据不足没有达到证明程度而宣告无罪的案件比比皆是。

从表面上看，本部分的探讨似乎多此一举，但这是理论上周延的必要。因为本书将证明与证实从行为意义和结果意义上进行了区分，结果意义上的证明与证实是不同程度的，如果诉讼认识的真实性不能在行为上证明，诉讼认识的真实性也就不可能被接受，更不用说达到证实程度了；有证明行为之后，也不一定都能达到证明程度，如果从行为上能够对诉讼认识的真实性进行证明，但在结果上都不能达到证明程度，那么对诉讼认识真实性的证明也就更不能达到证实程度了，下文关于诉讼认识能否检验以及能否达到证实程度的探讨也就没有必要了。所以，本部分的探讨是探讨本章其他问题的前提。

二、通过诉讼证明不能绝对确定诉讼认识的真实性

前面说过，诉讼认识的真实性能够证明而且通过证明行为能够达到证明程度，那么对诉讼认识真实性的证明能否达到证实程度？

也就是说，能否通过证明使认定事实主体绝对确定诉讼认识的真实性？①

诉讼证明是证明的一种，其证明规则当然也适用逻辑学上证明的有关规则，因为逻辑学研究的是普遍的思维规律，是从一般意义上探讨概念、判断、推理、证明等问题的。按照逻辑学的普遍说法，论题是否真实，取决于论据和证明所运用的推理形式，如果论据真实，而且运用的是必然性推理，则论题必然真实。下面，本书从证明的论据和推理形式两方面，即能否绝对确定诉讼证据所揭示内容的真实性和诉讼证明中运用的推理是否必然性推理两个方面，探讨一下通过诉讼证明能否使认定事实主体绝对确定诉讼认识的真实性。

（一）诉讼证据所揭示内容的真实性不能绝对确定②

笔者认为，作为诉讼证明根据的诉讼证据，其所揭示的内容，虽然其本身是真的还是假的是确定的，但是作为诉讼认识、认定事实主体，则不能绝对确定它的真实性。这是因为：

（1）每种诉讼证据都具有虚假可能性。在诉讼中，不管是哪种证据，都可能由于主观或客观的原因，而具有虚假可能性，尤其

① 需要注意的是，本章所探讨的诉讼认识的证实问题，其中“诉讼认识”既包括第一种诉讼认识，也包括第二种诉讼认识，对于本问题来说，如果关于案件事实的认识即第一种诉讼认识能够证实，能够绝对确定，那么第二种诉讼认识也就能够证实，能够绝对确定了，所以为表述方便，下文中一般只提第一种诉讼认识，即关于案件事实的认识，如“不能绝对确定关于案件事实的认识的真实性”等。还有，在本书中认定事实主体和诉讼认识主体的范围一样，所以能否绝对确定诉讼认识的真实性，主体可以说是诉讼认识主体，也可以说是认定事实主体，而探讨能否绝对确定诉讼认识真实性的问题，实际上最终是为认定事实服务的，认定事实主体能否绝对确定诉讼认识的真实性，意义尤其重大，所以下文有时说“诉讼认识主体能否绝对确定诉讼认识的真实性”，但更多时候说“认定事实主体能否绝对确定诉讼认识的真实性”，两种说法实际上是一个意思。

② 这里不能绝对确定诉讼证据所揭示内容的真实性，主体也是认定事实主体、诉讼认识主体。

是犯罪嫌疑人、被告人供述与辩解和被害人陈述等。没有哪种证据具有与生俱来的、必然的真实性。对此已经有不少论著进行了充分的论述，如有学者指出，“没有哪一种司法证据不会出错。证人的积极证言和陪审团的裁断本身都建立在可能性或‘证人既不会欺骗他们自己，也不会故意欺骗陪审团’的假定的基础上。口供产生同样的问题。即使‘最自由、最充分的证据’也可能是不真实的。要求‘不会撒谎’的证据将是荒谬的，因为它将要求没有人的证言介入其中的证据，即证据直接将它自己带到法官面前。”①“没有哪种类型的证据能保证提供无可争议的证明，因为发现事实和审判的不确定性是人类条件所致的不可避免、无法弥补的特征。”②

（2）科学技术手段不具有绝对可靠性，借助科学技术手段不能绝对保证证据的真实性。随着科技向政治和市民生活的不断渗透，越来越多的对于法律程序至关重要的事实问题，需要借助复杂技术设备加以确证，或者需要依靠专家作为该事实“沉默证言”的翻译者。③可见，现代诉讼对科技手段的依赖性越来越强，不少证据，包括物证、书证、视听资料等，其揭示什么内容、所揭示内容的真实性、与案件事实的关系等，经常需要通过科技手段来揭示，其集中体现是鉴定结论，有时还通过测谎仪来审查犯罪嫌疑人、被告人供述与辩解的真实性。然而，在目前的科技水平和条件下，测谎仪究竟有多大的可靠性，至今没有达成共识。即使是鉴定

① [美] 巴巴拉. J. 夏皮罗：《对英美“排除合理怀疑”主义之历史透视》，熊秋红译，载王敏远编：《公法》第4卷，法律出版社2003年版，第120页。

② [英] 麦高伟、杰弗里·威尔逊：《英国刑事司法程序》，姚永吉等译，法律出版社2003年版，第240页，转引自熊秋红：《从“科学的证明方法”谈起》，载《法学研究》2004年第6期，第125页。

③ [美] 米尔吉安. R. 达马斯卡著：《比较法视野中的证据制度》，吴宏耀、魏晓娜等译，中国人民公安大学出版社2006年10月版，第18页。

结论，姑且不论鉴定人主观上的故意或过失导致鉴定结论的失真，也不论鉴定人的技术水平以及鉴定工具、检材、样本的选择是否能够确保鉴定结论的真实性，而仅就司法鉴定所依据的科学原理来说，鉴定结论的真实性也不能得到绝对的保证。具体来说，在诉讼证明中运用科技手段的局限性主要体现在：

第一，科学的发展有其局限性，科学不能为任何领域的任何问题提供正确的、科学的答案。同样的，在诉讼中，科学也只能解决案件事实认识中的部分问题，而不可能解决全部问题。① 当然，这只是从科学不能达到的领域来说的，而在科学研究能够涉及的地方呢？情形同样不容乐观。

第二，科学知识本身还有正确与否的问题。英国哲学家波普尔甚至认为科学不是绝对正确的知识，科学仅仅是意见或猜测，“我们没有任何办法证明我们的任何一个理论是不是真的，即使碰巧我们得到了真理，我们也没办法能完全证明该理论就是真理。”② 当然，这只是极端的说法，笔者并不认为科学知识都不可证实，用发展的眼光看，正确的科学知识都具有可证实性，但这也不等于说现有的科学知识都已经证实了。实际上，即使是现在认为正确的科学知识，也可能被将来的实践证明为错误的，如牛顿和惠更斯关于光的本质说，都曾经被认为是正确的，后来却被证明是错误的。

第三，科技手段要由人来运用，而且在运用之后，还要对之进行评价。在诉讼中，科学要向非专家提出，并由他们评价。裁判者一般缺乏科学的专业知识，他们主要依靠常识和经验对科学知识进

① 熊秋红：《从“科学的证明方法”谈起》，载《法学研究》2004年第6期，第125页。

② 转引自郭继海著：《真理符合论的困难及其解决》，中国社会科学出版社2003年版，第208页。

行判断。[1] 对科学知识的运用和评价都存在准确与否的问题。

因此说，运用科技手段不能绝对保证诉讼证据的真实性。

(3) 对证据的审查判断也不能绝对保证证据的真实性。

既然诉讼证据都具有虚假可能性，借助科技手段也不能绝对保证证据的真实性，那么对证据的审查判断能否绝对保证证据的真实性呢？审查判断证据的方法多种多样，但其中比较有效的，是从以下三个方面判断证据是否真实：证据自身是否一致；证据与案件事实之间是否一致；证据与证据之间是否一致。

其一，证据自身的一致，或者说证据自身没有矛盾。但证据自身没有矛盾又能说明什么呢？证据自身没有矛盾只是证据真实的必要而非充分条件，如果证据自身前后矛盾，说明这个证据所揭示的内容至少有部分是虚假的，但是证据自身没有矛盾却不能说明证据所揭示的内容就是真实的。

其二，证据与案件事实之间的一致。有人说，“判定证据是否真实的最终标准还是看是否和案件事实相符合。”[2] 此话不假，如果能“看见”案件事实，能将证据与案件事实直接相对照，当然是最理想不过的了，但问题是，案件事实在哪里？[3] 如果案件事实就在面前，还需要证据吗？所以，通过诉讼证据与案件事实是否一致来判断证据是否真实是不可能实现的。

其三，证据与证据之间的一致，或者说证据之间的相互印证。证据与证据之间的一致，实际上是用一个证据的真实性来支持另一

---

① 熊秋红：《从“科学的证明方法”谈起》，载《法学研究》2004 年第 6 期，第 125 页。

② 张继成、杨宗辉：《对“法律真实”证明标准的质疑》，载《法学研究》2002 年第 4 期，第 121 页。

③ 在这里，千万不要陷入循环论证，把证据揭示的内容当做客观的案件事实。如果能绝对确定证据所揭示的内容是真实的而且与案件事实是有客观联系的，那么证据揭示的内容就是案件事实，而这里的问题恰恰就是不能绝对确定证据内容的真实性。

个证据的真实性，但是用于支持的证据本身的真实性也是需要其他证据支持的。证据之间的相互印证只能让人相信这些证据有可能是真实的，而要想绝对保证证据的真实，在任何一个案件中都必须至少有一个无任何虚假可能性的证据。这就像物体虽然可以在没有摩擦的平面上永远运动下去，但物体的运动还是需要一个最初的动力。在这里，最初的“动力”就是至少有一个无任何虚假可能性的证据。否则，证据之间的相互印证只不过是一个循环论证。问题是，诉讼中并不存在这样的无任何虚假可能性的证据。所以，证据之间能够相互印证，虽然可能是证据一致的真，但也有可能是一致的假。① 一个完全一致的证据体系，只要其中任何一个证据是假的，则整个一致的体系就瓦解了。正如金岳霖先生所说的：“假的命题可以一致。不但假的命题可以一致，而且假如我们给一套命题加以范围把它们圈起来，假的命题还可以一致的假。”② 司法实践中也不乏因为一致的虚假证明而误判的例子，庞德教授说：“在英国，贝克曾被两次判罪。对两次所判的罪，他都是无辜的。在每一次审判中，他都被肯定地确认为罪犯，有一次甚至有十八个以上的见证人说他有罪——全部都是误证人。”③ 这些都说明，相互一致的诉讼证据有可能一致的假。④

可见，对证据的审查判断也不能绝对保证证据的真实性。所以，无论如何，从诉讼认识、认定事实主体的角度来说，他们不能

---

① 现实生活中的情况错综复杂，极端地说，即使一百个证人的一致证明也不能排除都因被收买而虚假的可能，虽然这种可能性非常之小，但从理论上说，仍然不能排除这种可能。

② 金岳霖著：《知识论》（下），商务印书馆1983年版，第928页。

③ ［美］罗·庞德著：《通过法律的社会控制 法律的任务》，沈宗灵等译，商务印书馆1984年版，第120页。

④ 当然，你也可以以证据之间的一致为证据的真，但这样实际上你就放弃了“真”的符合论立场，而主张“真”的融贯论了。

绝对确定诉讼证明中作为前提的证据就是真实的。

前面本书介绍和分析了西方哲学证实理论中的基础主义和一致主义，指出存在毋庸置疑的“基本信念”，而从上述分析可见，诉讼中任何证据都具有虚假可能性，运用科技手段不能绝对保证证据的真实性，没有一个证据是“与生俱来”地真实的，所以在诉讼中不存在“自明”的“基本信念”，西方证实理论中的基础主义并不能适用于诉讼证明，不能以基础主义为理论工具来论证诉讼证明能够达到证实程度；而证据与证据之间的一致不能绝对保证证据的真实性，这正是一致主义证实理论的致命缺陷，一致主义更不能用于论证诉讼证明是能够达到证实程度的。所以，我们不能以西方哲学的证实理论为理论工具来说明诉讼认识是能够证实的。①

当然，需要再次着重强调的是：第一，笔者认为不能绝对确定证据内容的真实性，并不是说证据所揭示的内容是否真实本身是不确定的。证据所揭示的内容，或者是真实的，或者是虚假的，不管是真实的还是虚假的，都是绝对确定的，不会因为对其真实性的判断的不确定而成为不确定的。而不能绝对确定的是认定事实主体对于证据内容真实性的判断，即使通过审查判断排除了一些虚假的证据，但对于认为是真实的证据，认定事实主体仍然不能绝对保证它们就是真实的，不能绝对确定它们就是真实的。第二，笔者认为不能绝对确定证据所揭示内容的真实性，不是说证据所揭示的内容是不真实的，实际上，笔者认为证据在多数情况下是真实的，前面论述的诉讼中多数情况下能够追求到真实，正是建立在多数证据是真实的这样一个基础之上的。只是我们不能绝对确定某个具体的证据就是真实的，如鉴定结论，虽然真实可能性非常之大，但是我们没有办法让认定事实主体心中绝对确定鉴定结论就是真实的。第三，

① 诉讼证明也就是对诉讼认识真实性的证明，“诉讼证明能否达到证实程度”与“诉讼认识能否证实”是一个意思。

笔者认为不能绝对确定诉讼证据的真实性，并非认为诉讼中只有依据无任何虚假可能性的证据才能进行诉讼认识、诉讼证明，才能认定事实。实际上，诉讼证明、认定事实所依据的都只是具有很大真实可能性的证据，而非无任何虚假可能性的证据。第四，不能绝对确定证据所揭示内容的真实性，只是从作为非直接知情者的诉讼认识、认定事实主体来说的，对于案件事实的直接知情者，如亲身经历者、目击者来说，证据所揭示的内容是否真实则是能够绝对确定的。第五，对于诉讼认识主体、认定事实主体来说，虽然不能绝对确定证据所揭示的内容就是真实的，但对于证据的虚假性，有时则是能够绝对确定的。

（二）诉讼证明中运用的推理多数不是必然性推理

逻辑学认为，证明中从前提到结论的过程是一个推理过程，“凡证明总是借助于某种推理形式进行的。”[①] 推理形式多种多样，主要包括：

1. 演绎推理

根据推理的前提和结论之间是否有蕴涵关系，可以把推理分为必然性推理和或然性推理。前提与结论之间有蕴涵关系（前提真则结论一定真）的推理叫做必然性推理，即演绎推理。[②] 演绎推理都是必然性推理。[③]

2. 归纳推理

按照逻辑学的传统观点，凡是从个别知识的前提推出一般知识

① 侯熠莎：《亚里士多德证明理论略说》，载《中山大学学报》（社会科学版）1996 年第 2 期。

② 《普通逻辑》编写组编：《普通逻辑（增订本）》，上海人民出版社 1993 年第 4 版，第 27 ~ 28 页。

③ 张继成主编：《实用法律逻辑教程》，中国政法大学出版社 2004 年版，第 77 页。

的结论的推理，称为归纳推理。① 与演绎相比，演绎旨在证明某件事情“必然”（must be）如何，而归纳则重在说明某件事情“确实”（actually is）如何。② 可见，归纳推理是或然性推理。当然，归纳推理分完全归纳推理和不完全归纳推理，在完全归纳推理中，结论所断定的并未超出前提的断定范围，结论是被前提所蕴涵的。所以，完全归纳推理的结论具有必然性。③ 而只有不完全归纳推理是或然性推理。

3. 比对推理

比对推理也称为比对法，它是根据已知对象与被考察对象的特征是否一一对应相同，从而得出被考察对象是否就是已知对象的结论的推理。由于比对推理是在两个个体对象之间进行比较的，其思维进程的方向是由个别到个别，因此，它属于类比推理，是类比推理的一种特殊应用形式。④ 比对推理之所以能够进行，是因为客观世界中不存在绝对相同的两个事物，每个事物都有其独有特征而与其他事物区别开来。因此，把握了某个对象的独有特征后，就可以在纷繁复杂的事物中认识具有自身独有特征的那个对象。⑤ 由于类比推理是或然的，⑥ 而比对推理属于类比推理的一种，所以比对推理也是或然性推理。

---

① 《普通逻辑》编写组编：《普通逻辑（增订本）》，上海人民出版社 1993 年第 4 版，第 274 页。

② ［美］南希·哈洛维兹著：《探案与虚拟推理》，贾士蘅译，载熊秉真编：《让证据说话》，台湾地区麦田出版公司 2001 年版，第 44 页。

③ 《普通逻辑》编写组编：《普通逻辑（增订本）》，上海人民出版社 1993 年第 4 版，第 275 页。

④ 张继成主编：《实用法律逻辑教程》，中国政法大学出版社 2004 年版，第 251 页。

⑤ 张继成主编：《实用法律逻辑教程》，中国政法大学出版社 2004 年版，第 252 页。

⑥ 《普通逻辑》编写组编：《普通逻辑（增订本）》，上海人民出版社 1993 年第 4 版，第 314 页。

4. 回溯推理

回溯推理又称溯源推理，它是由已知的结果，根据一般性知识，推测产生这一结果的原因的推理。回溯推理的根据就是客观事物之间的因果联系，因为客观事实存在，必然有其存在的原因。回溯推理中通常被省略的假言前提就是一个有因果联系的关于一般性知识的命题，回溯推理就是根据已知的客观事实来推测追溯其存在的原因。因此，事物之间的因果联系，尤其是因果联系的一果多因性，是回溯推理的客观基础。回溯推理也是一种或然性推理。①

笔者认为，在诉讼证明中，综合运用了以下几种推理形式。②

（1）以直接证据为依据的证明中运用了演绎推理，即从个别到个别的过程，证明结论蕴涵在前提即直接证据之中。③

---

① 张继成主编：《实用法律逻辑教程》，中国政法大学出版社2004年版，第252~253页。

② 笔者就此问题专门请教了中国政法大学王洪教授，在此表示感谢。

③ 判断一个推理是否为演绎推理，其根据是什么，存在不同看法，有的认为，应当是前提与结论之间有没有蕴涵关系，如有权威教科书指出，“前提与结论之间有蕴涵关系（前提真则结论一定真）的推理叫做必然性推理，即演绎推理”（参见《普通逻辑》编写组编：《普通逻辑（增订本）》，上海人民出版社1993年第4版，第27~28页）。中国政法大学王洪教授也认为，演绎推理也可以是从个别到个别的推理。而逻辑学教材中的多数说法是，演绎推理是从一般到个别的推理，如有人认为，“演绎推理是从一般到个别的推理，它是根据一类事物都具有某种属性，推出该类中的个别事物具有某种属性的思维形式”（参见张继成主编：《实用法律逻辑教程》，中国政法大学出版社2004年版，第77页）。根据此说法，演绎推理并不包括从个别到个别的情况，这样也就不能将诉讼中以直接证据为依据的证明中运用的推理形式视为演绎推理。此外还有学者认为，直接证据与案件事实之间的证明与被证明关系，通常不需要或极少借助逻辑推理这一中介环节，即使需要运用推理，也不需要复杂的推理过程（参见雍琦、金承光、姚荣茂著：《法律适用中的逻辑》，中国政法大学出版社2002年版，第185~186页）。可见，根据直接证据对案件事实进行证明是否运用了演绎推理，需要进一步研究，但由于这个问题对形成本书的结论没有影响，所以这里不深入探讨，姑且将依据直接证据的证明中运用的推理形式归为演绎推理。实际上，如果诉讼证明中不存在演绎推理，那就更有利于本书的观点了。

（2）以间接证据为依据的证明中运用了回溯推理。例如，根据一般性知识“如果犯罪人作案，极有可能在案发现场留下指纹”，而在案发现场提取指纹，经鉴定，现场提取的指纹与张三的指纹相吻合，那么可以推出“张三可能是凶手”，据此证明“张三可能是凶手”。

（3）在司法鉴定和认定犯罪嫌疑人、被告人中，尤其是辨认中，运用了比对推理。

（4）对连续作案的证明，有时会运用不完全归纳推理。

可见，除了运用直接证据进行证明外，诉讼证明中运用的推理形式多数是或然性推理，[①] 正如我国台湾地区学者颜阙安先生所指出的，法学知识是由有关法律的命题所组成的，这些命题都具有可反驳性。因此法学知识体系所运用的论证或推论（argumentation, reasoning）是一种可反驳的论证（defeasible reasoning）。这种论证具有“跳跃性”，即一个被认为正确的法律命题，往往并非经由严格的逻辑演绎而来，而是基于一批论据的论证支持而来，因此其并非逻辑推论（logical inference）的结果，反而带有从前提“直接跳到”结论的性质。[②] 也就是说，在诉讼证明中，即使前提（论据）是真实的，证明结论也并不完全可靠，即仍然不能绝对确定证明结论的真实性。

---

① 诉讼证明中运用了哪些推理形式，是很有必要深入研究的问题，但由于本书的主旨不在于此，而只想由此论证诉讼证明结论并非绝对可靠这个问题，所以以上只是一些粗浅而不成熟的想法，当然，不管笔者这里所说的是否正确，有一点似乎是可以肯定的，即诉讼证明中运用的推理基本上都是或然性推理，指出这一点有助于形成本书下面的结论，而即使笔者的这一点看法也是错误的，即诉讼证明中运用的推理实际上有很多是必然性推理，其实也不影响本章结论的形成，因为就证明来说，只要不能绝对确定论据即前提的真实性，即使推理形式是必然性推理，其结论也是不可靠的。所以，在诉讼证明运用的推理形式这个问题上，受主旨所限，笔者不多探讨。

② 颜厥安著：《规范、论证与行动——法认识论论文集》，台湾地区元照出版公司2004年版，第94～95页。

因此，笔者认为，虽然在多数情况下诉讼认识是真实的，但在每一个具体的案件中，由于不能绝对确定作为前提的证据的真实性，而且诉讼证明中运用的推理多数是或然性推理，所以，对诉讼认识真实性的证明不能达到证实程度，认定事实主体不能绝对确定证明结论即诉讼认识的真实性。① 从裁判者来说，虽然裁判者知道在自己所办理的一系列案件中，对"事实"的认定多数是正确的，但是他不能绝对确定具体哪些诉讼认识就是真实的，不能绝对确定具体哪些认定就是正确的。②

第二节 诉讼认识真实性的检验

前面介绍了马克思主义哲学的实践检验理论，指出不少认识的真实性能够通过实践来检验并证实，如对于以当前事实、未来事实为认识对象的特殊性认识，其真实性都可以通过实践予以检验并证实，即具有可证实性，如对于"从 2008 年 1 月 1 日开始张三每天都要去李四家一次"这个命题，虽然实践检验起来比较困难，但从理论上说，它仍然具有可证实性，你可以从 2008 年 1 月 1 日开始每天跟着张三，或者住在李四家，从而检验并证实这个命题的真实性。③ 而对于普遍性认识，从无限发展的角度来说，仍然具有可

---

① 前面说过，诉讼证明的对象是关于案件事实的诉讼认识，证明结论也只能表现为关于案件事实的认识，所以不能绝对确定证明结论的真实性，也就是不能绝对确定诉讼认识的真实性，两种说法是一个意思。

② 前面多次强调，本书中讨论的能否绝对确定关于案件事实的认识的真实性，都是从作为非直接知情者的诉讼认识主体、认定事实主体的角度来说的，而对于案件事实的直接知情者，如亲身经历者、目击者，则能够绝对确定关于案件事实的认识的真实性。

③ 又如"巴黎在法国"这个命题，从理论上说，任何人都可以去法国看一下，能发现那个被称为巴黎的城市始终在那个被称为法国的国家里，说明该命题具有可证实性。

证实性。

那么，以发生在过去的案件事实为对象的诉讼认识的真实性能否用实践检验？[1] 通过实践检验，诉讼认识的真实性能否证实？[2] 也就是说，通过实践检验能否使认定事实主体绝对确定诉讼认识的真实性？

一、诉讼认识的真实性能够在实践中检验

前面说过，“检验”一般指的是一种行为，仅就行为而言，只要有检验的标准、方法、途径，任何东西都可以拿去检验，至于检验之后有没有结果，则是另一回事。检验之后，不一定就有结果。即使有结果，结果也很多，一是没有确证，即既未证实，也未证伪，只是达到了证明程度的结果，另一结果是确证，包括证伪和证实。

仅就行为而言，任何命题都可以通过实践进行检验，诉讼认识的真实性也不例外。例如，关于案件事实的认识形成之后，甚至在诉讼结束之后，都可以继续收集证据，对该认识的真实性进行检验。[3]

---

① 对诉讼认识真实性的检验可以分为认定事实之前的检验和认定事实之后的检验。认定事实主体对“真实”的信念的形成只与认定事实之前的检验有关，但对于下一次的认定事实来说，前一次的认定事实之后的检验可以作为根据。本书中，检验方法、检验结果与检验在认定事实之前还是认定事实之后没有关系，所以本书这里的讨论不区分认定事实之前的检验和认定事实之后的检验。

② 前面说过，诉讼证明的结论也表现为关于案件事实的认识，所以诉讼认识的真实性的检验和证实问题实际上也是诉讼证明结论的检验和证实问题。

③ 这里把这个问题单独提出来，是为了防止有人混淆检验的行为与检验之后的结果，防止有人将不能证实（结果意义上）等同于不能检验，从而推出诉讼认识也不能证伪的结论，进而以实践中不少诉讼认识被证伪的客观实际来反驳本书的观点。

二、通过实践检验不能绝对确定诉讼认识的真实性

虽然诉讼认识的真实性可以通过实践予以检验，但通过实践检验能否使诉讼认识的真实性得到证实？能否使认定事实主体绝对确定诉讼认识的真实性？笔者认为不能，这是因为：

首先，实践不能使案件事实重现，通过实践检验诉讼认识的真实性，也只能依靠证据。在诉讼中，案件事实是一个需要认识的对象，不管是在诉讼过程中，还是在诉讼结束后遥远的未来，我们都不能通过实践让案件事实重现，无法将关于案件事实的认识与案件事实直接进行对照，[①] 无法通过两者的对照比较来绝对确定诉讼认识的真实性，正如我国台湾地区学者黄朝义所说的，“在刑事证据法上，证据所欲证明之犯罪乃是过去仅仅一度发生之事实。在实务上，即使会发生相类似之犯罪行为，但因相同的犯罪行为，在现实社会中，不可能再度的发生。换言之，此种事实别于一般自然科学之事实，属于历史的事实，是无法经由实验而使其重现于社会。仅在形式上，过去之事实会以种种的形态留下痕迹而存于现在。”[②]

---

① 金岳霖先生也表达了同样的看法：“如果‘事实’和命题不是同样的或平行地在经验中……那么我们如何知道在‘内’的命题和在‘外’的‘事实’是否符合呢？我们没有法子把它们对照，因为相当于原物或底本的‘事实’是在‘外’的”（参见金岳霖著：《知识论》（下），商务印书馆1983年版，第745页）。再进一步说，如果我们能够直接接触案件事实，那么也就不需要去认识案件事实了，而直接将案件事实呈现给认定事实主体和公众就行了。正如有学者指出的，“客观事实，存在于法外空间，是彼岸的自在之物，在诉讼的视野中，没有谁能借给裁判者一双‘天眼’，将它看个清清楚楚、明明白白，再来进行比照，当然，如果那样的话，诉讼程序的存在也就没有意义了”（参见陈卫东：《诉讼中的“真实”与证明标准》，载《法学研究》2004年第6期，第116页）。

② 黄朝义著：《刑事证据法研究》，台湾地区元照出版公司2000年第2版，“自序”。

所以，通过实践来检验诉讼认识的真实性，仍然只能通过证据。①

其次，在实践检验过程中②收集的证据同样具有虚假可能性。前面已经分析，诉讼中的证据并非没有任何虚假可能性，证据所揭示的内容并不一定就是案件事实。同样，在实践检验过程中收集的证据也不一定就是真实的，而如果在认定事实、作出裁判之后收集证据用以“检验”、“验证”，则此时收集的证据不但不比在诉讼过程尤其是侦查过程中收集的证据更真实，有时甚至虚假的可能性更大，而且时间间隔越长，收集的证据也就越容易失真。所以，在实践检验过程中收集的证据所揭示的内容同样具有虚假可能性，同样不一定就是案件事实，因此也就无法以此为绝对确定的根据来判断诉讼认识的真实性，不能据此绝对确定诉讼认识的真实性。

所以，实践检验不能使案件事实重现，对诉讼认识真实性的检验也只能通过证据，而实践检验过程中收集的证据同样具有虚假可能性，因此通过实践检验，同样不能证实诉讼认识，诉讼认识、认定事实主体仍然不能绝对确定诉讼认识的真实性。③ 正如有学者指出的，刑事诉讼中对案件事实的探知活动与一般的认识活动具有不

---

① 正如英国哲学家柯林武德在谈到对历史的认识时所说的，“历史学家的图画与叫做证据的某种东西处于一种特殊的关系之中。历史学家或其他任何人所能借以判断（哪怕是尝试着）其真理的唯一方式，就是要靠考虑这种关系；实际上，我们问一项历史陈述是否真实，也就是指它能否诉之于证据来加以证明”（参见［英］柯林武德著：《历史的观念》，何兆武、张文杰译，商务印书馆1997年版，第343页）。

② “检验”并非法定的诉讼行为，这里只是在理论上将“检验”视为一个似乎是独立的过程。实际上，如果在诉讼中有检验的话，则不仅可以在诉讼结束之后检验，也可以在诉讼过程中检验，而且这时“认识”、“证明”、“检验”等行为交织在一起，根本无法区分。

③ 需要再次强调的是，笔者认为不能绝对确定诉讼认识的真实性，并不是说诉讼认识的真实性本身是不确定的；也不是说诉讼认识的真实可能性不大；更不是主张诉讼中诉讼认识、认定事实主体应当绝对确定诉讼认识的真实性，本部分的探讨是为下文探讨能否以真实作为认定事实标准提供理论前提。实际上，笔者认为，诉讼中并不需要对诉讼认识真实性的判断的绝对确定。

同的特征。刑事诉讼中的认识对象是一种已经发生过的历史性事实，而“历史事实不是什么可以被你拣起来抚弄的具体的东西，如一块砖头或一块石头那样；在某种意义上，历史事实是人为的——它是人们从原始材料中选择出来的结果”。[①] 由于其不可挽回、不可改变和不可重复，历史事实已经成为一种确定不移的客观事实，但是在对这种客观事实进行探知的过程中，实践的认识功能几乎没有用武之地。因为在诉讼活动中，主体的认识与客观事实的统一不可能通过实践进行，其统一与否，一般情况下也不易通过实践进行验证。在这种情况下，诉讼认识的确实性、真实性就难以通过实践取得直观性和可感性。[②]

《参考消息》曾经刊登了一位历史学家的文章，该文章重新描述了海伦的形象，与荷马笔下的海伦大相径庭，引起了史学界的轩然大波，[③] 那么真实的海伦形象究竟是怎么样的？对此，谁也不能绝对确定，因为海伦已经不在人世，无法将真实的海伦与对海伦形象的描述进行比较。当然，历史学家可以通过实践收集种种史料进行分析、证明，而且不同的历史学家的说法可能一致，甚至某个历史学家关于海伦形象的说法可能确实和历史中真实的海伦形象完全一致，但是就现在来说，历史学家关于海伦形象的说法无法证实，无论任何人都不能绝对确定历史学家关于海伦形象的说法的真实性。其实，诉讼认识真实性的检验和证实问题同样如此。

三、通过实践检验能够证伪诉讼认识

当然，认为诉讼认识不能证实，认定事实主体不能绝对确定诉

---

① ［英］汤因比：《汤因比论汤因比》，王少如等译，上海三联书店 1997 年版，第 13 页。

② 魏晓娜：《客观真实的价值与困境》，载《法学研究》2004 年第 6 期，第 123 页。

③ 参见《参考消息》2005 年 10 月 12 日版。

讼认识的真实性，并不是说诉讼认识的真实性不能通过实践来检验，也不是说不能绝对确定诉讼认识的虚假性。实际上，对诉讼认识真实性的实践检验，虽然不能证实诉讼认识，不能使认定事实主体绝对确定诉讼认识的真实性，但"可以检验出司法证明认识的谬误"，[①]有可能证伪诉讼认识，能够使认定事实主体绝对确定诉讼认识的虚假性，其中典型的例子，如湖北佘祥林杀妻案，"死亡"的"被害人"的重新出现证伪了原来的"佘祥林杀害了他的妻子"这个诉讼认识，也就绝对确定了原来的诉讼认识的虚假性。[②]此外，通过实践检验，即使不能证实或证伪诉讼认识，但有可能使认定事实主体加强或削弱原来的关于诉讼认识真实性的信念，这样的例子比比皆是，诉讼中实践检验发挥作用的多属于这种情况。

小　结

在诉讼中，对诉讼认识的真实性能够进行证明，而且通过证明行为能够达到证明的程度，但是由于不能绝对确定作为证明根据的证据所揭示的内容的真实性，而且诉讼证明中运用的推理多数是或然性推理，所以通过诉讼证明，诉讼认识的真实性不能证实，即诉讼认识、认定事实主体不能绝对确定诉讼认识的真实性。而且，由于实践不能使案件事实重现，检验诉讼认识的真实性也只能依据证据，而在实践检验过程中收集的证据同样具有虚假可能性，所以通过实践检验，同样不能证实诉讼认识，诉讼认识、认定事实主体仍

---

① 刘金友：《论马克思主义认识论与证据规则的圆融》，载樊崇义主编：《诉讼法学研究》第10卷，中国检察出版社2006年版，第69页。

② 当然，并非只有事后的实践检验才能证伪诉讼认识，有时通过诉讼证明也能够证伪诉讼认识。

然不能绝对确定诉讼认识的真实性。当然，不能证实并非不能检验，也并非不能证伪，通过诉讼证明或实践检验有时能够证伪诉讼认识。

诉讼认识、认定事实主体不能绝对确定某个具体的诉讼认识的真实性，但我们又相信多数情况下诉讼认识是真实的，表面上看这似乎是一对矛盾，实际上并不矛盾。日常生活中这样的事例很多，比如说你负责为某单位从一批大学毕业生中招聘10个优秀的员工，你根据毕业生的学历、经历、成绩、获奖情况、面试表现等因素，招进了10个你认为是优秀的人。笔者相信，因为有学历、经历、成绩、获奖情况、面试表现等方面的依据，不管是谁都能通过判断这些因素，相信这10个人中多数确实是优秀的。但是，只要是以前没有接触过这些毕业生的人，在与他们签约时，都不能绝对确定具体哪一个人是优秀的，因为经历、成绩、获奖情况虽然一般都是真实的，但不能完全排除虚假的可能，而即使都是真实的，学历、经历、成绩、获奖情况、面试表现这些因素也并不绝对地反映一个人的优秀程度。在这里，不能绝对确定具体哪个人是优秀的，与相信这10个人多数是优秀的，并不矛盾。诉讼认识的真实性问题同样如此。①

① 当然，这个例子与诉讼认识的真实性问题还是有点区别，前者可以通过长期的实践检验，证实谁是优秀的，而后者虽然可以通过实践检验证伪某些认识，却无法通过实践检验证实哪些认识是真实的。

第五章　真实与认定事实标准

由于学界探讨诉讼中的真实问题，多以认定事实标准或曰证明标准问题的面目出现，而且在以什么作为认定事实标准的争论中，不管是哪种观点，都主张以某种意义的“真实”作为标准，所以探讨诉讼中的真实问题，不能不探讨认定事实标准或曰证明标准问题。本章主要探讨的是：能否以真实作为认定事实标准？如果不能，那么应当以什么作为认定事实标准？

在探讨之前，需要对“认定事实”与“认定事实标准”概念及相关问题稍作说明。

第一节　认定事实及认定事实标准的几个问题

一、认定事实

（一）何谓认定事实

认定事实，就是判断事实是否存在，也就是凭借一定的根据，确认作为认定对象的某种事实是否存在。认定事实是仅仅指认定事实存在，还是包括认定事实存在和不存在两个方面，涉及对“认定”概念的理解和界定，需要进一步研究，但这个问题不影响本书下文的展开，这里姑且将认定事实理解为肯定事实存在与否定事实存在两个方面。

认定事实中的“认定”，并非不可推翻的认定。认定事实不限于审判阶段对事实的认定，终审裁判中对事实的认定是认定事实，侦查阶段、审查起诉阶段认定犯罪事实存在或不存在，也属于认定事实。

（二）认定事实的主体

在审判阶段，裁判者作出裁判，显然需要对事实进行认定，所以裁判者是认定事实的主体。前面说过，认定事实并不一定是终局的认定，所以，不但终审、再审的裁判者有权进行事实认定，[①] 而且侦查阶段、审查起诉阶段都存在认定事实行为，都有认定事实主体，如在侦查阶段，移送审查起诉需要以认定犯罪事实存在为前提，如果认定犯罪事实不存在，则撤销案件；在审查起诉阶段，提起公诉需要以认定犯罪事实存在为前提，如果认定犯罪事实不存在，则作出不起诉决定。依此类推，其他阶段，如提出抗诉、提起再审，等等，都存在认定事实行为和认定事实主体。[②]

甚至在某种意义上，辩护律师也是认定事实主体，如认定犯罪嫌疑人、被告人是否实施了被指控的犯罪行为。但是，与裁判者、审查起诉人员、侦查人员等认定事实主体的能够产生一定法律效力的认定事实行为不同，辩护律师的认定事实行为仅作为其提出辩护意见的根据，不能产生法律效力，从下面将要探讨的认定事实标准的角度考虑，也就不需要认定的标准了，所以本书所指的认定事实不包括不能产生法律效力的认定事实行为，认定事实主体也仅限于其认定事实行为能够产生一定法律效力的法定人员，如侦查人员、

① 这里只是从“认定事实”这个用语出发来分析“认定事实”及其主体，至于在各国的立法和司法实践中，哪个阶段可以审理事实，哪个阶段不再对事实进行审理和认定，与本书这个问题不一样，不属于这里考虑的问题。

② 进一步说，认定事实主体也不限于如裁判者这样有“名分”的主体，在有的国家如我国，诸如审判委员会委员、检察委员会委员等也有实际上的认定事实权力，他们也都属于本书的认定事实主体。

审查起诉人员、裁判者以及如我国的审判委员会委员、检察委员会委员等其他具有实际认定事实权力的人员。[①]

在这些具有法律效力的认定事实行为中，裁判者的认定事实行为最具有典型性，而且裁判者的认定事实具有一定意义的终局性，[②] 所以裁判者认定事实的标准相对比较重要，研究裁判者认定事实的标准也更有意义，本书探讨的认定事实及认定事实标准多侧重于从裁判者的角度考虑。

二、认定事实标准

（一）认定事实标准与证明标准、证明目的、证明要求

本书中的“认定事实标准”和诉讼法学中普遍运用的“证明标准”概念，只不过是从不同角度的表述，而没有实质区别。前者是从认定事实主体角度来说的，后者是从证明主体角度来说的。由于本书区分了“证明证实”的行为意义和结果意义，区分了结果意义上的“证明”与“证实”，区分了证明的标准与证实的标准，目前诉讼法学中的“证明标准”概念既可能指“证明”标准，也可能指“证实”标准，笼统地称“证明标准”可能引起混乱，也难以准确表达笔者的想法，而且“认定事实标准”比“证明标

① 前面说过，认定事实伴随诉讼认识，本书中，诉讼认识主体与认定事实主体的范围是一致的，根据上下文，有时称“诉讼认识主体”，有时称“认定事实主体”，有时称“诉讼认识、认定事实主体”，其所指都是一样的。

② 这里需要作两点说明：一是侦查阶段、审查起诉阶段实际上也有相对终局性的认定事实行为，如认定事实不存在，侦查阶段撤销案件，审查起诉阶段作出不起诉决定；二是裁判者认定事实的终局性也是相对的，初审裁判的认定事实可以被终审裁判推翻，在有的国家如我国，终审裁判的认定事实也可能被推翻。

准”概念似乎更合适一些。[①] 所以，本书倾向于使用“认定事实标准”概念。当然，笔者并非反对使用“证明标准”概念，在引用他人观点时，也会引用“证明标准”概念。

至于“证明目的”，在笔者看来，目的就是目的，标准就是标准，目的和标准决不可混淆，证明目的、目标显然高于证明的标准，证明的标准是最低程度的标准，而证明的目标则是理想中所能达到的最高程度。所以，“证明目的”与“证明标准”不应该混用。

还有“证明要求”，笔者认为，证明要求可以是立法者对证明应该达到的程度的要求，也可以理解为裁判者对诉讼双方证明应该达到的程度的要求，与“证明标准”概念也只是表述的不同。[②]

（二）刑事诉讼中认定事实标准的适用对象

前面说过，认定事实包括认定事实存在与认定事实不存在。那么，在刑事诉讼中，在认定事实标准意义上的认定事实，是认定事实存在，还是认定事实不存在呢？或者是二者兼而有之？或者从审判阶段来说，认定事实标准是适用于有罪认定、有罪裁判，还是同时适用于无罪认定、无罪裁判？有的学者认为，认定事实标准或曰证明标准既适用于有罪裁判，也适用于无罪裁判，如他们认为，“在现代刑事证明责任的辅助下，刑事证明标准不仅是有罪裁判的

---

① 如有学者认为，“所谓证明本身并非裁判者为之，而是法律和法官要求当事人所为。因此，标准其实就掌握在作为裁判者的法官手中。而法官就是根据这一标准去衡量当事人的证明是否达到揭示案件真实，乃至案件事实的内在关系。如此看来，所谓的证明标准其实是法官判断当事人是否能够证明其主张的尺度，如果这样，倒不如强调裁判标准更符合认识案件事实和其内在联系的目的”（参见刘荣军：《目的与方法、证明与裁判》，载《法学研究》2004 年第 6 期，第 113 页）。

② 当然，也有人认为“证明要求”与“证明标准”并不相同，由于这个问题与本书主旨无关，这里不深入探讨。

标准，同时也应成为无罪裁判的尺度。”①“如果主张客观真实的证明标准（即要求裁判有罪必须达到主观符合客观的程度），将无法解释无罪判决依据的是何种（事实）标准。在此，应当明确的是，尽管证明标准是从有罪角度出发予以规定的，但是，证明标准并不存在有罪证明标准和无罪证明标准的区分，在功能上，证明标准同时既是裁判有罪的尺度又是裁判无罪的标准。”②

持此主张的，一般都是法律真实论者，他们将无罪裁判的证明标准视为其提出和论证“法律真实说”的一个非常重要的论据。他们的论证思路可能是：在刑事诉讼中，如果控告者的证明未能达到证明标准的要求，被告人并未洗脱犯罪嫌疑，事实真相处于真伪不明的状态，这时应当宣告被告人无罪，宣告无罪就是肯定被告人无罪，那就是说，已经证明或肯定被告人无罪是真实的，既然被告人是否有罪处于存疑状态，而却要肯定被告人无罪是真实的，这种真实不就是一种法律上的“真实”吗？如果坚持客观真实说，那怎么解释这种“真实”？

然而，这个说法却是难以成立的。作出无罪认定或者说无罪裁判哪里需要认定事实标准或曰证明标准？我们知道，对于被指控的犯罪事实是否存在，指控是否成立，如果证据不足存有疑问，则应当作出无罪裁判，这是无罪推定原则和疑罪从无原则的要求。现代世界各国普遍奉行无罪推定原则，无罪推定原则的基本要求之一是：主张被告人有罪的控方须承担证明责任，证明被告人有罪，而被告人无须证明自己无罪，即对自己的无罪不承担证明责任。如果

---

① 樊崇义、吴宏耀：《刑事证明标准的背后：无罪裁判》，载《人民法院报》2002年3月4日第B02版。

② 吴宏耀：《刑事证明标准研究评述》，载樊崇义主编：《诉讼法学研究》第1卷，中国检察出版社2002年版，第529页。

被告人有罪证据不足，存有疑问，则应当作出无罪处理。[①] 根据这一要求，只要对被告人实施犯罪行为、被告人有罪的证明没有达到法定的证明标准，没有完成证明任务，裁判者就要认定有罪事实不存在，就要宣告被告人无罪。裁判者认定有罪事实不存在，宣告被告人无罪，并不是有充足的证据证明被告人没有实施犯罪行为，也不是因为达到了认定事实标准，而是基于无罪推定原则和疑罪从无原则的要求。要认定犯罪事实存在，作出有罪认定，则证据必须充足，证明必须达到一定的程度。而被告人没有实施犯罪行为，被告人无罪，是不需要证明的，既然不需要证明，哪里还需要证明的标准？哪里还需要认定的标准？所以，证据不足，案件事实真伪不明时作出无罪的认定，只是刑事诉讼中无罪推定原则和疑罪从无原则的要求，而非因为对被告人没有实施犯罪行为、被告人无罪的证明达到了证明的标准和要求。正如塞西尔所说的，一个无罪裁判并不必然地意味着陪审团确信被告人无罪，而不过是意味着陪审团认为案件中的证据不能合法而又充分地证明被告人有罪。[②]

我们还可以换个角度来说明这个问题。本书中认定事实标准实际上就是证明标准，从“证明标准”中的“证明”概念来看，“证明”是承担举证责任的一方的证明，证明标准当然是对承担举证责任一方的证明的要求，在刑事诉讼中，被告人对自己的无罪无须承担举证责任，所以裁判者裁判被告人无罪，当然没有证明标准的要求了。正如有学者指出的，对诉讼中的双方来说，证明标准只是相对于有举证责任的一方而言才有意义，相对于无举证责任的另一方来说，如果不存在举证责任转移这种情况的话，证明标准是没有

① 刘金友主编：《证据法学（新编）》，中国政法大学出版社 2003 年版，第 273 ~ 274 页。

② ［英］J.W. 塞西尔·特纳著：《肯尼刑法原理》，王国庆、李启家等译，华夏出版社 1989 年版，第 549 页。

意义的。正因为如此，在刑事诉讼中，证明标准作为法律规定时，只是相对于控告者才发生作用，对被告人而言并没有意义。[①] 相应地，对于认定事实来说，认定事实标准也只是对于认定有罪事实存在而非认定有罪事实不存在的要求。

可见，在刑事诉讼中，就审判阶段来说，认定事实标准或曰证明标准是确定应否肯定有罪控告的真实性的标准，而不是确定应否肯定无罪真实性的标准。因为无罪不需要证明，当然没有、也不需要证明无罪的标准。[②]

所以，作出无罪裁判是不需要认定事实标准的，同样地，在侦查阶段和审查起诉阶段，认定有罪事实不存在，作出撤销案件、不起诉的决定，同样不需要认定事实标准。

当然，以上的说法有些笼统，容易让人理解为控诉方对其主张的证明需要一定的标准，辩护方对其主张的证明不需要一定的标准。实际上，在刑事诉讼中，有时辩护方也需要承担一定的举证责任，此时认定其主张的事实存在，同样需要一定的标准。例如，控诉方举证证明了被告人实施杀人行为后，辩护方如果提出被告人当时不在场，或者属于正当防卫，则需要举出当时不在场或者正当防卫的一定证据，而且其证明至少应当达到能够引起合理怀疑的程度，否则其意见可能不被采纳。

---

① 王敏远：《一个谬误、两句废话、三种学说——对案件事实及证据的哲学、历史学分析》，载王敏远编：《公法》第4卷，法律出版社2003年版，第262页。

② 参见陈光中、陈海光、魏晓娜：《刑事证据制度与认识论——兼与误区论、法律真实论、相对真实论商榷》，载《中国法学》2001年第1期；王敏远：《一个谬误、两句废话、三种学说——对案件事实及证据的哲学、历史学分析》，载王敏远编：《公法》第4卷，法律出版社2003年版，第263页。同样，在民事诉讼中，认定事实标准是“确定应否肯定有举证责任之原告诉求真实性的标准，而不是确定应否肯定无举证责任之被告诉求真实性的标准”（参见王敏远文，第263页）。

第二节　刑事诉讼中的认定事实标准——以有罪裁判为例

由于本书的主要研究对象是刑事诉讼，刑事诉讼中以裁判中的有罪认定最具有典型意义，所以这里以刑事裁判中的有罪认定为例，探讨一下认定事实标准问题。

一、“真实”本身不能作为认定事实标准，认定事实标准只能是认定事实主体内心对诉讼认识真实性的某种程度的信念

前面说过，诉讼中存在两种不同的诉讼认识，第一种诉讼认识以客观的案件事实为认识对象，第二种诉讼认识以第一种诉讼认识为认识对象。区分两种不同的诉讼认识，对于探讨认定事实标准问题极有意义。因为即使对案件事实的认识是符合客观实际的，即它是真实的，但如果没有认识到对案件事实的认识是符合客观实际的，即不能绝对确定它就是真的，则仍然不能以真实作为认定事实标准。①

诉讼中，以什么作为认定事实标准，只有两种选择，一种是客观的标准，另一种是主观的标准。既然诉讼中应当追求真实，则认定事实也应当以追求真实为己任，应当努力使认定的“事实”是真实的，那么认定事实标准也应当以“真实”为内容，围绕“真实”来设定。所以，以上两种选择可以具体化为：一是某种意义

---

① 有人认为，只要关于案件事实的认识符合客观实际，即关于案件事实的认识是真实的，那么也就可以以真实作为认定事实标准，这正是没有意识到诉讼中两种不同诉讼认识的区分的表现。对此下文另有论述。

的“真实”，二是关于诉讼认识真实性的信念。① 某种意义的“真实”，表述很多，但在笔者坚持“真”的符合论的立场上，在主张“真”是客观的、“真”没有程度之分的前提下，如果某种意义的“真实”指的是认识与其认识对象的符合，则就是真实，就是客观真实，如果并非指认识与其认识对象的符合，则就是虚假，而非真实。所以，笔者所说的“真实”只能是“客观真实”。其他的“真实”，或者是客观真实，或者是虚假，或者只是一个伪概念。

由于诉讼中应当追求真实，诉讼认识、诉讼证明、认定事实都应当追求真实，所以如果能够直接以真实作为认定事实标准，当然是最理想不过的了。而能否以真实作为认定事实标准，取决于诉讼中能否追求到真实，即关于案件事实的认识是否真实以及认定事实主体能否绝对确定关于案件事实的认识的真实性，如果诉讼中多数情况下能够追求到真实，即关于案件事实的认识多数情况下是真实的，而且认定事实主体在具体案件中能够绝对确定关于案件事实的认识就是真实的，那么，就可以真实作为认定事实标准，也就应当以真实，即客观真实作为认定事实标准。②

但是，根据前面的论述，虽然诉讼中多数情况下能够追求到真

---

① 认定事实标准在具体主张及其表述上，可能有很多，但是如果不是“牛头不对马嘴”，那么归根结底，都应当是这两种的其中之一或是两者的混合。当然，有一个例外，那就是像法定证据时期那样以形式标准作为认定事实标准。但是，笔者相信，现在应该没有人会如此“倒退”地主张纯粹的形式标准，充其量是主张形式标准与关于真实的某种程度的信念的结合，形式标准只不过是一个辅助性因素。

② 在前面“‘真’与对‘真’的信念”的探讨中，笔者指出，在“真”乃认识与它所揭示的认识对象的符合的“符合论”立场上，只有认识对象呈现，能够将认识与其认识对象相对照，才能使认识主体对认识真实性的信念达到绝对确定的程度，才能绝对确定认识的真实性。所以，如果关于真实性的信念达到了绝对确定的程度，那就说明认识对象已经呈现了，而一旦认识对象呈现，认识与认识对象的符合就已经是清清楚楚、明明白白的了，认识的“真”就是绝对确定的了，已经不容许认识主体对它有所怀疑了，此时当然可以而且应当以真实，即客观真实作为认定事实标准。

实，即以案件事实为认识对象的第一种诉讼认识在多数情况下符合客观实际，而且对第一种诉讼认识的真假的认识也在多数情况下符合第一种诉讼认识的真假，但是在一个个具体的诉讼案件中，由于客观的案件事实不复存在，而且诉讼认识、认定事实主体，对于客观的案件事实，都是非直接知情者，在案件事实发生时都没有直接“接触”客观的案件事实，所以，不管是通过诉讼证明，还是通过实践检验，都不能使认定事实主体绝对确定诉讼证据的真实性，不能绝对确定客观的案件事实是什么，不能绝对确定某个关于案件事实的认识就是符合客观的案件事实的，不能绝对确定某个关于案件事实的认识就是真的，[①] 此时即使关于诉讼认识真实性的信念程度非常高，但也仍然只是信念，所以，不能以真实，即客观真实作为认定事实标准，以真实作为认定事实标准是一个不切实际的要求。[②] 正如有学者指出的，“即使裁判事实‘达到了客观真实’，由于在裁判当时，裁判者无法知晓自己的认识是否达到了客观真实（否则，也就不会有错案了），所以，客观真实根本无法作为裁判的尺度和标准。”[③] 达马斯卡先生也指出，即使我们对刑事裁判的错误容忍度很小，对证明标准要求很高，但正如所有大陆法系和普通法系国家那样，要达到完全确信是一个不可能实现的苛刻要求，而且，对裁判的过程中证据充分性的要求始终保持不变，从心理学

---

① 当然，前面说过，不能证实并不一定不能证伪，虽然无法使认定事实主体绝对确定某个关于案件事实的认识就是真实的，但有时通过诉讼证明或实践检验能够证伪诉讼认识，能够使认定事实主体绝对确定某个关于案件事实的认识就是假的。

② 这是因为在任何一个案件中，虽然关于案件事实的认识很可能是真实的，但在认定事实主体的主观判断中不能绝对确定这个认识就是真的，如果仍然要求以（客观）真实作为认定事实标准，则将没有一个案件能够达到认定事实标准。

③ 吴宏耀著：《诉讼认识论》（博士学位论文），中国政法大学图书馆馆藏，2002年，第149页。

上来讲也不可思议。①

换个角度来说，诉讼中如果以真实作为认定事实标准，实际上与直接以客观的案件事实作为认定事实标准没有区别。因为要以真实为认定标准，那么首先必须能够绝对确定关于案件事实的诉讼认识就是真的，而要绝对确定关于案件事实的认识就是真的，就是符合客观实际的，在“真”的符合论的立场上，必须是客观的案件事实出现，将关于案件事实的认识与案件事实进行对照，才能绝对确定两者就是符合的。既然客观的案件事实出现了，那么也就可以直接以客观的案件事实作为认定事实标准了。

如果可以以客观真实为认定事实标准，说明不但关于案件事实的认识符合客观实际，而且认定事实主体也能够绝对确定关于案件事实的认识是符合客观实际的，那么，司法实践中就不应该出现错案。② 如果出现错案，说明作为标准的，还仅仅是关于真实的某种程度的信念，而非真实本身。而实际上，司法实践中基于人类认识能力局限性所致的错案屡有发生，可见作为认定事实标准的，并不是客观真实本身。

既然不能以真实作为认定事实标准，客观的标准不可行，那么只能求诸于主观的标准，只能以认定事实主体内心关于诉讼认识真实性的某种程度的信念作为认定事实标准。

下面，通过比喻对不能以真实作为认定事实标准的说法作进一步说明：

例一：以制造汽车为例，假设人们对于汽车制造的国际标准并不确定，只是了解一些但不是完全清楚，即使给他一个标准，他也

---

① ［美］米尔吉安.R. 达马斯卡著：《比较法视野中的证据制度》，吴宏耀、魏晓娜等译，中国人民公安大学出版社2006年10月版，第132页。

② 这里的错案仅仅指由于人类认识能力的局限性导致的错案，而不包括认定事实主体故意或过失造成的错案。

不能完全确定它是否国际标准，那么怎能要求汽车生产一定要以国际标准为标准？在诉讼中也是如此，如果不能绝对确定任何一个具体的关于案件事实的诉讼认识是真实的，又怎能以真实作为普遍的、一般的认定事实标准？

例二：我们经常需要填写一些表格，如履历表、申请表等，在可以手写的表格中，一般对用什么笔或用什么墨水填写有一定要求。如果表格要求用钢笔填写，否则作废，而假设我们在任何一次具体的情况下，对于某一支笔是否钢笔都不能绝对确定，那么还能要求用钢笔填写表格吗？如果表格要求用碳素墨水填写，否则作废，而假设我们在任何一次具体的情况下，对于某一种墨水是否碳素墨水都不能绝对确定，那么还能要求用碳素墨水填写表格吗？

例三：过马路时，一般以红绿灯作为能否过马路的标准，红灯亮时不能过，绿灯亮时可以过，如果人们对马路对面的灯是红的还是绿的不能绝对确定，又怎能以红绿灯作为能否过马路的一般标准？①

同样的，在认定事实中，既然认定事实主体不能绝对确定诉讼认识的真实性，也就不能使真实本身作为认定事实标准，作为标准的只能是认定事实主体内心关于诉讼认识真实性的某种程度的信念。

二、何种程度的信念可以作为刑事裁判有罪认定的标准

前面说过，认定事实主体只能以其内心关于诉讼认识真实性的

① 当然，这个例子也许没有现实感，大家对此也没有切身体会，因为一是在绝大多数情况下，在一个个具体的判断中，人们都能够绝对确定地判断它是红灯还是绿灯；二是即使色盲，他也能跟着大家一起走，不会因为不知道对面是红灯还是绿灯而不知所措；三是现实生活中，即使判断错误，甚至故意违反，出事故的可能性毕竟很小，行人完全可以自己判断有没有车辆经过。而如果进一步假设，只要判断错误，即看错了红绿灯，必然被重罚，那情况可能就不一样了。

某种程度的信念作为认定事实标准。接下来的问题是，对真实的信念有程度之分，那么应当以何种程度的信念作为认定事实标准呢？

认定事实标准是认定事实存在的标准，在刑事裁判中主要是认定有罪的标准，① 有罪认定关系到公民个人的人身自由、财产乃至生命等重要权利，正如李学灯先生所说的，“刑事有罪之判决，对于人之生命，身体、自由、名誉关系重大，一经误判，则将殃及无辜。”② 所以，为了保障个人权利不至于被国家恣意侵害，保证认定事实的尽可能正确，防止错误地将无罪的公民认定为有罪，刑事诉讼中有罪认定必须坚持非常高程度的认定事实标准，③ 而且程度越高越好，也就是一个尽可能高的标准。④ 所以，这个标准应当是在绝对确定程度之下的、尽可能接近绝对确定程度的标准，即尽可能接近绝对确定程度的信念。⑤

---

① 当然，前面说过，认定事实标准不仅仅是认定有罪的标准，如认定被告人行为是否属于正当防卫这样的事实，也需要标准。

② 李学灯著：《证据法比较研究》，台湾地区五南图书出版公司 1992 年版，第 393 页。贝卡里亚先生也说过，“证实某人是否犯罪所要求的肯定性，是一种对于每个人生命攸关的肯定性”（参见［意］切萨雷·贝卡里亚著：《论犯罪与刑罚》，黄风译，中国大百科全书出版社 1993 年版，第 19 页）。

③ 正如有学者所说的，“要求检察方面的证据达到这么高的证明标准是保护诉讼主体的人权所必需的。必须小心谨慎不去给一个无辜的人定罪。”参见 Rupert Cross, D. C. L. &Nancy Wilkins , An Outline of the Law of Evidence, Butterworths &Co.（Publishers）Ltd. ,1964, p. 33. 转引自张建伟著：《司法竞技主义——英美诉讼传统与中国庭审方式》，北京大学出版社 2005 年版，第 338 页。

④ 因为对关于案件事实的认识真实性的信念的程度越高，对关于案件事实的认识真实性的判断就越准确，认定事实正确的可能性就越大，作出正确裁判的可能性也就越大。

⑤ 认定事实标准是认定事实应当遵循的最低标准，本书指出认定事实标准应当是一个程度非常高的标准，是说这个标准本身必须是程度非常高的，与认定事实标准是认定事实应当遵循的最低标准的说法并不矛盾。认定事实标准一旦设定，不管有多高，都是认定事实的最低要求和标准。

三、以“排除合理怀疑”作为刑事裁判有罪认定的标准是相对理想的选择

前面说过，认定事实标准应当是一个程度尽可能高的标准，由于不能以真实本身作为认定事实标准，所以只能以尽可能高程度的关于真实的信念，即尽可能接近绝对确定程度的信念作为认定事实标准。那么，符合这个要求的标准是什么呢？

根据无罪推定原则和疑罪从无原则，在刑事诉讼中，如果通过对全案证据的综合分析和审查判断，裁判者对于需要认定的犯罪事实是否存在还有疑问，也就是事实处于真伪不明状态，则不能认定犯罪事实，而应当作出无罪裁判。[①] 也就是说，要认定犯罪事实存在，认定被告人有罪，一个最起码的要求是，必须使案件中关于被告人是否实施了犯罪行为、被告人是否有罪不存在疑问，即必须排除被告人是否有罪的疑问，否则应当做无罪处理。

那么，这里需要排除的疑问是一切疑问还是其他程度的疑问？我们先假设是排除一切疑问。排除一切疑问，包括合理的疑问和不合理的疑问，实际上也就是在主观信念上达到了绝对确定的程度，也就是能够绝对确定案件事实是什么了，能够绝对确定关于案件事实的认识是否真实了。如果能够排除任何疑问包括不合理的疑问，那么，也就可以以真实作为认定事实标准了。对此，前面已经论

---

① 不论是普通法系还是大陆法系国家，刑事案件中事实方面的疑问都是作有利于被告人的处理，这是现代法律制度信奉的原则，是当代几乎所有司法辖区认可的公理（参见［美］米尔吉安．R. 达马斯卡著：《比较法视野中的证据制度》，吴宏耀、魏晓娜等译，中国人民公安大学出版社2006年10月版，第130～131页）。我国刑事立法和司法实践也体现了这两个原则，如我国刑事诉讼法第12条规定：“未经人民法院依法判决，对任何人都不得确定有罪。”第162条规定，经过法庭审理后，“证据不足，不能认定被告人有罪的，应当作出证据不足、指控的犯罪不能成立的无罪判决。”

述，这是不可能达到的。① 所以，要使对被告人是否有罪的认定不存在疑问，或者说排除疑问，只需要排除合理的疑问，而不需要排除任何疑问。正如日本学者所说的，“诉讼上的证明，其本质并非以科学实验为基础的逻辑上的证明，而是一种历史的证明。所以，通常都具有反证的余地。此时，如果没有‘合理的怀疑’，只有单纯的抽象的疑问，则可认为已经证明。”②

可见，基于疑罪从无原则的要求，要认定犯罪事实存在，认定被告人有罪，必须排除被告人是否有罪的疑问，但又不需要排除任何疑问，只需要排除合理的疑问。这样，“排除合理怀疑”就顺理成章地进入了我们的认定事实标准的考虑范围。

那么，“排除合理怀疑”是否符合要求的高程度的标准？

“排除合理怀疑”这个词语属于外来物，③ 可以说是英美法系国家诉讼理论中关于认定事实标准的典型表述。那么，我们可以看看，在英美法系国家，“排除合理怀疑”这个标准属于何种程度的标准。

在英美法系国家，排除合理怀疑要求对刑事案件的证明必须达到诉讼认识所能达到的最高程度。④ 排除合理怀疑标准被认为是诉

---

① 如美国证据规则和证据理论中关于证明程度的九等程度中，最高程度是绝对确定，而绝对确定也被认为是不可能达到的，也是无论出于何种法律目的都是不必要的，参见卞建林：《美国刑事诉讼简介》，载《美国联邦刑事诉讼规则和证据规则》，卞建林译，中国政法大学出版社 1996 年版，第 22 页；张建伟著：《司法竞技主义——英美诉讼传统与中国庭审方式》，北京大学出版社 2005 年版，第 349 页。

② ［日］石井一正著：《日本实用刑事证据法》，陈浩然译，台湾地区五南图书出版公司 2000 年版，第 323 页。

③ 一般认为，排除合理怀疑规则出现于 1789 年，参见［美］约翰．W. 斯特龙主编：《麦考密克论证据》，汤维建等译，中国政法大学出版社 2004 年版，第 659 页。

④ 陈永生：《排除合理怀疑及其在西方面临的挑战》，载《中国法学》2003 年第 2 期。根据陈永生博士的研究，排除合理怀疑标准实际上是一个接近绝对确定程度的标准。

讼中人类认识能力所能达到的最高标准，如在美国证据规则和证据理论中，将证明的程度一共分为九等：第一等是绝对确定，由于认识论的限制，认为这一标准无法达到，因此无论出于任何法律目的均无这样的要求；第二等即排除合理怀疑，为刑事案件作出定罪裁决所要求，也是诉讼证明方面的最高标准。[①] 美国联邦最高法院规定排除合理怀疑标准是“要求事实的认定者对被告人有罪的认定达到一种接近确定的主观心理状态”。[②]

如果用数量或曰百分比来衡量和表示的话，绝对确定是100%的程度，而排除合理怀疑的确定程度则可达到95%。[③] 在1978年的美国诉费蒂科案件中，初审法院将排除合理怀疑也界定为95%的可能性。[④] 美国华尔兹教授认为，如果用一个1~10分的评分表来表示的话，优势证明只需要6分，而排除合理怀疑则需要9分。[⑤] 英国著名证据法学家墨菲认为，虽然很难用一个具体的百分比来表示排除合理怀疑，但用百分比表示出排除合理怀疑的大致范围还是可能的。他用图示表示：在刑事诉讼中，当控方的主张证明到49%的可能性，辩方的主张为51%的可能性时，辩方胜诉；当控方的主张证明到51%的可能性，辩方的主张为49%的可能性时，

---

① 卞建林：《美国刑事诉讼简介》，载《美国联邦刑事诉讼规则和证据规则》，卞建林译，中国政法大学出版社1996年版，第22页。

② Jon O. Newman, Beyond“Reasonable Doubt”, N. Y. U. L. Rev. Vol. 68, 1993, p. 983－984. 转引自陈永生：《排除合理怀疑及其在西方面临的挑战》，载《中国法学》2003年第2期。

③ 张建伟著：《司法竞技主义——英美诉讼传统与中国庭审方式》，北京大学出版社2005年版，第349页。

④ United Ststes v. Fatico, 458 F. Supp. 388, 406 (E. D. N. Y. 1978), Affd. 603, F. 2d, 1053 (2d Cir. 1979), cert. Denied, 444, U. S. 1073 (1980). 转引自陈永生：《排除合理怀疑及其在西方面临的挑战》，载《中国法学》2003年第2期。

⑤［美］乔恩. R. 华尔兹著：《刑事证据大全》（修订本），何家弘等译，中国人民公安大学出版社2004年版，第395页。

仍然是辩方胜诉；只有当控方的主张证明到远远超过 90% 的可能性时，控方才能胜诉。[①]

“排除合理怀疑”有时被认为与“盖然的确实心证”、“良知之确信”、“道德上的确信”是同一个意思，如澳大利亚判例认为，要求在刑事诉讼中认定有罪必须达到具有道德确定性的程度与要求达到排除合理怀疑的程度是同义语。[②] 而根据我国台湾地区学者李学灯先生的理解，“盖然的确实心证”、“良知之确信”，都指 moral certainty，达到这个程度的确信，相当于九分九厘无错误之确实。[③] 还有巴巴拉.J. 夏皮罗教授也认为，“关于事实的知识必须在可能性的范畴中加以考虑。尽管司法上的发现从来不能达到几何学所证明的确定性，但是在最佳条件下，能达到可能性的顶峰，即一个理性的人无理由怀疑的道德上的确定性。”[④] 也就是将“道德上的确定性”，即“排除合理怀疑”视为可能达到的“顶峰”。

从以上学者和司法实务工作者尤其是西方国家的法官和法学家对排除合理怀疑的解释来看，排除合理怀疑标准是一个程度非常高的、接近绝对确定程度的标准，从西方国家学术理论成果和司法实践经验来看，似乎找不到一个比“排除合理怀疑”更合适的接近绝对确定程度的关于认定事实标准的表述。

可见，既然诉讼中不能以真实作为认定事实标准，而只能以认定事实主体内心关于真实的某种程度的信念作为标准；作出有罪认

---

① Peter Murphy, Murphy on Evidence (seventh edition), Blackstone Press Limited, 2000, p. 120.

② Peter Gillies, Law of Evidence in Australia (2d ed.), Legal Books, 1987, p. 70. 转引自陈永生：《排除合理怀疑及其在西方面临的挑战》，载《中国法学》2003 年第 2 期。

③ 李学灯著：《证据法比较研究》，台湾地区五南图书出版公司 1992 年版，第 421 页注 94。

④ [美] 巴巴拉.J. 夏皮罗：《对英美“排除合理怀疑”主义之历史透视》，熊秋红译，载王敏远编：《公法》第 4 卷，法律出版社 2003 年版，第 108 页。

定至少必须排除合理怀疑，或者说认定事实的最低要求是排除合理的怀疑；作为认定事实的标准，应当是尽可能接近绝对确定程度的标准，而“排除合理怀疑”正是符合这些要求的标准，那么，刑事裁判中以“排除合理怀疑”作为有罪认定的标准，应当是相对理想的选择。① 这是一个具有普适性的认定事实标准，在我国也不例外。

四、“排除合理怀疑”标准的理解与运用

在英语中，“排除合理怀疑”即 beyond reasonable doubt。如何理解和界定这一词语，从来就没有达成完全一致的共识。权威的《布莱克法律词典》的解释是，所谓“排除合理怀疑”，“是指充分证实，完全确信，达到道德上的确定性。这一词语与清楚、准确、无可置疑这些词语相当。”② 美国著名学者戴维特和布莱克玛起草的标准陪审团指示对“排除合理怀疑”是这样界定的：“排除合理怀疑不要求政府对被告人有罪的证明达到排除一切可能的怀疑程度。这一标准中的怀疑只是一种合理的怀疑。合理怀疑是一种有理由的、建立在共同意识基础上的怀疑——是一种使一个有理性的人感到犹豫的怀疑。因而排除合理怀疑的证明必须达到这样一种令人确信的程度：即一个有理性的人在日常生活中面临最重要的事务时不会犹豫并进而据此采取行动的程度。”③ 根据排除合理怀疑的要

---

① 当然，读者也能看出来，以“排除合理怀疑”作为刑事裁判中有罪认定的标准，只是笔者在见识范围内的理想选择，有可能存在一个更符合要求的但笔者没有发现的表述，或者将来可能出现更合适的表述，如果这样，笔者将会选择那个更符合要求的表述。至于为什么选择“排除合理怀疑”这个表述而不用“排他性”、“案件事实清楚、证据确实充分”这些表述，在下文中会有所探讨。

② Black's Law Dictionary, Abridged 6th Ed., West Publishing Co., 1991, p. 111.

③ Devitt & Blackmar, Federal Jury Practice and Instructions (4th ed.), West Publishing Co., 1987, p. 354. 转引自陈永生：《排除合理怀疑及其在西方面临的挑战》，载《中国法学》2003 年第 2 期。

求，控诉一方只证明一种有罪的可能性（即使是根据或然性的原则提出的一种很强的可能性）是不够的，而必须将事实证明到道德上的确信程度——能够使人信服、具有充分理由、可以据以作出判断的确信程度。①

以上主要是学理上对“排除合理怀疑”的解释，而司法实务工作者的解释有类似之处，如一个被广泛引用的定义是：“它不只是可能的怀疑；因为与涉及人的事情相联系的所有事物都存在着某种可能性或想象中的怀疑空间。它指的是案件的一种状态，在对所有证据作了总体比较和考虑之后，陪审团不能说他们感到已对指控的真实性形成了定罪方面的道德上的确定性……证据必须使事实的真实性达到合理的和道德上的确定性的程度；一种说明和标示这种理解，并且令理性和判断满意的确定性……我们将其称之为排除合理怀疑的标准”。② 美国内华达州法院这样界定排除合理怀疑：“排除合理怀疑不仅仅是一种可能的怀疑，而是一种在重要的日常事务中能够影响和控制人们行为的怀疑。如果他们对指控的事实是坚定相信的，那么他们就不存在合理怀疑。合理的怀疑必须是一种实质性的怀疑，而不仅仅是一种可能性和推测。”③ 在 Miller v. Minister of Pensions 一案中，丹宁勋爵谈到刑事案件被告人被定罪前证据应当达到的使人信服的程度，他说：“必须妥善地达到该证明程度。它不需要达到确定（certainty）的程度，但必须达到高度的可能

---

① ［英］J. W. 塞西尔·特纳著：《肯尼刑法原理》，王国庆、李启家等译，华夏出版社 1989 年版，第 549 页。

② Commonwealth V. Webster, 59 Mass. (5 Cush.), p. 320 1850. 转引自［美］巴巴拉. J. 夏皮罗：《对英美“排除合理怀疑”主义之历史透视》，熊秋红译，载王敏远编：《公法》第 4 卷，法律出版社 2003 年版，第 64～65 页。

③ Jessica N. Cohen, the Reasonbale Doubt Jury Instruction: Giving Meaning to a Critical Concept, Am. J. Crim. L. Vol. 22, 1995, p. 687. 转引自陈永生：《排除合理怀疑及其在西方面临的挑战》，载《中国法学》2003 年第 2 期。

性。排除合理怀疑的证明并不意味着泯去所有怀疑的阴影的证明。如果允许臆测妄想的可能性使审判过程走向歧途，法律将不能为社会提供保护。如果指控一个人的证据如此强固，以至于有利于他的事实存在的可能性是遥不可及的（a remote possibility），足以作出'当然是可能的而不是微小的可能'的判决，该案件就被证明到了排除合理怀疑的程度；达不到这一点，案件的证明就得不到满足。"①

理解"排除合理怀疑"标准，关键是理解"合理怀疑"。定义"排除合理怀疑"之难，实际上是因为"合理怀疑"难以定义。关于"合理怀疑"，目前引用最为广泛的是美国加利福尼亚刑法典第1096条a的定义："它不仅仅是一个可能的怀疑，而是指该案的状态，在经过对所有证据的总的比较和考虑之后，陪审员的心里处于这种状况，他们不能说他们感到对指控罪行的真实性得出永久的裁决已达到内心确信的程度。"② 还有被引用较多的就是英国J. W. 塞西尔·特纳先生在《肯尼刑法原理》中的解释："所谓合理的怀疑，指的是陪审员在对控告的事实缺乏道德上的确信、对有罪判决的可靠性没有把握时所存在的心理状态。"③ 美国大法官Shaw在审理Webster教授谋杀Parkman博士一案时对陪审团解释的"合理怀疑"有类似之处："在对所有的证据进行比较、分析之后，案件情况使陪审团的思想处于这样的一种状态：他们不能说他们对指控的

---

① Rupert Cross, D. C. L. & Nancy Wilkins, An Outline of the Law of Evidence, Butterworths & Co. (publishers) Ltd., 1964, p. 33. 转引自张建伟著：《司法竞技主义——英美诉讼传统与中国庭审方式》，北京大学出版社2005年版，第337页。

② 卞建林：《美国刑事诉讼简介》，载《美国联邦刑事诉讼规则和证据规则》，卞建林译，中国政法大学出版社1996年版，第21~22页。

③ ［英］J. W. 塞西尔·特纳著：《肯尼刑法原理》，王国庆、李启家等译，华夏出版社1989年版，第549页。

事实真相形成了一种持久的确信和道德上的确定性”。①

其实，不管关于“排除合理怀疑”和“合理怀疑”的定义有多少种，其基本精神都是一致的，这从前述法典、判例、学说的介绍中可以看出。笔者认为，在具体理解和运用“合理怀疑”和“排除合理怀疑”时，主要应把握以下几点：

第一，与产生“合理怀疑”有关的案件事实，应当是案件中与定罪量刑有关的事实，而非对任何与定罪量刑无关紧要的事实的怀疑都可以称为“合理怀疑”。即使案件事实的部分事实或某些细节没有查清，但只要对这些没有查清部分的疑问不会影响待证事实本身已经达到的证明程度，则这种疑问就不属于“合理的怀疑”；反之，如果部分事实或某些细节的不清楚足以影响、动摇待证事实本身的证明程度，则存在“合理的怀疑”，而不得认定被告人有罪。② 正如我国台湾地区学者李学灯先生所说的，“合理之怀疑，及于构成犯罪之一切要件，但并非就每一细节，每一特殊事实，均须证明至无合理怀疑之余地。换言之，即须证明构成犯罪之一切要件，而排除每一合理无罪的假定。”③

下面日本司法实务中两个相反的判例可以说明这两种情况的具体样态：

判例一：住宅的烧毁系由被告放火所为，这一点从证据上看是清楚的。但是，被告以何种手段、在住宅的什么部位放的火并不明

① “联邦诉韦伯斯特”，《马萨诸塞州判例汇编》第59册，1850年，第295、320页，转引自［美］约翰．W. 斯特龙主编：《麦考密克论证据》，汤维建等译，中国政法大学出版社2004年版，第659页。

② 王亚新：《关于自由心证原则历史和现状的比较法研究——刑事诉讼中发现案件事实真相与抑制主观随意性的问题》，载王亚新著：《社会变革中的民事诉讼》，中国法制出版社2001年版，第331页。

③ 李学灯著：《证据法比较研究》，台湾地区五南图书出版公司1992年版，第667页。

确。后者的不明并不能导致对被告放火的事实本身产生合理的怀疑。被告被判有罪（日本高松高等裁判所1953年9月7日判决)。

判例二：住宅被烧毁是否因电热坐垫出火而引起尚有疑问。如果失火不是由于这一原因则被告是否有过失责任就成为问题。因此，是否由电热坐垫出火引起火灾这一点上的不明所导致的疑问属于合理的怀疑，不能认定失火罪的成立（日本大阪高等裁判所1952年5月10日判决)。①

第二，合理的怀疑“只能是有理由的怀疑，而不是随便怀疑；因为任何与人为的事务有关并且依赖于人为的证据的东西都容易存在可能的或想象中的怀疑。”② 也就是说，合理的怀疑应该是具体的、有一定事实根据的怀疑，相反的，抽象的、纯理论上的怀疑或缺乏一定事实根据的怀疑则不能称为合理怀疑。③ 正如李学灯先生所说的，“所谓怀疑，当然只是一种可以说出理由来的怀疑，而不是无故质疑。否则，对于任何纷纭的人事，都可能发生想象的或幻想的怀疑”，因此所谓合理之怀疑，必非以下各种的怀疑：非任意妄想的怀疑；非过于敏感机巧的怀疑；非仅凭臆测的怀疑；非吹毛求疵、强词夺理的怀疑；非于证言无征的怀疑；非故为被告解脱以逃避刑责的怀疑，如果属于以上各种的怀疑，即非通常有理性的

---

① 转引自王亚新：《关于自由心证原则历史和现状的比较法研究——刑事诉讼中发现案件事实真相与抑制主观随意性的问题》，载王亚新著：《社会变革中的民事诉讼》，中国法制出版社2001年版，第331页。这几个日本判例在不少地方被引用过，但它们实在是非常准确地说明了本书这里想说明的问题，所以不嫌与其他论著重复，还是引用它们来说明。

② ［英］J. W. 塞西尔·特纳著：《肯尼刑法原理》，王国庆、李启家等译，华夏出版社1989年版，第549页。

③ 王亚新著：《关于自由心证原则历史和现状的比较法研究——刑事诉讼中发现案件事实真相与抑制主观随意性的问题》，载王亚新著：《社会变革中的民事诉讼》，中国法制出版社2001年版，第331页。

人，所为合理的、公正诚实的怀疑。[①]

这一点是区分是否“合理怀疑”的关键，也是把握“排除合理怀疑”的关键。对此，不少西方国家的司法实务工作者和学者，都有类似说法，[②] 如美国一个初审法院在1972年杰克逊案件中明确要求，合理怀疑必须是“一种建立在一定理由基础上的怀疑”（a doubt based on reason）。[③] 英国一个法院在1976年的Y. C. ching案件中指示陪审团：“合理怀疑是一种能够说出理由的怀疑，而不能仅仅是一种类似于‘可是，世界上没有什么东西是绝对确定的，没有什么东西能够证明’的推测性的幻想”。[④] 美国学者杰西卡．N. 科恩也认为，合理怀疑不是一种幻想的怀疑，不能是一种仅仅是可能的怀疑，不能是一种怪诞的怀疑，不能是一种推测。[⑤]

日本司法实务中以下两个具体案例能够说明这一点：

判例一：被告人在所住宿的旅馆中悄悄潜入邻室，从墙上挂着的他人衣物中拿走了内有现金的钱包一个。在审判中被告主张他拿走钱包的行为不是偷窃，而是为了“创造与住在邻室的人交际的机会”。裁判所承认，一般说来，在生活经验上这种可能性也并非绝对不存在，但如果没有具体的根据则只是一种抽象的纯理论上的

---

① 李学灯著：《证据法比较研究》，台湾地区五南图书出版公司1992年版，第666~667页。

② 当然，对此也并非完全没有学说上的争议，参见王亚新著：《关于自由心证原则历史和现状的比较法研究——刑事诉讼中发现案件事实真相与抑制主观随意性的问题》，载王亚新著：《社会变革中的民事诉讼》，中国法制出版社2001年版，第331页。

③ Jon O. Newman, Beyond“Reasonbale Doubt”, N. Y. U. L. Rev. vol.68, 1993, p. 984. 转引自陈永生：《排除合理怀疑及其在西方面临的挑战》，载《中国法学》2003年第2期。

④ Peter Murphy, Criminal Practice, Blackstone Press Limited, 1997, p. 1846. 转引自陈永生：《排除合理怀疑及其在西方面临的挑战》，载《中国法学》2003年第2期。

⑤ Jessica N. Cohen, the Reasonbale Doubt Jury Instruction: Giving Meaning to a Critical Concept, Am. J. Crim. L. Vol. 22, 1995, p. 694. 转引自陈永生：《排除合理怀疑及其在西方面临的挑战》，载《中国法学》2003年第2期。

怀疑，不足以动摇事实的证明度。被告被宣告有罪（日本最高裁判所 1948 年 8 月 5 日判决）。

判例二：在放火案件的审理中，存在着对被告人甲不利的相当数量的间接证据，但是这些证据大多也对另一人乙不利。尽管可以判断放火不是甲就是乙所为，但究竟是谁却不能从证据上得到确定。尽管被告人嫌疑浓厚，但因存在着合理怀疑的余地，只能宣告无罪（日本大阪高等裁判所 1954 年 9 月 25 日判决）。[①]

第三，所谓合理怀疑，就是在日常生活中作出重大决定时，可能导致人们踌躇和犹豫不决的怀疑；所谓排除合理怀疑，就是人们在日常生活中作出重大决定时相信条件已经成熟并进而据此采取行动的心理状态。[②]合理怀疑在认定事实主体内心里，是一种不能确信的心理状态，而如果排除了合理怀疑，则达到了这种确信的心理状态。[③] 正如美国加利福尼亚州法院曾认为的，合理怀疑就是“案件处于这样一种状况，对案件的所有证据进行全面的比较和考虑之后，陪审员不能说他们对指控的事实已经坚定相信。”[④] 美国联邦司法会议下属的陪审制运作委员会在 1987 年起草的标准陪审团指示中也认为：“排除合理怀疑就是要求将被告人有罪证明到你坚定相信的程度。……如果对证据经过慎重考虑，你坚定地相信被告人犯有被指控的犯罪，你必须判定其有罪；相反，如果你认为被告人存在无罪的实际可能，你就必须让人得到这一怀疑的利益，裁断其

---

① 转引自王亚新：《关于自由心证原则历史和现状的比较法研究——刑事诉讼中发现案件事实真相与抑制主观随意性的问题》，载王亚新著：《社会变革中的民事诉讼》，中国法制出版社 2001 年版，第 331 ~332 页。

② 陈永生：《排除合理怀疑及其在西方面临的挑战》，载《中国法学》2003 年第 2 期，第 153 页。

③ 实际上这种心理状态就是大陆法系用以表述认定事实标准的“内心确信”。

④ Jessica N. Cohen, the Reasonbale Doubt Jury Instruction: Giving Meaning to a Critical Concept , Am. J. Crim. L. Vol. 22, 1995, p. 681. 转引自陈永生：《排除合理怀疑及其在西方面临的挑战》，载《中国法学》2003 年第 2 期。

无罪。”①

第四，合理的怀疑只能是基于良知和道德的理性的怀疑，而不能是受到不当影响之后产生的怀疑；而且怀疑应当有一定的分量，而不能过于微不足道。正如一位爱尔兰法官所说的，据以作出无罪判决的“合理的怀疑”不能太微弱或太不确定，这种怀疑必须是一个正直的人在冷静地分析全部证据之后所出现的有理性的怀疑，必须是不受诉讼双方影响、不存在先入之见、不受恐惧干扰的一种良心上的怀疑。②

第五，理解、界定“合理怀疑”以及判断是否为合理怀疑，应当以一个具有正常理智的人所拥有的普通观念为标准，体现社会的一般性价值取向和普通公众的一般意识水平，正如美国学者认为的，刑事诉讼中排除合理怀疑含义的确定必须建立在社会共同意识和社会共同的价值判断的基础上。③ 美国第八巡回区的标准陪审团指示也明确规定合理怀疑必须是一种建立在共同意识（common sense）基础上的怀疑。④

第六，理解“合理怀疑”，需要运用一定的经验知识或曰经验法则，认定事实主体在审查判断证据、认定事实的过程中，同样可以根据一定的经验法则来判断自己的怀疑是否“合理怀疑”以及自己有没有排除合理怀疑。正如有学者所说的，事实审理者的背景

---

① Federal Judicial Center, Pattern Criminal Jury Instruction, Instruction 21, 1987. 转引自陈永生：《排除合理怀疑及其在西方面临的挑战》，载《中国法学》2003 年第 2 期。

② ［英］J. W. 塞西尔·特纳著：《肯尼刑法原理》，王国庆、李启家等译，华夏出版社 1989 年版，第 549 页。

③ The Harvard Law Review Association, Reasonable Doubt: An Argument Against Definition, Harv. L. Rev. Vol. 108, 1995, p. 1972. 转引自陈永生：《排除合理怀疑及其在西方面临的挑战》，载《中国法学》2003 年第 2 期。

④ Jessica N. Cohen, the Reasonbale Doubt Jury Instruction: Giving Meaning to a Critical Concept, Am. J. Crim. L. Vol. 22, 1995, p. 682. 转引自陈永生：《排除合理怀疑及其在西方面临的挑战》，载《中国法学》2003 年第 2 期。

知识在事实认定中具有决定性的作用。① “法治原则不仅要求一致地和非专断地适用法律，而且要求关于事实的推理存在一致性，事实认定应当是基于某些共同的关于世界的运行方式的理解而作出的。”②

第七，需要排除的合理怀疑，是对控诉方的证明或者说有罪的证明的合理怀疑，也就是说，只是有罪的证明需要达到排除合理怀疑的程度。在一个刑事案件中，认定事实主体对控辩双方的证明也就是被告人有罪还是无罪都存在合理的怀疑，这是经常发生的事。在这种情况下，应当作出被告人无罪的认定。此时作出无罪认定，并非认定事实主体确信被告人没有犯罪，并非对被告人无罪排除了合理怀疑，而是因为对于被告人有罪还是无罪存有怀疑时，则控方证明的责任或曰负担没有解除，也就不能根据其主张作出裁判。③可见，作出犯罪事实不成立、被告人无罪的裁判，并不一定是对被告人是否无罪排除了合理怀疑，不一定是“排除合理怀疑”地相信被告人是无罪的。而对于需要辩护方承担举证责任的场合，如辩

---

① 参见 Nancy Pennington 和 Reid Hastie, “The Story Model for Juror Decision Making” in Reid Hastie, Inside the Juror(1993)192; W. A. Wagenaar, P. J. van Koppen 和 H. F. M. Crombag, Anchored Narratives: The Psychology of Criminal Evidence(1993); Schum, David, The Evidential Foundations of Probabilistic Reasoning(1994), Joseph B. Kadane 和 David Schum, A Probabilistic Analysis of The Sacco and Vanzetti Evidence(1996). 转引自徐卉：《回到常识——〈事实认定：常识、司法认知与社会科学证据〉导读》，载王敏远编：《公法》第 4 卷，法律出版社 2003 年版，第 271 页。

② Cass Sunstein “On Finding Facts” in James Chandler, Arnold I. Davidson 和 Harry Haarootunian 主编的, Questions of Evidence: Proof, Practice, and Persuasion Across the Disciplines (1994), 第 968 页。Steven J Burton. “Particularism, and the Rule of Law” in Ian Shapiro, (ed), The Rule of Law(1994)178 at 181. 转引自［加］玛里琳. T. 迈克瑞蒙著：《事实认定：常识、司法认知与社会科学证据》，徐卉译，载王敏远编：《公法》第 4 卷，法律出版社 2003 年版，第 284 页。

③ 李学灯著：《证据法比较研究》，台湾地区五南图书出版公司 1992 年版，第 395 页。

护方主张被告人的行为是正当防卫，辩护方对正当防卫的证明不需要达到排除合理怀疑的程度。

以上是理解和运用“合理怀疑”和“排除合理怀疑”需要注意的几个方面，[①] 当然，这样的分析显然远远没有解释清楚何谓“合理怀疑”、何谓“排除合理怀疑”，显然离认定事实标准的“可操作性”目标还很远。其实，就一般社会生活经验而言，对于“排除合理怀疑”标准，也许多数人都能理解和把握，而如果要明确地解释“排除合理怀疑”究竟是什么，是一种何种程度的信念，恐怕多数人都说不清楚。试图完全一致地规范排除合理怀疑标准，为该标准设定一个统一的、直观的判断标准，是不现实的。[②] 正如贝卡里亚所说的，“就证据在道德上的确实性来说，感觉它比明确地加以界定要容易一些。”[③] 尤其是如果要将“排除合理怀疑”在中国本土化，则更是一件难事。[④] 但是，就目前来说，也许我们只

---

① 对于“排除合理怀疑”标准的运用，并非千篇一律的，仍需要根据案件的具体情况来具体掌握，正如王亚新先生所说的，“关于证据和辩论的情况达到了什么样的客观状态就可以进行有罪的最终事实认定，尽管理论上进行了种种的概念构成和分析，而且这种理论上构成的一般标准也在司法实践中得到了一定程度的具体化，但是在各个具体案件中如果有了哪些证据、围绕这些证据的对质和辩论达到了什么样的状态就可以认定事实的问题，仍必须根据各个案件的具体情况作出判断”（参见王亚新：《关于自由心证原则历史和现状的比较法研究——刑事诉讼中发现案件事实真相与抑制主观随意性的问题》，载王亚新著：《社会变革中的民事诉讼》，中国法制出版社 2001 年版，第 332 页）。

② ［美］米尔吉安.R. 达马斯卡著：《比较法视野中的证据制度》，吴宏耀、魏晓娜等译，中国人民公安大学出版社 2006 年 10 月版，第 127 页。

③ ［意］切萨雷·贝卡里亚著：《论犯罪与刑罚》，黄风译，中国大百科全书出版社 1993 年版，第 20 页。

④ 正如张建伟先生认为的，“‘排除合理的怀疑’要排除的，是对具体案件中被告人构成犯罪所抱有的合理的怀疑。要找到‘排除合理的怀疑’的中国式的表达是不容易的，‘确信无疑’一词似乎略为接近，但‘排除合理的怀疑’并不要求达到绝对确定的程度。这里强调‘合理’一词是必要的”（参见张建伟著：《司法竞技主义——英美诉讼传统与中国庭审方式》，北京大学出版社 2005 年版，第 336 页）。

能这样来表述我们所需要的认定事实标准，李学灯先生如下的感慨，表达出了人们在这个问题上的些许无奈："几千年来，我们一直用'疑'字来表示信念不足，又用无合理怀疑等文字来表示信念的程度。惟有依恃文字，真是无可奈何的事。除此之外，尚无其他更好的方法。我们人类到了今天还没有发明一种测量我们信念程度的方法。精神作用测定学还不能为人类信念的程度测量出一个高低的标准。"①

五、"排除合理怀疑"与"内心确信"、"高度盖然性"

（一）"排除合理怀疑"与"内心确信"

笔者认为，英美法系国家的排除合理怀疑标准，与大陆法系国家的内心确信标准，② 虽然表述不同，但实质上是一样的。排除合理怀疑，是形成内心确信的必要条件，只有排除了合理的怀疑，认定事实主体才能形成内心的确信，换句话说，要形成一定程度的内心确信，就必须排除合理的怀疑；③ 内心确信是排除合理怀疑的必然结果，排除了合理的怀疑，认定事实主体心中也就能够形成确信，而且必然形成内心确信。排除合理怀疑与内心确信只不过是正

① 李学灯著：《证据法比较研究》，台湾地区五南图书出版公司 1992 年版，第 674～675 页。

② 关于大陆法系国家的认定事实标准，似乎还有一种表述是"自由心证"。笔者认为，自由心证实际上指的是判断证据证明力的方式或模式，相对于法定证据主义而言，强调的是判断证据证明力的"自由"，至于判断之后达到何种程度才能认定事实，"自由心证"这个表述并没有表明。"内心确信"只是"心证"之后形成的某种程度的信念之一，正如日本学者认为的，"透过证据评价，针对存在问题的事实形成法官的自由心证。心证的程度分为确信、证据优先和推断三个层次"（参见［日］石井一正著：《日本实用刑事证据法》，陈浩然译，台湾地区五南图书出版公司 2000 年版，第 322 页）。所以，笔者认为"自由心证"不能用于表述认定事实标准。

③ 刘金友主编：《证据法学（新编）》，中国政法大学出版社 2003 年版，第 241 页。

反两方面的不同表述而已，正如有人所说的，“不管是‘排除合理怀疑’、‘高度盖然性’，还是‘内心确信’，它们要求达到的证明程度都是相同的，即在信念上确信，并且这种确信出于良知或者是真诚地形成的，是合理的和理性的；另外，这些标准并不是完全主观和任意的，他们也都要求据以形成确信的证据基础。尽管它们在内容上是相同的，但在表达方式上却有所不同。高度盖然性和内心确信的措辞是从正面来表达证明标准的含义的，而排除合理怀疑是从反面来表达证明标准的含义的”。①

实际上，在谈到认定事实标准时，“排除合理怀疑”与“内心确信”经常被用来互相解释。例如，美国加利福尼亚刑法典关于“合理怀疑”的定义是：“它不仅仅是一个可能的怀疑，而是指该案的状态，在经过对所有证据的总的比较和考虑之后，陪审员的心里处于这种状况，他们不能说他们感到对指控罪行的真实性得出永久的裁决已达到内心确信的程度。”② 在英王诉萨默斯案件中，Goddard 爵士指出，“陪审团应当被简单告知他们必须明白，证据应当使他们‘在作出有罪判决时感到确信’”。③ 又如李学灯先生认为，“所谓无合理之怀疑，前述典型之解说，谓系达于良知或道义之确信，足以排除一切合理之怀疑。”④ 这里都用“内心确信”解释了“排除合理怀疑”。龙宗智先生也认为，就证据的证明力判断的原则和事实认定的标准，近现代英美法系与大陆法系是相通的。

---

① 锁正杰著：《刑事程序的法哲学原理》，中国人民公安大学出版社 2002 年版，第 148 页。

② 卞建林：《美国刑事诉讼简介》，载《美国联邦刑事诉讼规则和证据规则》，卞建林译，中国政法大学出版社 1996 年版，第 21 ~ 22 页。

③ 张建伟著：《司法竞技主义——英美诉讼传统与中国庭审方式》，北京大学出版社 2005 年版，第 338 页。

④ 李学灯著：《证据法比较研究》，台湾地区五南图书出版公司 1992 年版，第 394 ~ 395 页。

也就是说，在证据证明力的判断和案件事实的认定上，英美法系仍然实行具有理性主义特征的自由判断原则，法律并不预先规定不同种类证据所具有的证明价值；仍然实行以主观性为特征的内心确信原则，不过，较多地采用另一种表达方式——“排除合理怀疑”。然而，二者相互依存，具有明显的同一性：内心确信，就意味着排除合理怀疑，反之亦然。①

可见，排除合理怀疑与内心确信属于同等程度的认定事实标准。当然，从具体的表述来看，笔者更倾向于使用“排除合理怀疑”这个表述，因为“内心确信”比起“排除合理怀疑”，似乎更为抽象，更难以理解，不知如何理解“确信”，不知这个“确信”是什么程度的“信”，而且在具体用语上，“确信”经常被用来表述“绝对确定”的信念，这显然并非“内心确信”所要表达的。而“排除合理怀疑”中的“合理怀疑”虽然也比较抽象，但总的来说比“内心确信”似乎更容易理解和操作，更不容易引起误解。王亚新先生也指出，“许多学者认为从排除合理怀疑的角度来定义这种标准更为接近事实认定的实际过程，因而推崇英美法系的‘超越合理怀疑的表达方式’。”② 当然，以上两者的区别是微不足

---

① 龙宗智：《印证与自由心证——我国刑事诉讼证明模式》，载《法学研究》2004年第2期，第108页。

② 王亚新：《关于自由心证原则历史和现状的比较法研究——刑事诉讼中发现案件事实真相与抑制主观随意性的问题》，载王亚新著：《社会变革中的民事诉讼》，中国法制出版社2001年版，第328页。此外，有人认为，尽管“排除合理怀疑”与“内心确信”“在内容上是相同的，但在表达方式上却有所不同。高度盖然性和内心确信的措辞是从正面来表达证明标准的含义的，而排除合理怀疑是从反面来表达证明标准的含义的；内心确信的表达方式更为强调证明标准的主观方面，而其他两种表达方式则更为注意主观方面和客观方面的平衡。因为从正面和主观方面不容易把握这种标准，所以排除合理怀疑的表达方式相对显得更为可取，同时也因为这种表达方式更为接近事实认定的实际过程，所以越来越得到人们的认可”（参见锁正杰著：《刑事程序的法哲学原理》，中国人民公安大学出版社2002年版，第148～149页）。

道的，用“排除合理怀疑”还是“内心确信”，可能更多的是习惯问题。

(二)“排除合理怀疑”与“高度盖然性”

在关于认定事实标准的表述中，还有一种是“高度盖然性”。[①]在目前的著述中，“高度盖然性”一般被视为与“内心确信”同义。例如，日本学者石井一正先生认为，通过证据评价，针对存在问题的事实形成法官的自由心证，心证的程度分为确信、证据优先和推断三个层次。所谓确信，是指具有高度的盖然性，也就是通常的人都不可能对其产生怀疑的真实的条件下所形成的心证。作为心证程度的确信，与英美法系中的“排除合理怀疑”具有相同的意义。[②]王亚新先生指出，在德国，“高度盖然性”还被表述为“与确实性紧接的盖然性”，而在日本的学说和判例中，“紧接确实性的盖然性”、“超越合理怀疑的证明”、“内心确信”等经常在同等意义上被用来表述认定事实标准。[③]在国内，也有著述在同等意义

① 王亚新先生指出，在1877年德国统一的刑事诉讼法典正式采用自由心证原则后，通过德国帝国裁判所的判例逐渐形成了“高度盖然性”的公式，即有罪认定除了要求裁判者的诚实、良心和基于此而产生的关于有罪的内心确信外，还要求通过证据在量和质上的积累而使待证事实达到客观的“高度盖然性”。所谓“高度的盖然性”，一方面指在公开的法庭上通过证据的提出和检验以及诉讼双方的辩论、对质而逐渐形成的证据在量和质上的客观状态，以及这种客观状态所反映出来的待证事实的明白性、清晰性；另一方面，指裁判者对这种客观状态的认识，即证据的客观状态作用于裁判者的心理过程而使其达到的确信程度（参见王亚新：《关于自由心证原则历史和现状的比较法研究——刑事诉讼中发现案件事实真相与抑制主观随意性的问题》，载王亚新著：《社会变革中的民事诉讼》，中国法制出版社2001年版，第327页）。

② ［日］石井一正著：《日本实用刑事证据法》，陈浩然译，台湾地区五南图书出版公司2000年版，第322～323页。

③ 王亚新：《关于自由心证原则历史和现状的比较法研究——刑事诉讼中发现案件事实真相与抑制主观随意性的问题》，载王亚新著：《社会变革中的民事诉讼》，中国法制出版社2001年版，第327～328页。

上使用“内心确信”和“高度盖然性”概念。① 可见，作为认定事实标准时，“排除合理怀疑”、“内心确信”、“高度盖然性”的含义是一样的。

当然，笔者认为“高度盖然性”这个表述比起“内心确信”更不合适，因为“高度盖然性”概念仅仅表明它并非绝对性，而是一种盖然性，只不过这种盖然性是高度的，但达到何种程度的“高度”符合该标准的要求？似乎从这个表述中看不出来。所以，笔者不主张使用这个表述。②

六、关于“排除合理怀疑”的几个错误认识

（一）“排除合理怀疑”和“内心确信”是否属于“主观真实”范畴

有学者认为，大陆法系的内心确信标准和英美法系的排除合理怀疑标准属于“主观真实”标准，所谓“主观真实”，是指认识主体相信自己的主观认识是真实的；③ “主观真实”即西方国家的“内心确信”真实，主观上真诚地相信真实，坚持主观真实的标准，要求司法机关（法院）处理案件时，必须以法官（陪审员）的理性和良心形成的“内心确信”，即主观真诚的相信作为判决的

---

① 锁正杰著：《刑事程序的法哲学原理》，中国人民公安大学出版社 2002 年版，第 147～149 页。

② 至于“犯罪事实清楚，证据确实充分”和“排他性”能否作为认定事实标准，已经涉及以什么作为认定事实标准而不仅仅是在确定了认定事实标准的前提下用什么来表述的问题了，所以这里不将它们与“排除合理怀疑”比较分析，而在下文专门探讨。

③ 杨文革：《论刑事诉讼中的“真实”》，载《环球法律评论》2007 年第 3 期。

根据，而不论这种“确信”是否符合客观实际。①

笔者认为，将排除合理怀疑和内心确信标准归纳为“主观真实”是不恰当的。首先，笔者坚持“真”的符合论，认为“真”就是认识、命题与它所揭示、描述、表达的对象的符合，“真实”是客观的，“真实”就是“客观真实”，某个认识如果不是真实的，那就是虚假的，哪里有“主观真实”之说?② 其次，从主观真实论者对主观真实的界定看，主观真实其实只是认识主体对于真实的信念。笔者前面区分了认识、信念与“真实”，指出“真实”与认识、信念绝不等同，它们之间没有任何归属关系，所以不可将“真实”与对于真实的“信念”混淆，不能将对于真实的“信念”归属于某种“真实”。“排除合理怀疑”、“内心确信”只是认定事实主体内心的一种信念，而非任何意义的“真实”，当然更不属于所谓的“主观真实”。可见，“主观真实”之说的错误根源正在于：否认了“真实”是客观的，混淆了“真实”与对于真实的“信念”。

---

① 引自刘金友、李玉华：《论诉讼证明标准》，载曹建明主编：《诉讼证据制度研究》，人民法院出版社 2001 年版，第 38 页。裴仓龄先生也认为，“所谓主观真实，是指法官主观感受中的真实。在自由心证证据制度，法官确信真实，就认为是真实的；法官确信虚假，就认为是虚假的。显然，主观真实是以法官心证，也即法官内心确信为转移的”（转引自胡明华、李燕：《我国的证明标准研究》，载毕玉谦主编：《司法审判动态与研究》第 1 卷第 3 辑，法律出版社 2002 年版，第 69 页）。

② 当然，如果不坚持“真”的符合论，那么可能有“主观真实”之说。但是，如果不坚持“真”的符合论，正如笔者所指出的，在“真”是什么这个问题上将陷入理论困境，而且在诉讼法学中放弃“真”的符合论将面临更加严重的问题，正如美国学者达马斯卡先生所说的，“真”的符合论和现实主义构成了当前司法裁判中事实调查活动的基础，如果抛弃当前实践中这些合乎常识的理论基础，他们就必须就以下问题提出比他们迄今所能提出的理由更为有力的论据：以替代理论为基础，司法活动如何能够继续运行（参见［美］米尔吉安 . R. 达马斯卡著：《比较法视野中的证据制度》，吴宏耀、魏晓娜等译，中国人民公安大学出版社 2006 年 10 月版，第 59 ~ 60 页）。

（二）将排除合理怀疑标准与错案挂钩，认为排除合理怀疑、内心确信的标准过低，容易导致错案，从而否定排除合理怀疑标准

有学者认为，排除合理怀疑标准“大大局限了对于案件事实真相之探求，错案从中而生。”①“‘排除合理怀疑’证明标准的特点在于，它否定了刑事证明达到绝对确定的可能性，只承认能达到‘最大程度的盖然性’，并认为这是一个能够达到的认识范围内的最高标准。……这种确定性不够的证明标准，难免在司法实践中造成错判。”② 笔者认为，将排除合理怀疑与错案挂钩，认为排除合理怀疑、内心确信的标准过低，容易导致错案，这是对排除合理怀疑、内心确信标准的错误认识。理由是：

第一，排除合理怀疑标准是认定事实的最低标准，并非认定事实的最高标准，以排除合理怀疑作为认定事实标准，并没有限制认定事实主体以更高的标准来认定事实，而且以“排除合理怀疑”作为认定事实标准，与在诉讼中追求真实并不冲突，所以“排除合理怀疑”标准绝不会对“案件事实真相之探求”构成“局限”。相反的，排除合理怀疑是程度非常高的标准，以排除合理怀疑为最低标准认定事实，能够保证多数情况下有罪认定的正确性。

第二，以排除合理怀疑作为认定事实标准，并非任由认定事实主体主观擅断。首先，认定事实主体必须凭借其理性、理智和良心来拷问自己是否已经排除了合理怀疑，是否已经达到了内心确信。其次，认定事实主体以排除合理怀疑为标准认定事实，要受到证据规则的规制，此外还有外在的监督和制约，如上级机关对认定事实的纠正，公众通过判决理由对认定事实的评价，等等。这些规制、监督、制约可以有效地防止认定事实主体“随心所欲”、主观擅

① 彭海青：《简论排除合理怀疑标准》，载《学术论坛》2004年第4期。

② 陈光中、陈海光、魏晓娜：《刑事证据制度与认识论——兼与误区论、法律真实论、相对真实论商榷》，载《中国法学》2001年第1期，第45页。

断。可见，以排除合理怀疑作为认定事实标准，并不必然导致错案。

第三，从错案的成因来分析，排除合理怀疑标准并非错案的根本原因。错案的形成，原因是多方面的，从表面上看，以排除合理怀疑作为认定事实标准，似乎是导致错案的原因之一，而实际上，更深层次的原因是人类认识能力的局限性。认识能力的局限性是人们必须面对的一个事实，甚至以排除合理怀疑为标准，也是因为人类认识能力有限。我们不能将认识能力局限性导致的错案归因于排除合理怀疑标准。况且，错案的原因并不只是认识能力的局限性，实际上，实践中出现的错案，有很多是因为认定事实主体受到外在的不当干扰，或者认定事实主体出于种种利益考虑而故意所为。

论者将"排除合理怀疑"与错案挂钩，无非是想通过这样的论证否定以"排除合理怀疑"作为认定事实标准，而主张以更高的标准，即客观真实作为标准。而本书前面已经充分论述，在认定事实标准这个问题上，我们并非故意降低标准，实在是因为不能绝对确定关于案件事实的认识的真实性，不能以真实作为认定事实标准，而只好以认定事实主体内心的某种程度的信念作为标准，"排除合理怀疑"、"内心确信"这样程度非常高的标准无疑是一个理想的选择。正如有学者指出的，确立排除合理怀疑或内心确信标准，"这可能带来更大的错判风险。然而，这也许是唯一可行、唯一现实的做法。应当说，现代各国刑事证据制度之所以会采用'自由心证'这种似乎不太可靠的证明原则以及'内心确信'、'排除合理怀疑'这类似乎不太可靠的证明标准，就是因为在严格的刑事司法条件约束下考虑证明方式与证明标准上的制度安排，这是一种较为现实也较为有利的选择。"①

---

① 龙宗智：《印证与自由心证——我国刑事诉讼证明模式》，载《法学研究》2004年第2期，第114页。

当然，排除合理怀疑标准并非是完美的，它在西方国家也面临一系列的挑战和质疑，如“司法实践中对其含义的界定相互矛盾和冲突是排除合理怀疑面临的最重要问题”，“缺乏可操作性是排除合理怀疑面临的又一个重要问题”，[①] 等等。这些问题都可以归结为一个问题，即目前对“排除合理怀疑”的含义理解和界定不清，从而又导致“排除合理怀疑”标准缺乏可操作性。但是，无论如何，“排除合理怀疑”应当是目前认定事实标准的理想选择，至于对它的理解和界定还不清楚的问题，只是需要解决的问题，并非不能解决的问题，并非排除合理怀疑的致命问题，目前理解和界定不清不等于永远理解和界定不清，而且只要是“信念”，也都存在此类问题。其他的标准，可能存在更多的这样或者那样的问题。所以，在我国对于排除合理怀疑标准，与其口头上不承认而实际上运用，不如明确承认、接受，这样无疑更有利于它的规范运用。

第三节　认定事实标准的多元化和层次性

关于认定事实标准是否多元和有层次性的问题，目前我国诉讼法学界看法比较一致，认为认定事实标准并不是“一刀切”的，而是多元的、有层次之分的。[②] 一般认为，刑事诉讼、民事诉讼、行政诉讼的认定事实标准应当是多元的，在刑事诉讼中，不同的诉讼阶段，认定事实标准应当有层次的不同，如裁判中有罪认定的标

---

① 陈永生：《排除合理怀疑及其在西方面临的挑战》，载《中国法学》2003 年第 2 期，第 158～159 页。

② 对此比较有代表性的文章如陈光中：《构建层次性的刑事证明标准》，载陈光中、江伟主编：《诉讼法论丛》第 7 卷，法律出版社 2002 年版，第 3～10 页。

准应当高于逮捕的标准，[①] 甚至裁判中认定不同的对象也可能适用不同的标准，如认定程序性事实就不一定需要达到排除合理怀疑的程度；即使其他条件相同，与认定多数积极行为的因果关系相比，认定疏忽大意的因果关系只需要较低的认定标准，[②] 等等。

当然，不管是哪个层次的认定事实标准，作为标准的都只能是认定事实主体内心关于诉讼认识真实性的“信念”，而不能是“真实”，对此前面已经反复说明。认定事实标准的不同只能体现在对诉讼认识真实性的信念的程度上。

本书这里仅指出认定事实标准是多元的、有层次之分的，至于除刑事裁判中有罪认定标准以外的其他标准，这里不再探讨。本书主要探讨的是诉讼中的真实问题，在认定事实标准这个问题上，主要任务在于探讨真实能否作为认定事实标准，至于具体应当以什么作为多元化的、不同层次的认定事实标准，实非本书主旨。

小　结

能否以真实作为认定事实标准，取决于诉讼中能否追求到真实，即关于案件事实的认识是否真实以及认定事实主体能否绝对确定关于案件事实的认识的真实性，如果关于案件事实的认识多数情况下是真实的，而且认定事实主体能够绝对确定关于案件事实的认识就是真实的，那么就可以真实，即客观真实作为认定事实标准，也就应当以真实作为认定事实标准。然而，虽然诉讼中关于案件事实的认识多数情况下是真实的，但由于客观的案件事实不复存在，

---

① 在我国，逮捕的条件之一是有证据证明一定的犯罪事实的存在，此时当然涉及对相关事实的认定，这里的“逮捕标准”，实际上指的是逮捕时对相关事实的认定的标准。其他如提起公诉的标准、立案的标准等，也都是如此。

② ［美］米尔吉安．R. 达马斯卡著：《比较法视野中的证据制度》，吴宏耀、魏晓娜等译，中国人民公安大学出版社2006年10月版，第59页。

无法将对案件事实的认识与客观的案件事实直接进行比较对照，而且认定事实主体对于客观的案件事实来说并非直接知情者，在案件事实发生时没有直接“接触”客观的案件事实，所以在具体的案件中，认定事实主体不能绝对确定客观的案件事实是什么，不能绝对确定某个具体的关于案件事实的认识就是符合客观的案件事实的，不能绝对确定某个具体的关于案件事实的认识就是真的。既然诉讼中认定事实主体对真实不能绝对确定，那么也就不能以真实，即客观真实作为认定事实标准，作为认定事实标准的，只能是认定事实主体内心对诉讼认识真实性的某种程度的信念。这一点，各国司法实践概莫能外。对于刑事裁判来说，以“排除合理怀疑”作为有罪认定的标准，无疑是相对理想的选择，我国也是如此。

认定事实标准是多元的、有层次之分的，不同性质的诉讼、不同的诉讼阶段和不同的认定对象，可能适用不同的认定事实标准。但不管是何种层次的认定事实标准，都只能是认定事实主体内心对诉讼认识真实性的某种程度的信念。

第六章　对我国诉讼法学研究中相关观点的总结性分析

在笔者看来，诉讼中与真实有关的问题，其中较为重要且较有意义的主要是本书着重探讨的三个问题，即诉讼尤其是刑事诉讼中是否应当追求真实，能否追求到真实以及能否以真实作为认定事实标准。① 在我国诉讼法学界，近几年对于诉讼中的真实问题展开了激烈的讨论，其中不乏真知灼见，但也有一些似是而非的说法。为了使本书的研究落脚于我国的理论，并对不同观点作出回应，以进一步明确、总结、深化本书的观点，② 笔者斗胆对我国诉讼法学界关于真实问题研究中的几个模糊概念和几种似是而非的说法以及几种比较有影响的学说作一分析。③

---

① 何家弘教授区分司法证明的目的和标准（参见何家弘：《司法证明的目的与标准——兼论司法证明的基本概念和范畴》，载《法学研究》2001 年第 6 期），笔者认为这和本书对诉讼中三个真实问题的区分在一定程度上是吻合的。

② 需要注意的是，本部分虽然包含了对我国诉讼法学界关于诉讼中真实问题不同观点的介绍，但并非为对本书所研究问题的研究现状的梳理，更主要的是通过分析，进一步明确、总结和深化本书的观点，介绍他人观点乃是分析的必要。

③ 笔者在分析几种不同的学说时，还是以本书着重探讨的三个主要问题为主线。引用某个说法，只是为了分析的需要，在分析时并不特意针对哪种观点，也不在于将哪些学者的观点归类于哪种观点。在对某种观点进行分析时，会尽量引用比较有影响力或者有一定代表性的观点。如果将某种说法错误归类或对所引用的观点有所曲解的话，敬请谅解，并愿意接受批评。

第一节 "客观事实"、"法律事实"等概念及相关说法

在我国诉讼法学研究尤其是关于真实问题的探讨中，"事实"、"真实"、"客观事实"、"客观真实"、"法律事实"、"法律真实"等概念在运用时其所指并不那么清晰、统一，甚至经常被曲解和混淆，由此导致不少说法有时并不那么言之成理，而这似乎是一个比较普遍的现象，所以有必要对此作一分析。

（一）何谓"事实"

在日常语言和一般的学术研究中，"事实"是一个出现频率极高但却充满歧义的概念，即便是同一个人在同一场合或同一学者在同一文献中，也常常在非常不同的意义上使用事实一词。[①] 罗素在给维特根斯坦的《逻辑哲学论》所写的导言中也认为，严格地说，事实是不能定义的，[②] 可见，用文字来定义"事实"一词是一件很不容易的事。但从日常生活经验出发，其实我们很容易判断什么是"事实"，如我面前有一张桌子，这是事实，又如张三确实杀了李四，那么张三杀了李四是事实，等等。

而且，学术研究中关于"事实"的定义多数是与这种日常生活中的直观理解一致的。如有人认为，所谓事实，就是人的实践和认识活动对象自身的客观存在状态，[③] 维特根斯坦也认为："发生

① 赵承寿著：《论司法裁判中的事实问题》（博士学位论文），中国社会科学院研究生院，2002 年，第 10 页。

② ［奥］维特根斯坦著：《逻辑哲学论》，贺绍甲译，"导言"，商务印书馆 1996 年版，第 7 页。

③ 孙伟平：《论事实》，载《社会科学家》1997 年第 5 期。

的事情，即事实，就是诸事态的存在。”① 罗素认为，“事实是使叙述为真或为伪的条件。”②

显然，事实是客观的，是客观的存在，它的存在不以人的意志为转移。如果从反映论的角度看的话，事实作为反映的客体，其存在是不依赖于主体关于事实认定的程序、方法及其评价标准的，也就是说，作为客体的事实，是不以认识主体的意志为转移的。在这一意义上，我们说事实就是事实，你尽可以歪曲、隐瞒或误读事实，但你不可能改变客体事实，因为这是由事实的客观性决定的。③ 正如罗素先生所说的，“事实”的意义就是某件存在的事物，不管有没有人认为它存在还是不存在。如果某人抬头看一张列车时刻表，发现有一趟列车在上午十时去爱丁堡，如果那张时刻表正确，那么就会真有一趟列车，这是一件“事实”。时刻表上所说的那句话本身也是一件“事实”，不管它是真还是假，但是只有在它是真，也就是真有一趟列车的条件下，它才说出一件事实。④ 金岳霖先生也认为，“事实是我们拿了没有办法的。事实是没有法子更改的。所谓修改现实，只是使将来与现在或以往异趣而已。事实总是既成或正在的，正在或既成的事实，只是如此如彼的现实而已。……对于事实之‘然’，我们只有承认与接受，除此之外，毫无别的办法。”⑤

当然，对于“事实”，还有另外一种解释，如有人认为，“事

---

① ［奥］维特根斯坦著：《逻辑哲学论》，贺绍甲译，商务印书馆 1996 年版，第 25 页。

② ［英］罗素著：《人类的知识——其范围与限度》，张金言译，商务印书馆 1983 年版，第 176 页。

③ 赵承寿著：《论司法裁判中的事实问题》（博士学位论文），中国社会科学院研究生院，2002 年，第 13 页。

④ ［英］罗素著：《人类的知识——其范围与限度》，张金言译，商务印书馆 1983 年版，第 177 页。

⑤ 金岳霖著：《知识论》（下），商务印书馆 1983 年版，第 784 页。

实”通常是指人们对客观存在或发生的事物、现象和过程的真实描述。[①]“事实”是认识的主体——人所获得的一种认识，也就是人所把握的一种知识形式，换句话说，“事实”乃是呈现于感官之前的事物的一种断定，[②] 就科学事实来说，科学事实就是用语言记录有关客观事实的陈述或判断。[③] 这就是所谓的“在认识论的意义上”使用的“事实”概念。[④]

笔者认为，所谓的认识论意义上的“事实”，实际上是关于客观事实的认识、命题，只不过这种认识、命题是真的，符合客观事实的。但不管如何，它与客观事实都有着本质的区别，“事实不存在真伪问题而事实命题却有真假”，[⑤] 客观事实就是客观事实，认识就是认识，关于客观事实的认识仍然是认识，关于客观事实的认识决不等于客观事实本身，即使是关于客观事实的真的认识，仍然只是认识。[⑥] 正如有人指出的，事实本身与对事实的认知是有实质区别的。事实是客观的、唯一的，而对事实的认知、把握，则由于受多方面因素的限制，则可能偏离事实真相。面对同样的对象，不同主体所把握的“事实”常常并不一致。例如，在法庭上，裁判

---

① 彭漪涟著：《事实论》，上海社会科学院出版社 1996 年版，第 59 页。

② 彭漪涟：《论事实——关于事实的一般涵义和特征的探讨》，载《学术月刊》1991 年第 11 期，《新华文摘》1992 年第 2 期。

③ 什托夫：《科学认识的方法论问题》，柳延延等译，知识出版社 1981 年版，第 129～132 页，转引自刘大椿著：《科学活动论　互补方法论》，广西师范大学出版社 2002 年版，第 67 页。

④ 参见什托夫：《科学认识的方法论问题》，柳延延等译，知识出版社 1981 年版，第 129～132 页，转引自刘大椿著：《科学活动论　互补方法论》，广西师范大学出版社 2002 年版，第 66 页。

⑤ 赵承寿著：《论司法裁判中的事实问题》（博士学位论文），中国社会科学院研究生院，2002 年，第 12 页。

⑥ 将“事实”与“关于事实的认识”混淆，与将“真实的认识、理论”即“真理”与“真实”混淆，是何等的相似！然而，在学术研究中，往往能遇到此类现象，这也是很多问题难以讨论清楚的重要原因。

者、控诉方、被告人及其辩护律师以及公众即使不带偏见，对同一案件所认定的“事实”，就常常出现极大的反差，以致在审案、断案过程中，“事实”的认定成为最困难的事情。①

如果关于客观事实的认识、命题也可以称为“事实”，那关于客观事实的认识、命题与客观事实用什么来区分呢？当说到“事实”时，我们怎么知道它指的是客观事实还是关于事实的认识、命题呢？我们用什么来表述“使叙述为真或为伪的条件”②的那个东西呢？将“事实”理解、定义为“关于客观事实的真的认识”，无论如何，都是与人们的日常生活经验相违背的。而且，以“事实”来表述“关于客观事实的真的认识”，在学术研究中，不少问题也将乱成一锅粥。③所以，笔者不主张将“事实”理解为“关于客观事实的真的认识”，而与日常生活中的理解和多数说法一致，

① 孙伟平：《论事实》，载《社会科学家》1997年第5期。

② ［英］罗素著：《人类的知识——其范围与限度》，张金言译，商务印书馆1983年版，第176页。

③ 不少学术问题的争论源于此，当某人称“事实”时，有人将它理解为那个“使叙述为真或为伪”的那个东西，即客观事实、客观存在的状态，另有人又将它理解为“关于客观事实的真的认识”，那么相关问题将永远都争论不清楚。关于对“事实”的这种理解和界定的反驳和批评，读者还可参见武高寿：《论事实的客观性》，载《山西大学学报》（哲学社会科学版）1994年第2期。

将“事实”理解为“客观存在状态”。①

（二）“法律事实”并不与“客观事实”相对

在笔者看来，事实是客观的，是不以人的意志为转移的，所以“事实”实际上就是指“客观事实”，“事实”与“客观事实”其实是一回事。正如陈嘉映先生所说的，“事实”都是“客观事实”，“客观事实”不是“事实”的一种，而是“事实”的强调提法，②强调事实的客观性。“客观事实”并不指涉事实的范围，客观事实并非“全部事实”。

那么，何谓“法律事实”？

根据解释，“法律事实”（legal fact）指的是“引发某具体法律结果的事实。”③《中国大百科全书·法学卷》关于“法律事实”的定义是：法律规范所确认的足以引起法律关系产生、变更和消灭的情况。法律事实通常可分为两类：法律事件和法律行为。④我国

① 与“事实”有关的概念还有“事物”、“事情”等，不少人对它们进行了区分，如维特根斯坦认为，“世界是事实的总体，而不是事物的总体”（参见［奥］维特根斯坦著：《逻辑哲学论》，贺绍甲译，商务印书馆 1996 年版，第 25 页）。斯特劳森认为，“世界是物的总和，而不是事实的总和”（参见陈嘉映：《事物，事实，论证》，载陈嘉映著：《泠风集》，东方出版社 2001 年版，第 177 页），陈嘉映认为，“世界不是物的总和，也不是事实的总和，而是事情的总和”（参见陈嘉映：《事物，事实，论证》，载陈嘉映著：《泠风集》，东方出版社 2001 年版，第 197 页）。但本书的重点不在于此，而且涉及的概念越多，越难以说清楚，所以这里不对它们进行区分和辨析，而统一将“客观存在状态”都包括在“事实”概念中，关于“事实”与“事物”、“事情”等概念的关系，读者如感兴趣，可参见陈嘉映：《事物，事实，论证》，载陈嘉映著：《泠风集》，东方出版社 2001 年版，第 171 ~ 204 页；周健勇：《事物、事件和世界》，载《求索》2001 年第 5 期。

② 陈嘉映：《事物，事实，论证》，载陈嘉映著：《泠风集》，东方出版社 2001 年版，第 180 页。

③ 王敏远编：《公法》第 4 卷，“小资料”，法律出版社 2003 年版，第 483 页。

④ 《中国大百科全书》（光盘 1 · 1 版），中国大百科全书出版社，转引自赵承寿著：《论司法裁判中的事实问题》（博士学位论文），中国社会科学院研究生院，2002 年，第 18 页。

台湾地区出版的《云五社会科学大辞典·第六册·法律学》对法律事实的定义是："法律事实（legal fact；juristic fact）：即发生法律现象之原因，亦即是发生私权之得丧变更消灭之现象及原因。其为法律效力之原因，故又称为法律要件。关于法律事实有二：(一) 自然之事实……（二）人之行为事实。"① 根据德国法哲学家考夫曼的说法，法律事实是"将生活事实类型化后的法律构成要件事实。其乃具有法律观点意义（但并非纯粹的经验事实），一如真实事件及人类行为般的法律事实（如购物、杀人）。法律事实是法律的素材，立法时的实存物。其数量无限"，"最重要的法律事实，是法律意义上的行为"，即"由意志控制（可归责于行为人），因果形成（在最广义意义下）之负责的、具有意义的实际事实"。②

根据以上说法，"法律事实"其实是经验事实或曰社会生活事实、客观事实的一种，只不过根据法律的需要类型化之后的事实。"法律事实"实际上指的是具有法律意义的事实。在诉讼中，需要认识、证明、认定的事实，只是案件中全部事实的一部分，只是适用法律所需要的、具有法律意义的一部分事实，如在刑事案件中只是与犯罪构成要件有关的或者说与定罪量刑有关的事实。这些"事实"我们称之为"法律事实"。既然不能将"事实"理解为"关于客观事实的真的认识"，我们也不能将"法律事实"理解为"关于法律事实或案件事实的真的认识"。

可见，"法律事实"中的事实与客观事实中的事实是完全一样的事实。"法律事实"是事实，也是客观事实。事实与非事实相对

---

① 《云五社会科学大辞典·第六册·法律学》，台湾商务印书馆 1971 年版，第 141 页，转引自赵承寿著：《论司法裁判中的事实问题》，中国社会科学院研究生院，2002 年，第 18 页。

② ［德］考夫曼著：《法律哲学》，刘幸义译，法律出版社 2004 年版，第 156～157 页。

而言，事实都是客观事实，客观事实也与非事实相对而言。“法律事实”与非“法律事实”相对而言，[①]“法律事实”不与客观事实相对，“法律事实”不排斥客观事实。虽然“法律事实”中的事实被“法律”作了限定，说明并非所有的事实都是“法律事实”，但是，“法律事实”首先必须是事实，必须是客观的事实，而不能是主观的东西，否则就不成其为事实。将（客观）事实称为“法律事实”，强调的是事实的法律意义，并没有改变其中事实的本质，其实质仍然是客观的事实。[②]

所以，事实可以分为具有法律意义的事实即“法律事实”和不具有法律意义的事实，而事实就是客观事实，那么也就是说，客观事实可以分为具有法律意义的事实和不具有法律意义的事实，客观的事实可以是具有法律意义的事实，也可以是不具有法律意义的事实。但不管是具有法律意义的事实，还是不具有法律意义的事实，都必须是客观的事实，否则就不是事实。

在诉讼中，需要认识的是“法律事实”，需要证明和认定的是关于“法律事实”的认识，但这样的需要认识的“法律事实”当然必须是客观的事实，如果不要求认识对象是客观的事实，又怎能保证认定事实的准确？那么，裁判的正当性基础将不复存在，既然不要求裁判建立在客观的基础上，那么违背事实裁判也将被视为理所当然的事。

在诉讼中，虽然只是需要认识“法律事实”，排除了那些不具有法律意义的事实，只是认识其中的一部分事实，而非全部事实，但作为认识对象的“法律事实”也是客观事实。事实前面加上

---

① 也就是说，具有法律意义的事实与不具有法律意义的事实相对而言。

② 正如有学者指出的，“法律事实与其他事实并无不同，尽管法律有时会增加特定的要求，如排除某种证言，以确保对真相的寻求不被污染”（参见熊秋红：《简评英美刑事诉讼中的证明标准》，载王敏远编：《公法》第4卷，法律出版社2003年版，第73页）。

“客观”，强调的是事实的不以人的意志为转移，而非强调事实的全面性。客观事实并非“全部事实”。所以，主张诉讼中应当认识客观事实，并不等于主张认识案件中的所有事实。[①] 主张诉讼中应当认识客观事实，与主张诉讼中应当认识“法律事实”，实质是一样的。

既然“法律事实”并不与客观事实相对，那么诸如“诉讼认识是对法律事实的认识而非对客观事实的认识”或者“作为裁判依据的是法律事实而非客观事实”这样的说法就值得商榷了。

（三）“裁判的依据是法律事实而非客观事实”的说法是概念运用的多重混乱

有一种说法是，“裁判的依据是法律事实而非客观事实”，如有人认为，“‘客观事实’并不是法院判决的依据，法院定罪量刑依据的永远只能是‘法律事实’”，“既然法官只能依据法律事实判案，而‘法律事实’在某些情况下可能完全背离‘客观事实’，法官的判决就不能依据我们掌握的‘客观事实’做出是否正义的判断。”[②]

此类说法，存在以下几个问题：

第一，作为裁判依据的，实际上只能是关于案件事实的认识，[③] 或者说是关于客观的具有法律意义的事实的认识，即关于客观的法律事实的认识。不但客观事实本身不能直接作为裁判依据，

① 有关观点在对客观真实说的批评中，其中的论据之一是将“客观事实”等同于案件中的“全部事实”。这里先点出来，下文再详细讨论。

② 刘路：《黄静案：闭上眼睛的司法女神》，载天涯社区之“关天茶舍”（2003 年 12 月 11 日），转引自张建伟著：《司法竞技主义——英美诉讼传统与中国庭审方式》，北京大学出版社 2005 年版，第 528 ~ 529 页。

③ 前面说过，诉讼证明的对象是关于案件事实的认识，诉讼证明结论也表现为关于案件事实的认识，由此，作为裁判依据的，以及裁判认定的，都是关于案件事实的认识，而非案件事实本身。

法律事实本身同样不能直接作为裁判依据。

第二，法律事实即具有法律意义的事实，与不具有法律意义的事实相对而言，不管是具有法律意义的事实，还是不具有法律意义的事实，都是事实，都是客观事实。那么，说“裁判的依据是法律事实而非客观事实”，就等于说“裁判的依据是客观事实又不是客观事实”。同样的，法律事实与客观事实无法背离，如果可以背离，那就是“自我分裂”。所谓的“法律事实与客观事实的背离”，实际上只能是关于客观事实的认识与客观事实的背离，或者说是关于客观的法律事实的认识与客观的法律事实的背离，而非法律事实与客观事实的背离。

第三，如果将“裁判的依据是法律事实而非客观事实”这个说法中的“事实”理解为“关于事实的真的认识”，[①] 那么这个说法的实际意思就是“裁判的依据是关于法律事实的真的认识而非关于客观事实的真的认识”，则也是有问题的。其一，因为法律事实也是事实，也是客观事实，关于法律事实的认识也是关于客观事实的认识，这个说法等于说“裁判的依据是关于客观事实的认识又不是关于客观事实的认识”。其二，在诉讼中，对客观的具有法律意义的案件事实的认识，有可能是真的，有可能是假的，也就是说不一定就是真的。那么，作为裁判依据的，实际上既可能是对法律事实的真实的认识，也可能是对法律事实的虚假的认识。可见，仍然不能说“裁判的依据是关于法律事实的真的认识”。

况且，前面说过，如果关于事实的认识也可以说是“事实”，那么相关问题的讨论将乱成一锅粥，将“裁判的依据是法律事实

---

① 也就是说，假设“事实通常是指人们对客观存在或发生的事物、现象和过程的真实描述”（参见彭漪涟著：《事实论》，上海社会科学院出版社 1996 年版，第 59 页）这样的说法是正确的。需要注意的是，即使认为可以将“事实”理解为对事实的认识的人，也强调这个认识应当是真的认识，即“事实”是“关于事实的真的认识”，如果对事实的认识是虚假的，那么仍然不是“事实”。

而非客观事实”这个说法中的“事实”理解为“关于事实的真的认识”，同样极易引起误解和混乱。

可见，“裁判的依据是法律事实而非客观事实”这个说法是无论如何都难以成立的。

此外，有学者认为，“法庭上出现的都不是原本意义上的案件事实，而都是程序意义上的案件事实，其不能作为客观真实符合的对象，‘符合论’无法实现。”① 这个说法与“裁判依据的是法律事实而非客观事实”一样，也是有问题的。首先，法庭上出现的“案件事实”，只是关于案件事实的认识，既不是原本意义上的案件事实，也不是程序意义上的案件事实。② 其次，这个说法没有认清“符合论”中“符合”的两个关系项。符合论的两个关系项，一个是认识、命题之类的真值负荷者，另一个是认识、命题所揭示、描述、表达的对象，在诉讼中，这两个关系项，一个是关于案件事实的认识，另一个是客观的案件事实，所谓的“符合”，指的是关于案件事实的认识与客观的案件事实的“符合”。客观真实就是符合论中两个关系项的符合，客观真实怎么能够成为符合论的一个关系项呢？最后，对客观的案件事实的认识，既可能与客观的案件事实不符合，也可能与客观的案件事实符合，而不是一律的不能

---

① 王敏远先生语，引自何家弘、王敏远、刘金友：《德恒程序论坛系列讲座第二讲：刑事证明标准三人谈》，2006 年 11 月 14 日，载中国诉讼法律网。

② 所谓的“原本意义上的案件事实”，应当指的是“客观的案件事实”，所谓的“程序意义上的案件事实”，应当和“裁判依据的是法律事实而非客观事实”中的“法律事实”是一个意思，所以“法庭上出现的都不是原本意义上的案件事实，而都是程序意义上的案件事实”这个说法和“裁判依据的是法律事实而非客观事实”的说法大同小异。可见，以上对“裁判依据的是法律事实而非客观事实”的分析，也可以适用于“法庭上出现的都不是原本意义上的案件事实，而都是程序意义上的案件事实”这个说法。

符合。"符合论"怎么无法实现呢?[①]

（四）对"客观事实"的认识能够达到"客观真实"，对"法律事实"的认识同样能够达到"客观真实"

在"真"的符合论的立场上，真实是客观的，真实就是客观真实，两者可以等同。[②] 所以，"客观真实"与"虚假"相对，而不与所谓的"法律真实"相对。[③]

对客观事实的认识，其认识结果可能是真实的，也可能是虚假的。如果对该客观事实的认识符合该客观事实本身，其认识结果就是真实的，就是客观真实的。也就是说，对客观事实的认识能够达到客观真实。

对法律事实的认识，与对客观事实的认识并无不同，其认识结果可能是真实的，也可能是虚假的，如果对法律事实的认识符合法

---

① 王敏远先生认为，在所谓"认识符合事实"的说法中，事实只是现实中的事实，而案件事实作为过去发生的事实不可能存在于现实之中，所以所谓"认识符合事实"，在讨论关于案件事实的认识时，根本就是一句毫无意义的废话（参见王敏远：《一个谬误、两句废话、三种学说——对案件事实及证据的哲学、历史学分析》，载王敏远编：《公法》第4卷，法律出版社2003年版，第196、206页），可见，王敏远先生想表达的真实意思是：对案件事实的认识无法与发生在过去的案件事实符合，所以"'符合论'无法实现"。对此，笔者在前面为"符合论"辩护时已经分析过，这其实是对"符合"的证明证实的困难，而非"'符合论'无法实现"。

② 如果在"真"是什么这个问题上主张其他观点，则不能将"真实"与"客观真实"等同，如"真"的联贯论（一致论），主张"真"乃是"认识与认识的一致、融贯"，或者如"真"的实用论，主张"真即有用"，显然就他们看来，"真实"就不是客观的，"真实"并不就是"客观真实"。

③ 与上述概念相关的一个问题是，由于无论如何"事实"与"真实"不同，所以"客观事实"也不能等同于"客观真实"，"法律事实"也不能等同于"法律真实"。之所以提出这个问题，是因为在学术研究中，对于同一个所指，不少人一会儿用"事实"、"客观事实"、"法律事实"，一会儿用"真实"、"客观真实"、"法律真实"，如将"法律真实观"称为"法律事实观"。虽然大家一般都能明白它们所指的是同一个东西，但是如此不够严谨的用法，容易导致他人理解的困难，进而可能引起误解，致使相关问题讨论不清楚。

律事实本身，则该认识就是真实的，这个真实就是客观真实。可见，并非只有对客观事实的认识才可以达到客观真实，对法律事实的认识，同样可以达到客观真实。①

（五）“法律事实”与“法律真实”并没有必然联系，承认“法律事实”之说，不等于接受“法律真实”观点

既然“事实”不等于“真实”，那么“法律事实”当然不等于“法律真实”，实际上，“法律事实”与“法律真实”并没有必然联系，承认“法律事实”之说，承认诉讼中需要认识的是“法律事实”，不等于主张或接受“法律真实”观点，不等于认识结果的“真”只能是“法律真实”，对“法律事实”的认识，既可能是虚假的，也可能是真实的，对“法律事实”的认识的真实也是客观真实。诉讼中需要认识的是“法律事实”，并不能成为主张“法律真实说”的论据。

第二节　客观真实说

在诉讼尤其是刑事诉讼中有关真实问题的不同观点中，“客观真实说”是一种传统观点，近几年受到越来越多的质疑和批评。

在刑事诉讼是否应当追求真实以及能否追求到真实这两个问题上，客观真实论者主张，“刑事诉讼证明的目的是达到诉讼客观真实”，“发现客观事实”是设立刑事证据规则的首要目标，“认识案件事实能够达到客观真实”，②“公正的程序在大多情况下能够实现

① 之所以提出这个问题，是因为在关于真实问题的讨论中，不少人下意识地认为，只有对“客观事实”的认识，才可能达到“客观真实”，而对“法律事实”的认识，只能达到“法律真实”，而诉讼中只需要认识“法律事实”，所以只能坚持“法律真实说”。这样的理解显然是有问题的。对此下文有更详细的讨论。

② 陈光中、陈海光、魏晓娜：《刑事证据制度与认识论——兼与误区论、法律真实论、相对真实论商榷》，载《中国法学》2001年第1期，第43页。

客观真实，但不可能都实现客观真实”，[①] 可见，客观真实论者认为，在刑事诉讼中，应当以追求客观真实、发现案件的客观事实为目标，而且在多数情况下能够追求到客观真实，这与笔者在这两个问题上的观点是一致的。

在论及以什么作为认定事实标准这个问题时，客观真实论者主张“司法人员对案件的裁判必须以客观事实为标准，司法人员据以认定有罪的事实根据必须正确地反映客观事实。”[②] 从某种意义上说，“有罪认定必须是绝对真实的，必须经得起实践和历史的检验，所谓‘铁证’、‘铁案’就是这个意思。”[③]“绝对确定是能够达到的，排除合理怀疑不是诉讼证明所可能实现的最高标准。”[④] 从以上引文可以看出，论者主张以客观真实本身作为认定事实的标准。

而在不同的场合，有的客观真实论者将客观真实标准表述为“犯罪事实清楚，证据确实充分”[⑤] 或“排他性”。如何理解这个标准？客观真实论者认为，所谓犯罪事实清楚，是指与定罪量刑有关的事实和情节都应当查清。所谓证据确实充分，是对作为定罪根据的证据质和量的综合要求，根据法律规定和有关的司法解释，犯罪事实清楚，证据确实充分，具体是指达到以下标准：（1）据以

① 陈光中：《中国刑事诉讼法再修改之展望——在天津财经大学法学院的演讲摘要》，载陈光中、陈卫东主编：《诉讼法理论与实践（2005 年卷）》，中国方正出版社 2005 年 9 月版，第 96 页。

② 吴宏耀著：《诉讼认识论》（博士学位论文），中国政法大学图书馆馆藏，2002 年，第 152 页。

③ 陈光中、陈海光、魏晓娜：《刑事证据制度与认识论——兼与误区论、法律真实论、相对真实论商榷》，载《中国法学》2001 年第 1 期。

④ 陈光中：《构建层次性的刑事证明标准》，载陈光中、江伟主编：《诉讼法论丛》第 7 卷，法律出版社 2002 年版，第 5 页。

⑤ 这也是我国刑事诉讼法和有关司法解释中的表述，如我国刑事诉讼法第 129 条、第 137 条、第 141 条、第 162 条的规定。

定案的每个证据都已查证属实；（2）每个证据必须和待查证的犯罪事实之间存在客观联系，具有证明力；（3）属于犯罪构成各要件的事实均有相应的证据加以证明；（4）所有证据在总体上已足以对所要证明的犯罪事实得出确定无疑的结论，即排除其他一切可能性而得出的唯一结论。这个标准也被称为“排他性”。①

我们可以分析一下这几个要求。首先，既然不能绝对确定关于案件事实的认识的真实性，那么以什么为根据来判断证据是否已经查证属实？证据是否查证属实，显然也不能绝对确定。反过来说，如果能够绝对确定证据是否查证属实，那么关于案件事实的认识的真实性也就能够绝对确定了，案件事实也就能够绝对确定地查清了，也就可以以客观真实本身作为认定事实标准了。所以，以上第一个要求即“据以定案的每个证据都已查证属实”，由于不能绝对确定地判断证据是否“属实”，所以也只能是一种理想化的“要求”，而不具有可操作性。其次，我们来看第四个要求。从表面上看，“排他性”和“排除合理怀疑”似乎差不多，实际上两者有根本性的区别。我们从以上第四个要求即“所有证据在总体上已足以对所要证明的犯罪事实得出确定无疑的结论，即排除其他一切可能性而得出的唯一结论”可以看出，“排他性”要求排除一切其他可能，包括合理的可能和不合理的可能，而“排除合理怀疑”仅仅要求排除“合理”的怀疑，关键正在于此，能够排除一切其他可能，实际上也就绝对确定了，也就可以以客观真实本身作为认定事实标准了。

可见，仅从第一个和第四个要求来看，“犯罪事实清楚，证据确实充分”或“排他性”也是和“客观真实”一样的高标准。而笔者在前面已经充分论述，由于不能绝对确定关于案件事实的认识

---

① 陈光中、陈海光、魏晓娜：《刑事证据制度与认识论——兼与误区论、法律真实论、相对真实论商榷》，载《中国法学》2001年第1期，第44页。

的真实性，所以不能以真实即客观真实作为认定事实标准。同样的，以“犯罪事实清楚，证据确实充分”、“排他性”[①] 来表述的客观真实，也不能作为认定事实标准。

笔者认为，客观真实论者认为可以以“客观真实”或者以“犯罪事实清楚，证据确实充分”、“排他性”来表述的“客观真实”作为认定事实标准，其理论根源在于：

一是没有区分诉讼中是否应当追求真实、能否追求到真实和能否以客观真实作为认定事实标准这三个不同的问题。客观真实论者正确地认识到诉讼中应当追求真实，而且多数情况下能够追求到真实，但是他们进而认为，既然应当追求真实而且能够追求到真实，那理所当然地就应该以真实作为认定事实标准。而实际上，诉讼中是否应当追求真实、能否追求到真实以及能否以真实作为认定事实标准是不同的问题，应当追求真实、能够追求到真实并不意味着能够以真实作为认定事实标准。

二是没有区分两种不同的诉讼认识。前面说过，在诉讼中，存在两种不同层次、不同对象、不同目的的认识，首先是关于案件事实的认识，认识的结果是形成或真或假的以案件事实为内容的认识，认识的目的是揭示客观的案件事实；其次是对第一种诉讼认识的认识，认识的目的是判断第一种诉讼认识是真的还是假的。客观真实论者虽然意识到诉讼中在多数情况下能够追求到真实，即多数情况下诉讼认识是真实的，但没有意识到在具体的案件中，裁判者并不能绝对确定具体的某个关于案件事实的认识就是真实的，以为只要关于案件事实的认识是真实的，就能够以真实作为认定事实标

---

① 需要说明的是，目前不管是客观真实论者，还是有的法律真实论者，都使用“排他性”这个词语来表述认定事实标准。这里是从“客观真实说”的角度对“排他性”的理解，“法律真实说”所理解的“排他性”同样不能作为认定事实标准，对此下文另有探讨。

准。殊不知，即使关于案件事实的认识是真实的，但如果认定事实主体不能绝对确定它是真实的，则仍然不能以真实作为认定事实标准。

三是没有区分诉讼中案件事实的直接知情者的信念与非直接知情者的信念。有学者认为，“姚锦红光天化日之下在天安门以驾驶汽车的方式危害公共安全案，就实施犯罪的主体的认定来说，不承认其绝对真实性，岂非荒唐?”① 其实，这只是从目击者等直接知情者的角度来说的，对于目击者等直接知情者来说，姚锦红实施犯罪是能够绝对确定的。但对于我们有意义的，或者说我们这里所探讨的，却是作为诉讼认识、认定事实主体的非直接知情者对于犯罪事实能否绝对确定的问题。在诉讼中，一个人不能既是案件事实的直接知情者，又是案件事实的认识者、判断者，作为认识者、判断者的认定事实主体必定不是案件事实的直接知情者。从非直接知情者的角度来说，对于已经发生的客观事实，不可能像直接知情者那样绝对确定。所谓的“光天化日之下”行凶，其实只对目击者有意义，目击者心中对“行凶”的绝对确定不等于非直接知情者的确定。所以，在这个问题上，客观真实论者认为诉讼认识的真实性是能够绝对确定的，正是因为没有区分直接知情者的信念与非直接知情者的信念。

第三节 法律真实说

在近几年我国诉讼法学界关于真实问题的讨论中，“法律真实说”逐渐深入人心，成为一种比较有影响的观点，下面，笔者主要从诉讼中三个方面的真实问题入手，对“法律真实说”作一介

① 陈光中、陈海光、魏晓娜：《刑事证据制度与认识论——兼与误区论、法律真实论、相对真实论商榷》，载《中国法学》2001年第1期，第43页。

绍和分析。[①]

（一）关于刑事诉讼是否应当追求真实以及能否追求到真实的问题

在刑事诉讼中是否应当追求真实这个问题上，有的学者认为，诉讼中应当追求“法律真实”，“诉讼证明追求法律真实与我国刑事诉讼法规定的宗旨和任务相一致”，“以法律真实作为刑事诉讼证明的任务和要求，不仅于法有据，而且符合情理”，“以法律真实为追求目标，诉讼证明活动就能高效准确地进行”。[②]

对于以上说法，如果笔者没有断章取义地错误理解的话，那么可以认为，论者主张刑事诉讼中应当追求法律真实。对于这个说法中“法律真实”的确切所指这里暂不深入探讨，但以上说法既然是针对“客观真实说”提出来的，那显然不是指“客观真实”。而在笔者看来，在刑事诉讼中，应当追求真实，这在前文已经充分论述。本书坚持“真”的符合论，在这个立场上，真实即客观真实，所以，刑事诉讼中应当追求真实，也就是应当追求客观真实。不管刑事诉讼中的认定事实标准是什么，有一点是可以肯定的，在追求目标上，刑事诉讼显然应当追求客观真实，追求主观认识符合客观实际。[③]

在刑事诉讼能否追求到真实这个问题上，有的法律真实论者持

① 在与不同观点的争论中，“法律真实说”自身也在不断发展，产生很多“变种”，甚至同一个学者其本人的观点也在不断完善，在总的“法律真实”观念之下，“法律真实说”在具体观点或者表述上往往有很大区别，笔者在分析时，立足于本书的三个问题，尽量针对并引用最原始、最权威或者最有影响力的说法，而不是非要引用最新说法不可，更不是对“法律真实说”中所有说法的全面分析。

② 樊崇义：《客观真实管见》，载《中国法学》2000 年第 1 期。

③ 当然，并非所有的法律真实论者都否认刑事诉讼中应当追求客观真实，如主张“法律真实说”的吴宏耀先生认为，“法律真实观并不否认诉讼认识对客观真实的追求”（参见吴宏耀：《刑事证明标准研究评述》，载樊崇义主编：《诉讼法学研究》第 1 卷，中国检察出版社 2002 年版，第 513 页）。

否定态度。正如陈光中教授所说的："法律真实论认为客观真实不可能实现，因而是不科学的，应当以法律真实取代客观真实。"[①]因为法律真实论者认为，"在刑事诉讼中，不存在超越于法律之外的客观事实，所有的事实必须在进入刑事程序之中的证据的基础之上，并且依照法定的程序推论出来，即在法律规定的机制和标准上得出关于事实的结论，这也就是法律事实。"[②]"此种法律事实不可能完全等同于社会经验层面存在的客观事实，只能是尽可能接近真相的事实。"[③]可见，有的法律真实论者认为，刑事诉讼中只能追求到"接近"客观真实的"真实"，这种"真实"就是"法律真实"。

为什么不能追求到客观真实？对此，不同的法律真实论者有不同的说法，因此需要分别针对不同的说法进行分析。

第一种观点认为，真理有绝对真理与相对真理之分，绝对真理即终极真理，"法律真实观显然是以终极真理作为参照系统的，因此尽管主张法律真实观的学者并不否认人的认识能够在一定程度上正确地反映事实的原貌，但由于他们是在终极真理意义上适用'客观真实'这一术语的，所以，主张法律真实观的学者认为，不能将此种包含一定确定性内容的真理性认识等同于'客观真实'，它只能是一种无限接近客观真实的相对真理。"[④]可见，持此观点的法律真实论者认为刑事诉讼中不能追求到客观的真实，其依据是

① 陈光中、陈海光、魏晓娜：《刑事证据制度与认识论——兼与误区论、法律真实论、相对真实论商榷》，载《中国法学》2001年第1期。

② 樊崇义等：《刑事证据前沿问题研究》，载何家弘主编：《证据学论坛》第1卷，中国检察出版社2000年版，第214页。

③ 吴宏耀：《刑事证明标准研究评述》，载樊崇义主编：《诉讼法学研究》第1卷，中国检察出版社2002年版，第517页。

④ 吴宏耀：《刑事证明标准研究评述》，载樊崇义主编：《诉讼法学研究》第1卷，中国检察出版社2002年版，第517页。

绝对真理与相对真理辩证关系原理，由于人类认识能力的局限，只能认识到相对的真实，或者说“接近”客观真实的真实。

前面已经分析，“真理”不等于“真实”，多数情况下，“真理”指真的认识、理论，马克思主义哲学的绝对真理与相对真理辩证关系原理中的“真理”，显然并非指“真实”，所以由于混淆了“真理”与“真实”概念，以马克思主义哲学中的绝对真理和相对真理辩证关系原理作为论据，并没有说服力，此其一。其二，即使假设这里并不涉及绝对真理与相对真理辩证关系原理，而将以上引文中的“相对真理”理解为“相对真实”，由于真假没有程度之分，所以也就不存在所谓的“相对真实”之说。其三，在这里法律真实论者所称的“法律真实”，是一种比“客观真实”程度更低的“真实”，是“无限接近”客观真实的“真实”。这种“接近论”显然也是一种站不住脚的说法，正如有学者所指出的，“法律真实说”为了软化“客观真实说”在追求案件真相方面的绝对倾向，提出了“法律真实”，并依据认识只能达到相对真理的哲学原理，认为“法律真实”是一种接近“客观真实”的真实，是一种人们只能到此为止并应对此感到满足的真实。表面上看这似乎是较“客观真实说”更合理、更科学的理论，其实不然。从其哲学基础来说，如果为“客观真实说”所主张的“符合论”，因为案件事实不可重现而不可能实现的话，那么“法律真实说”所主张的所谓“接近论”与“符合论”之不可能实现，实际并无区别。很显然，认识如果不可能与现实中并不存在的案件事实相“符合”的话，也就不可能与现实中并不存在的案件事实相“接近”。面对着现实中并不存在的案件事实，人们同样不能确切地判断这一种认识是否比那一种认识更“接近”案件事实，而如果不可能依据案件事实来判断何者更“接近”，“接近论”也就毫无意义。①

第二种观点认为，之所以在刑事诉讼中追求不到客观真实，是因为“客观真实模式对于事实不清、证据不足的案件，非要查个‘水落石出’，要几乎同发生时‘一模一样’，实际上是不可能的。”②“客观真实理论追求裁判事实认定的绝对真实，要求在查明案件全部真相的基础上来认定裁判事实，这无论是在理论上还是在司法实践中都会面临一些难以克服的困难。”③ 也就是说，认为追求客观真实就是要查清案件中的全部事实、穷尽一切认识对象，认为主张追求案件客观真实就是主张诉讼认识与实际上发生的案件事实“一模一样”，所以客观真实不可能实现。

这实际上是对“追求案件客观真实”这个要求的误解。在“真”的符合论的立场上，真实即客观真实，“真实”即认识与其认识对象的符合，是否真实，是认识与其认识对象之间是否符合的问题，而非能否全面地认识到认识对象的问题。例如，对于一张桌子的认识，从颜色上说，你认为它是白色的，如果它果然是白色的，那你的认识就是真实的，如果它不是白色的，那你的认识就是假的。至于这张桌子的大小、长短、形状等，则与你关于这张桌子的颜色的认识无关，不能因为你说“这张桌子是白色的”，而没有认识这张桌子的大小、长短、形状等，就认为你关于这张桌子的颜色的认识只是“接近”真实。对于案件事实的认识，与对桌子的认识一样，对于“张三是否杀了李四”这个认识对象，如果你认为“张三杀了李四”，而事实上确实是张三杀了李四，那么你的这

---

① 王敏远：《一个谬误、两句废话、三种学说——对案件事实及证据的哲学、历史学分析》，载王敏远编：《公法》第4卷，法律出版社2003年版，第242~243页。

② 王斐弘：《论合理的怀疑——兼谈我国刑事诉讼证明标准的重构》，载何家弘主编：《证据学论坛》第5卷，中国检察出版社2002年版，第262页。

③ 赵承寿著：《论司法裁判中的事实问题》（博士学位论文），中国社会科学院研究生院，2002年，第35页。

个认识就是真实的，不能因为你的“张三杀了李四”这个认识没有包含“张三与李四争吵起来”、“张三一拳将李四打倒在地”、“张三从身上抽出一把刀”等认识，就认为“张三杀了李四”这个认识是假的，或者认为“张三杀了李四”这个认识只是在一定程度上是真的。

我们主张刑事诉讼中应当追求真实，应当追求客观真实，而且认为在多数情况下能够追求到真实，但没有主张对案件事实的认识应当穷尽一切、应当与实际发生的一模一样。实际上，对案件事实的认识没有必要穷尽一切，我们只需要认识和证明与定罪量刑有关的事实即可，如在杀人案件中，我们关心的是被告人是否犯罪行为人，被告人是否确实杀了人，至于被告人是左手拿刀还是右手拿刀去杀人，是晚上八点还是八点十分杀人，等等，这些事实对于定罪甚至量刑来说，一般都没有多大意义，[①] 我们实际上不需要完全认识清楚。在认识之后，我们也不要求关于案件事实的认识中的所有认识都是符合客观实际的，而只要求对与定罪量刑有关的事实的认识符合客观实际。[②]

实际上，目前我国诉讼法学界的多数客观真实论者，在这个问题上并没有要求诉讼中必须查明一切事实情节；没有认为诉讼中只有查明真相这一价值追求；没有要求为了查明事实真相可以不计代价、不择手段，可以无限期地拖延下去；没有认为查明事实真相可

---

① 当然，并不是说在任何情况下这些事实对于定罪量刑都没有影响，在某些情况下，任何一个细微的情节都有可能是罪与非罪的关键，所以以上说法是就一般情况而言的。

② 正如有学者所说的，“即使是对于案件客观真实的认识也不意味着再现案件的细枝末节，只是主体所达到的对案件事实的一定层次的认识，这一认识止于具有法律意义的事实和情节。法律并不过问杀人者每一刀的方向和砍向被害人的姿势，仅仅关心杀人行为与被害人的死亡是否有直接的因果关系，因为这才是法律评价的对象，对案件认识的客观真实性的要求仅止于此”（参见魏晓娜：《客观真实的价值与困境》，载《法学研究》2004 年第 6 期，第 122 ~ 123 页）。

以不遵守法律的规定；等等。正如有学者指出的，人们都注意到客观真实论者的某些洋溢着乐观主义的观点具有“绝对化”的倾向，似乎有意或者无意地忽略了一些客观真实论者在不同场合提出的对于人的认识能力有限性的认同。实际上，客观真实论者并非认为在所有的案件中都能查明案件的客观真实，也不认为在案件中对于所有事实、情节都有可能和有必要一一查清。他们强调在刑事诉讼中那些就判决来说具有法律意义的、不可或缺的事实必须查清楚，并且也并不反对根据合理性而对某些事实以推定等方式加以认定，并且在事实处于悬疑状态时以疑罪从无的原则加以处理。客观真实论者也并非不能接受刑事诉讼和民事诉讼在证明标准上应当具有差别的观点；他们所坚持的是，在刑事诉讼中，应当努力去发现案件真相，裁判者就案件作出的判定应当符合实际情况。[①]

也许，传统的客观真实论者曾经主张过要查清一切事实，如认为诉讼中应当要求“法院判决中所认定的案件事实与实际发生的事实完全一致”，所谓“客观真实”，就是“司法机关所确定的这些事实，必须与客观上实际发生的事实完全符合，确实无疑。”[②]法律真实论者对此提出批评，正是其理论价值之一。但是，这只是

① 张建伟：《认识相对主义与诉讼的竞技化》，载《法学研究》2004 年第 4 期，第 49 页。

② 巫宇甦主编：《证据学》，法律出版社 1986 年版，第 78、80 页。

个别情况，并非所有的客观真实论者都这么主张，[①] 尤其是现在，多数客观真实论者已经放弃了不惜一切代价追求客观真实的理念。既然这样，法律真实论者的批评也就无的放矢了，据此认为客观真实不能达到而只能达到法律真实，也就难以成立了。[②]

当然，在刑事诉讼中是否能够追求到真实这个问题上，也有的法律真实论者认为，“法律真实观不否认裁判者对案件事实的认识能够达到客观真实的程度。”[③] 他们认为，“在具体的案件中，由于对裁判者而言并不存在预定的案件事实，裁判者对案件事实的认识即使达到了主观符合客观的程度，作为认识主体的裁判者也无法对此作出判断。在此意义上，法律真实观反对的是将客观真实作为证明标准本身，而不是反对某些诉讼认识能够达到客观真实的认识程度。”[④] 如果这样，则与笔者在这个问题上的看法是一致的。

---

① 甚至被视为传统的“客观真实说”代表的教材也未如此主张，如“我国诉讼中的证明任务是查明案件的客观真实或案件的真实情况。……查明案件的客观真实，归根结底，就是要求司法人员的主观认识必须符合客观实际”（参见陈一云主编：《证据学》，中国人民大学出版社 2000 年第 2 版，第 115 页），法官在认定被告人有罪时，必须查明案件的“客观真实，而非其他形式、其他程度的真实。也就是说，司法机关在刑事诉讼中所认定的有关犯罪嫌疑人、被告人刑事责任的事实……必须与客观上实际存在过的事实一致”（陈一云主编：《证据学》，中国人民大学出版社 2000 年第 2 版，第 115 页）。这里的“主观认识必须符合客观实际”并不存在什么问题，就是“真”的符合论的体现，而且在这里也只是要求“所认定的有关犯罪嫌疑人、被告人刑事责任的事实”与客观事实一致，而非所有的认识都必须与客观实际一致。

② 也许在司法实践中，可能由于曲解了追求客观真实的含义，而有不惜一切代价地追求客观真实而且追求“事无巨细”的错误做法，而明确反对司法实践中的这些错误做法，正是“法律真实说”和“相对真实说”的理论价值之一。但是，司法实践中的错误做法，并非主张追求客观真实的过错，而在于执行者的错误。

③ 吴宏耀：《刑事证明标准研究评述》，载樊崇义主编：《诉讼法学研究》第 1 卷，中国检察出版社 2002 年版，第 531 页。

④ 吴宏耀：《刑事证明标准研究评述》，载樊崇义主编：《诉讼法学研究》第 1 卷，中国检察出版社 2002 年版，第 531 页。

(二) 关于真实与认定事实标准

"法律真实说"认识到了人类认识能力的局限性，认识到客观真实本身不能作为认定事实标准，也引起了学界对这个问题的普遍反思，这也是"法律真实说"的理论价值之一。在以什么作为认定事实标准这个问题上，法律真实论者之间也有不同看法，下面，笔者根据自己对这些看法的理解，逐一进行分析。

1. 如果以"法律真实"本身作为认定事实标准

从多数法律真实论者对"法律真实说"的论述看，"法律真实"一般只是一种观念、理念，而非认定事实标准或曰证明标准本身。当然，也不能完全排除有人主张以"法律真实"本身直接作为认定事实标准。笔者认为，如果以"法律真实"本身作为标准，则其价值仅仅在于否定了客观真实标准，仅仅是"破"而没有"立"。单纯从"法律真实"这个概念看，其本身并没有明确以什么作为认定事实标准，这样的认定事实标准对诉讼证明和认定事实同样没有什么指导意义。所以，"法律真实"本身显然不能直接作为认定事实标准。

2. 如果将作为认定事实标准的"法律真实"理解为"接近"客观真实的"真实"

有的法律真实论者认为，对于案件事实的认识，"不仅要受到外在客观条件的制约，更重要的是还要受到各种主观因素的影响"，"客观真实既是有条件的，也是相对的。任何一个真理性的认识，不管它怎样正确地反映客观事物，这种反映总是有限的。对一个具体刑事案件的证明标准，只能达到近似于客观真实的程度。那种'必须'达到或'一定'要达到'客观真实'的说法，在理论上是不成立的，在实务上是有害的，更是无法实现的。'客观真实'只能成为刑事案件证明的一个客观要求，它告诫办案人员要努力地接近它，但决不能成为个案的一个具体的证明标准。"[①] 如果笔者对以上说法没有曲解的话，那么可以认为，以上论者主张以"接近"客观真实的"真实"作为认定事实标准。对于这种"接近论"，前面已经有所分析，这里对认定事实标准问题中的"接近论"作进一步分析。

在诉讼中，关于案件事实的认识，有可能是真实的，也有可能是虚假的，它如果符合客观实际，那就是真的，它如果不符合客观实际，那就是假的，这不能有丝毫含糊。问题是，认定事实主体能否认识到关于案件事实的认识的真实性。前面说过，认定事实主体不能绝对确定关于案件事实的认识的真实性，而只能对认识的真实性形成某种程度的信念，所以作为认定事实标准的，只能是认定事实主体内心的某种程度的信念，而非任何意义上的"真实"。"信息"不是"真实"，"接近"客观真实的"真实"绝非关于真实的"信念"，我们不能将关于真实的"信念"称为"法律真实"。

而且，如果说由于现实生活中客观的案件事实已经不存在，不能绝对确定关于案件事实的认识的真实性，那么是否"接近"真实，同样由于已经不存在客观的案件事实，而无法绝对确定。更何况，由于真假没有程度之分，也就不存在"接近"客观真实的"真实"之说。

可见，不管从哪个角度、何种意义上说，以"接近"客观真实的"真实"作为认定事实标准，都是不可取的。

3. 如果以"排他性"或"排除合理怀疑"作为认定事实标准

有的法律真实论者在提出"法律真实"的理念后，提出以"排他性"作为认定事实标准，在他们看来，"排他性"标准的要求是：（1）作为定案根据的每一个证据必须具备客观性、关联性和合法性；（2）根据认识论的矛盾法则，全案的证据经过排列、

① 樊崇义：《客观真实管见》，载《中国法学》2000 年第 1 期。

组合、分析之后，必须是排除了一切矛盾，而达到每一个证据的前后一致，证据与证据之间一致，全案证据同案件的发生、发展的过程和结果一致，形成一个完整的证明体系；（3）作为证明对象的案件事实、情节均有相应的一定数量的证据加以证明；（4）全案证据所得出的结论是本案唯一的结论（具备排他性）。①

我们来分析一下“排他性”的这几个具体要求。显然，“排他性”要求比起笼统地以“客观真实”作为认定事实标准，更具有可操作性，如全案证据必须排除一切矛盾，每一个证据必须前后一致，证据与证据之间一致，得出唯一的结论等，无疑为认定事实提供了具体的指导。但是，证据是否客观，证据是否与案件的发生、发展的过程一致如何判断？由于案件事实已经不复存在，认识案件事实只能通过证据，所以证据是否客观以及是否与案件的发生、发展的过程一致，不能绝对确定。反过来说，如果能够绝对确定证据是否真实、客观，那么也就能够绝对确定关于案件事实的认识的真实性了，也就能够直接以客观真实作为认定事实标准了。所以，以“排他性”作为认定事实标准，也是一种不切实际的要求。

有的法律真实论者提出以“排除合理怀疑”作为认定事实标准，这是笔者所赞同的。但需要注意的是，“排除合理怀疑”与“内心确信”一样，是一种关于真实的“信念”而非“真实”本身，所以不能将“排除合理怀疑”归为某一种“真实”，也不能将“排除合理怀疑”标准视为“法律真实”。

（三）关于证据不足时作出无罪裁判是否属于“法律真实”的问题

法律真实论者普遍认为，证据不足、案件事实真伪不明时作出无罪裁判，这是一种“法律真实”。由于谁也无法否认证据不足时裁判无罪这一事实，所以，即使是有的客观真实论者也不得不承认

① 樊崇义：《客观真实管见》，载《中国法学》2000年第1期。

这是一种“法律真实”。[①]

而笔者认为，证据不足时作出无罪裁判，也并非“法律真实”的体现，理由是：

第一，认为证据不足时裁判无罪是一种“法律真实”，这一观点隐含的前提是：任何裁判——不管是有罪裁判还是无罪裁判——都必须建立在某种真实的基础上，既然在有的情况下不是“客观真实”，那当然是另一种“真实”，如“法律真实”。显然，只要稍作分析，这一前提是不能成立的。有罪裁判要求建立在真实的基础上，而无罪裁判并不需要建立在真实的基础上，裁判者作出无罪裁判，有时不一定是因为他确认被告人是无罪的，正如李学灯先生所说的，案件审理终结时，如果对于控诉方主张被告人犯罪的事实，仍存有合理的怀疑，应当作出被告人无罪的认定，这并非指裁判者确信被告人没有犯罪，而是因为对于被告人有罪还是无罪都有怀疑时，则控诉方的证明负担不能解除，也就是不能依其主张为裁判。[②] 由于无罪推定原则和疑罪从无原则的要求，证据不足时应当作出无罪裁判，而这可能是与客观实际不符的，即被告人实际上实施了犯罪行为而被认定无罪。可见并非任何裁判都必须建立在某种“真实”的基础之上。

第二，从客观上分析，证据不足，也就是对被告人是否有罪存有疑问时，作出无罪裁判，这时可能出现两种情况，一种情况是，被告人客观上确实是无罪的，此时认定犯罪事实不存在，作出无罪裁判，说明这个认定符合客观实际，是真实的；另一种情况是，被

---

① 如有学者认为，“在刑事审判中，以实质真实发现为根本，只有在无法探明案件真相的情况下，才以‘法律真实’——例如裁决无罪——终结诉讼”（参见张建伟著：《司法竞技主义——英美诉讼传统与中国庭审方式》，北京大学出版社2005年版，第347页）。

② 李学灯著：《证据法比较研究》，台湾地区五南图书出版公司1992年版，第395页。

告人实施了犯罪行为，但因为证据不足而认定犯罪事实不存在，作出无罪裁判，说明这个认定不符合客观实际，是假的、错误的。可见，证据不足存有疑问时认定被告人无罪，或者是真的、正确的，或者是假的、错误的，而不是“法律真实”。

因此，在证据不足、被告人是否有罪存有疑问时作出无罪裁判，并不能成为主张“法律真实说”的理由。正如有学者指出的，在这个问题上，法律真实论者认为，宣告无罪既然是肯定被告人无罪，那就是说，已经证明了被告人无罪是真实的。而在实际的诉讼过程中，虽然控告者的证明未能达到证明标准的要求，但由于被告人大都并未洗脱嫌疑，事实真相处于不明状态，此时肯定被告人无罪是真实的，这岂不就是一种与常人所说的真实大不相同的真实？因此，对这种“真实”应当命名为“法律真实”。殊不知，证明标准只是相对于有举证责任的一方而言才有意义的，因此，法律规定在事实真相处于不明状态之时宣告无罪，与其说是肯定了被告人无罪是真实的，不如说是否定了控告的真实性。[①]

（四）关于运用推定认定案件事实是否属于“法律真实”的问题

在诉讼包括刑事诉讼中，有时需要运用推定来认定案件事实，有的法律真实论者认为，运用推定来认定案件事实，这种情况属于“法律真实”。[②] 对此，似乎有的客观真实论者也没有否认：“当然，我们并非全盘否定法律真实的作用，例如在巨额财产来源不明罪的证明上，如果被告人不能举证证实其巨额财产的具体合法来源，就

① 王敏远：《一个谬误、两句废话、三种学说——对案件事实及证据的哲学、历史学分析》，载王敏远编：《公法》第4卷，法律出版社2003年版，第262~263页。

② 所谓的“属于‘法律真实’”，包含两个可能的意思：一是此时以“法律真实”作为认定事实标准，二是认定事实主体认定的“事实”，即关于案件事实的认识，它的“真实”属于“法律真实”。同样的，前面“关于证据不足时认定无罪属于‘法律真实’”的说法，也包含这样可能的两种意思。

推定其为有罪，这就是一种法律真实。”①

笔者认为，适用推定认定案件事实，仍然不属于“法律真实”，理由是：

第一，适用推定认定案件事实，属于举证责任而非认定事实标准问题。根据法律规定的推定，只要存在某种情况，就推定某种事实“存在”，这就免除了本来应当承担举证责任的一方的举证责任，可以直接认定某种事实“存在”。就适用推定本身来说，还没有涉及认定事实标准或曰证明标准问题。以巨额财产来源不明罪为例，按理说，控方只有举证证明犯罪嫌疑人、被告人拥有巨额财产而且巨额财产的来源是非法的，才能认定犯罪嫌疑人、被告人有罪，但是由于实践中要求控方承担这样的举证责任，实在是勉为其难，甚至不可能，容易导致放纵犯罪、打击不力的后果，所以法律规定，只要控方举证证明了犯罪嫌疑人、被告人拥有巨额财产，而如果犯罪嫌疑人、被告人不能说明其财产来源合法，则推定其财产来源非法。显然这里还不涉及认定事实标准问题。

第二，适用推定来认定案件事实，仍然需要认定事实标准，但作为标准的仍然是关于真实的某种程度的“信念”，而非真实本身，即使此时并非“排除合理怀疑”，而是比“排除合理怀疑”程度更低的标准，但作为标准的仍然是关于真实的“信念”，而非任何意义的“真实”。

第三，从客观上分析，适用推定认定案件事实与证据不足时作出无罪裁判一样，既可能和客观实际符合，即认定事实正确，也可能和客观实际不符合，即认定事实不正确，也就是说，这时关于案件事实的认识既可能是真的，也可能是假的，如果它是真的，那就是真的，就是客观的真实，如果它是假的，那就是假的，而不是

① 陈光中、陈海光、魏晓娜：《刑事证据制度与认识论——兼与误区论、法律真实论、相对真实论商榷》，载《中国法学》2001 年第 1 期，第 42 页。

“法律真实”。①

所以，不能以推定问题作为存在“法律真实”的论据。

综上所述，“法律真实说”的问题以及问题的原因在于：

一是没有区分“真实”与“认识”，将在“真的认识、理论”意义上使用的“真理”等同于“真实”，所以以绝对真理与相对真理辩证关系原理为论据进行论证，并认为“真实”与在“真的认识、理论”意义上使用的“真理”一样有程度之分，认为诉讼中能够追求到的只能是“接近”客观真实的“真实”。

二是没有认识到“真”是客观的。在“真”即“认识、命题与它所揭示、表达的对象的符合”的符合论立场上，“真”是客观的，“真”这个东西的存在以及“真”是什么，不以人的意志为转移。而有的法律真实论者认为，“真”是一个可以人的意志为转移的东西，真实可以由法律规定或者认可，所以提出“法律真实”概念。②

三是没有区分“真实”与关于“真实”的“信念”。在诉讼中，关于案件事实的认识，或者是真的，或者是假的，这是确定的，但是认定事实主体对于这个认识是真的还是假的，却是不能绝对确定的，所以只能以认定事实主体内心关于诉讼认识真实性的某种程度的“信念”作为认定事实标准，如“排除合理怀疑”，而有的法律真实论者却将这种作为认定事实标准的关于“真实”的

---

① 在理论和实践中，还存在所谓的“拟制”，拟制是事实认定问题还是法律适用问题？对此笔者没有深入研究，如果它是事实认定中的问题，那么与适用推定认定事实一样，拟制中同样不存在“法律真实”，而据梅因所著的《古代法》中的说法，法律拟制是法律适用中的问题（参见［英］梅因著：《古代法》，沈景一译，商务印书馆 1959 年版，第 13 ~ 25 页），如果是这样，则与本问题无关。

② 如有人认为，“所谓‘法律真实’，是说司法活动中人们对案件事实的认识符合的是法律所规定或认可的真实，因此是法律意义上的真实”（参见赵承寿著：《论司法裁判中的事实问题》（博士学位论文），中国社会科学院研究生院，2002 年，第 35 页）。

"信念"视为"法律真实"。

四是将"认识"的程度问题等同于"真实"的程度问题。在诉讼中，并不要求查清一切案件事实，并不要求关于案件事实的认识中所有的认识都必须是真实的，实际上也做不到这一点。但是，诉讼认识只能是关于部分认识对象的认识，以及诉讼认识中有真的认识也有假的认识，这属于认识的程度问题，属于认识的局限性问题，而非"真"的程度问题，对此前面已经充分论述，而有的法律真实论者却混淆了认识的程度问题与"真"的程度问题，从而认为关于案件事实的认识的"真"只是一定程度的"真"。

五是没有区分两种不同的诉讼认识。在诉讼中，关于案件事实的认识即第一种诉讼认识，可能是真的，也可能是假的，如果它是真的，这个"真"就是客观真实，但不管它是真的还是假的，都是绝对确定的，但是对于认定事实主体来说，却不能绝对确定关于案件事实的认识的真实性，这样，所认定的"事实"，即关于案件事实的认识，既可能符合客观实际，也可能不符合客观实际，而有的法律真实论者却将不能绝对确定关于案件事实的认识的真实性等同于关于案件事实的认识的真实性的不确定，于是将关于案件事实的认识的"真"称为"法律真实"。实际上，关于案件事实的认识，或者是符合客观实际的，是真的，这个"真"就是客观真实，或者是不符合客观实际的，是假的，而非"法律真实"。

这一点是不少法律真实论者在论述中经常出现的问题，举例说明：某人在一条公路上被汽车撞伤，有关证据只能证明他是在哪条公路上被一辆公共汽车撞的，但不知是哪一辆。经过调查得知A公共汽车公司的车辆占该公路上营运车辆总数的80%。根据概率计算，A公司所属车辆撞伤那个人的可能性为80%。而民事诉讼所要求的证明标准是"优势证据"，即一方的证明超过

50%就可以胜诉。因此，以这种概率性的裁判事实为基础，法院可以判A公司承担赔偿责任。在法律真实论者看来，在这个例子中，法院认定的“事实”是真实的，这个真实是“概率为80%的法律真实”。①

而在笔者看来，在这个案例中，“A公司撞伤受害人”这个被裁判认定的“事实”，既可能是符合客观实际的，也可能是不符合客观实际的，但无论是否符合客观实际，是真的还是假的，它的真假都是确定的。但是，对于认定事实主体来说，却不能绝对确定它就是真的，而只能认为它为真的可能性是80%，这只是认定事实主体心中对它是真的还是假的的判断。不能绝对确定它就是真的，不等于它的真假是不确定的。如果“A公司撞伤受害人”是真的，这个“真”就是客观真实，而非“概率为80%的法律真实”。概率为80%的，不是“真实”，而是认定事实主体对“A公司撞伤受害人”的真实可能性的判断，只是认定事实主体认为它真实的可能性是80%。

第四节 相对真实说

在我国诉讼法学界关于真实问题的争论中，“相对真实说”是又一种具有一定影响力的观点。实际上，在主要方面，“相对真实说”与“法律真实说”并没有实质区别，两种观点都认为认识具有相对性，只能达到“相对”的真实，客观真实不能作为认定事实标准，而应当代之以更合理、更具可操作性的标准。在论证各自的观点时，“法律真实说”和“相对真实说”经常使用同一个论据，得出同样的结论，甚至不少人都将两者混为一谈。所以，本书

---

① 何家弘：《论司法证明的目的和标准——兼论司法证明的基本概念和范畴》，载《法学研究》2001年第6期。

前面对“法律真实说”的分析，有的也可以用于分析“相对真实说”。当然，“相对真实说”和“法律真实说”并非在所有观点上都是一致的，所以这里另行分析。

（一）关于诉讼中是否应当追求真实以及能否追求到真实的问题

在诉讼中是否应当追求真实这个问题上，相对真实论者认为，“人们在具体案件中对案件事实的认识，在能力上只能是不至上的和有限的，在目标上只能是追求‘相对真理’，而不是‘绝对真理’”，“从证明目的看，诉讼证明与自然证明和其他社会证明也存在很大差异。自然科学证明和一般社会证明的目的是为了揭示、解释、概括自然领域、社会领域中客观存在着的各种现象和规律，或者说是为了追求客观真理。而诉讼证明的目的则在于论证诉讼中的争议事实以维护己方的诉讼主张。……尽管诉讼中争议事项的解决通常以查明争议事实为基础，但当事人对争议事实的证明和司法机关对争议事实的认定只要达到法律规定可以解决争议的程度即可。这就是说，此种对事实的认识，实际上是法律认可的真实，即诉讼中的真实。”① 可见，在相对真实论者看来，在诉讼认识和诉讼证明的目标上，只需要或只能追求相对真实。

而笔者认为，首先，追求不到客观真实并不意味着不能把客观真实当做追求的目标。更何况多数情况下客观真实实际上是可以追求到的，只不过在具体的案件中不能绝对确定追求到的就是客观真实，也就是说，关于案件事实的认识很可能是真实的，但认定事实主体不能绝对确定诉讼认识的真实性。

其次，“真实”不等于认识。认识有程度之分，在“真的认识、理论”意义上使用的“真理”有程度之分，并不意味着真实有程度之分，在“真的认识、理论”意义上的“真理”有绝对真

① 卞建林、郭志媛：《论诉讼证明的相对性》，载《中国法学》2001 年第 2 期。

理和相对真理之分，并不意味着真实有绝对真实和相对真实之分，真实没有程度之分，所以，在追求上，也只能追求“真实”或曰“客观真实”，而不能追求“相对真实”。

当然，从字面上看，在诉讼中是否应当追求真实这个问题上，“相对真实说”似乎主张追求“相对”真实，而非“真实”或曰“客观真实”，但是就笔者看来，相对真实论者指出认识能力的有限性、认识的相对性，认为“绝对”真实追求不到，正说明相对真实论者也把“绝对”真实即客观真实当做诉讼中的追求目标，否则如果不把客观真实当做追求目标，也就不会考虑是否能够追求到的问题了。如果可以这么理解，那么“相对真实说”、“客观真实说”在这个问题上的看法实际上是一致的，与笔者的观点也是一致的。

在能否追求到真实这个问题上，相对真实论者认为，“无论从认识活动的属性，还是从诉讼行为的属性来看，诉讼证明都只能达到相对真实，而非绝对真实。”① 可见，相对真实论者认为，诉讼中只能追求到相对真实。

而笔者认为，第一，认识能力的局限性或者诉讼认识的特殊性不会导致认识结果的不确定，认识能力有局限不等于在诉讼中追求不到真实。前面已经论述，在诉讼中，多数情况下对于案件事实的诉讼认识是符合客观的案件事实的，是真实的，我们承认人类认识能力有其相对性和局限性，但认识能力的局限性并不会导致“认识结果的相对性、不确定性”，认识能力的局限性、相对性只能导致这样两种后果，一是有时不能认识到客观的案件事实，即诉讼认识结果是假的，二是不能绝对确定诉讼认识的真实性。但是，诉讼认识无论是真的还是假的，它的真或者假都是确定的，如果它符合

---

① 卞建林、郭志媛：《论诉讼证明的相对性》，载《中国法学》2001 年第 2 期，第 170 ~ 171 页。

客观实际，那就是真的，如果不符合客观实际，那就是假的。如果是真的，那就是客观真实。

第二，真假没有程度之分，也就没有“相对真实”之说。诉讼中如果认识到客观的案件事实，认识符合客观实际，那这个认识就是真实的，这个“真实”就是客观真实，如果不符合客观实际，那就是假的。所以诉讼认识或者是真的，或者是假的，诉讼认识的“真”不会是“相对真实”。

（二）关于真实与认定事实标准

相对真实论者认为，证明标准应当是一种明确的、具体的、可操作的标准，应当是大多数诉讼在时空限制和资源许可的情况下所能达到的标准，所以，以“客观真实”作为证明标准，是不可能实现的。[①] 此说无疑切中了“客观真实说”在认定事实标准问题上的要害。

相对真实论者进而提出，诉讼证明的主观标准应当是“法官内心确信无疑”，即“法官若作出有罪判决，必须在内心确认被告人实施了被控犯罪行为并且已达到坚信不疑的程度”，诉讼证明的客观标准，应当是“最大限度地符合或接近案件客观事实”，即“在诉讼的有限时空和资源内，尽最大努力使司法人员对案件事实的认定最大限度地符合案件事实的本来面貌”。[②]

笔者认为，“相对真实说”认识到诉讼中以主观标准作为认定事实标准的必然性，这与笔者在这个问题上的看法是一致的。然而，其主张的诉讼证明的客观标准则有值得商榷之处。前面说过，由于案件事实不复存在，诉讼认识没有可以比较的对象，认定事实主体不能绝对确定关于案件事实的认识的真实性，所以不能以真实作为认定事实标准。相对真实论者主张诉讼证明的客观标准是

① 卞建林、郭志媛：《论诉讼证明的相对性》，载《中国法学》2001年第2期。

② 卞建林、郭志媛：《论诉讼证明的相对性》，载《中国法学》2001年第2期。

“最大限度地符合或接近案件客观事实”，既然案件客观事实不复存在，那么如何判断诉讼认识是否最大限度地符合或接近案件客观事实呢？如何才能知道诉讼认识与“案件客观事实”已经“接近”还是“相差甚远”呢？司法人员如何判断、操作这个客观标准呢？如果不能判断，那这个客观标准与客观真实标准又有何区别？而如果能够判断诉讼认识是否与案件客观事实“接近”，那么也就知道客观的案件事实是什么了，也就可以直接以客观真实本身作为认定事实标准了。所以，相对真实论者主张的客观标准，与客观真实标准一样，同样是不具有可操作性的。①

（三）关于“相对真实”概念

前面说过，认识有程度之分，在“真的认识、理论”意义上使用的“真理”有程度之分，有绝对真理和相对真理之说。但是，认识有程度不等于真假有程度，真假没有程度之分，所以也就没有“相对真实”之说。绝对真理和相对真理辩证关系原理，其中的“真理”指的是“真的认识、理论”，所以不能以此为据认为真实也有程度之分。

在诉讼中，关于案件事实的认识，它或者是真的，或者是假的，如果它是真的，这个“真”就是客观真实，而没有相对的真，相对的假。在关于案件事实的诉讼认识中，如果其中有的认识符合客观实际，有的认识不符合客观实际，比如说对于犯罪行为人的认识是符合客观实际的，而对于行为人使用的凶器的认识不符合客观实际，那么就符合客观实际的那个认识来说，它就是真的，诉讼认识中其他认识不符合客观实际，不会影响那个符合客观实际的认识的真，不会使它成为假的。真还是假，体现的是认识、命题与它所

① “相对真实说”主张的客观标准也是一种“接近”真实的观点，实际上与“法律真实说”在这方面存在的问题一样，前面对于“法律真实说”的“接近论”的分析，同样可以用于分析“相对真实说”的“接近论”。

揭示的对象之间的关系，而非认识与认识、认识对象与认识对象之间的关系。不能将其中有真的认识也有假的认识的认识称为相对真实的认识。诉讼认识的时空条件等的限制，只是使诉讼认识不一定达到真实，而不是只能达到相对真实。作为认定事实标准的，只能是认定事实主体关于诉讼认识真实性的某种程度的“信念”，这个“信念”也不能称为“相对真实”。

总之，真假没有程度之分，没有“相对真实”之说。

“相对真实说”之所以存在以上所说的问题，是因为：

一是混淆了“真实”与在“真的认识、理论”意义上使用的“真理”概念，认为在“真的认识、理论”意义上使用的“真理”有绝对真理与相对真理之分，“真实”也就有程度之分，真实可以是“相对”的，诉讼认识与诉讼证明只能达到“相对真实”。

二是没有区分两种不同的诉讼认识，把不能绝对确定关于案件事实的认识的真实性理解为关于案件事实的认识的真实性是不确定的、相对的，如有论者认为，由于证据的真实性无法确证，所以诉讼证明只有相对的真实。[①] 而实际上，对于案件事实的认识或者是真的，或者是假的，它的真或者假都是确定的，只不过由于案件事实不复存在，不能绝对确定证据的真实性和诉讼认识的真实性。相对真实论者没有意识到两种不同的诉讼认识的区分，所以只能以“相对真实”来解释。

三是将认识的程度问题等同于真实的程度问题。在这个问题上，“相对真实说”与“法律真实说”一样，将诉讼认识只能是一定范围、一定程度的认识理解为诉讼认识的“真实”只是一定程度的、相对的“真实”，或者将诉讼认识中有真的认识也有假的认识理解为诉讼认识的“真实”只是一定程度的、相对的真实，从

① 锁正杰著：《刑事程序的法哲学原理》，中国人民公安大学出版社 2002 年版，第 119 ~ 120 页。

而提出“相对真实”之说。而实际上，诉讼认识只能是一定程度的，或者诉讼认识中并不都是真的认识，这属于认识的程度问题，而非“真实”的程度问题。

第五节 主客观相统一说

鉴于其他学说在诉讼中真实问题上存在这样或那样的缺陷，有学者提出了“主客观相统一说”。前面提到的“客观真实说”、“法律真实说”、“相对真实说”发展到后来，在很大程度上已是属于观念之争，而“主客观相统一说”则主要是从认定事实标准着手探讨问题的，当然其中也包含了对诉讼中其他真实问题的看法。

“主客观相统一说”首先坚持以“内心确信”作为诉讼证明的主观操作标准，因为“只有‘内心确信’标准才对诉讼证明具有理性的可操作性”，“坚持以‘内心确信’作为诉讼证明的主观操作标准，就像坚持以衣食者自己的温饱感觉作为衣食温饱的主观操作标准一样，是具有现代理性头脑的人不应反对的。”①“在我国要不要以‘内心确信’作为司法证明标准，答案应当是很清楚的。而且，实际上就像中国人和外国人的衣食温饱都是以自己的感觉为准一样，中国的司法人员和外国的裁判者一样，也都是以自己的内心判断证据，定案时也都是依靠自己的‘内心确信’，只不过是自觉与不自觉、承认与不承认的问题。”②

同时，“主客观相统一说”坚持以“客观真实”作为诉讼证明

① 刘金友主编：《证据法学（新编）》，中国政法大学出版社2003年版，第241、243页。

② 刘金友：《司法证明中的主、客观标准的统一——从人们的衣食标准谈起》，载《法制日报》2002年7月14日。

的指导标准和客观验证标准。[①] 在这两个标准中，"'内心确信'是司法证明的主观标准、操作标准，'客观真实'是司法证明的客观标准、验证标准。"[②] 这两个标准是相互统一的，"'内心确信'离开了'客观真实'就失去了正确的方向和目标，就会失去客观的确定性，就会滑向主观主义、相对主义，容易产生主观擅断"，"在我国，诉讼证明的标准，要坚持'内心确信'与'客观真实'的统一，反对以'内心确信'否定'客观真实'，也反对以'客观真实'否定'内心确信'。"[③]

由此可见，"主客观相统一说"在主张以"内心确信"作为认定事实标准的同时，主张诉讼证明应当以"客观真实"作为追求的目标和目的，如"司法证明标准中要实行主客观的统一，客观真实是目的，内心确信用来操作"，[④]"'内心确信'要以'实质真实'或'客观真实'作为追求的目标，并且接受其检验，一旦'内心确信'经检验违背了'实质真实'或曰'客观真实'则要依法予以纠正"，要"将'客观真实'作为诉讼证明的指导标准（追求的根本目标）和验证标准（事后纠错验证的尺度）。"[⑤] 而主张以"客观真实"作为指导标准，实际上也就隐含了客观真实在诉讼中是能够追求到的这样的前提，所以，在这几个问题上，笔者

① 刘金友主编：《证据法学（新编）》，中国政法大学出版社 2003 年版，第 243 页。

② 刘金友：《司法证明中的主、客观标准的统一——从人们的衣食标准谈起》，载《法制日报》2002 年 7 月 14 日。

③ 刘金友主编：《证据法学（新编）》，中国政法大学出版社 2003 年版，第 246 页。

④ 刘金友教授语，引自何家弘、王敏远、刘金友：《德恒程序论坛系列讲座第二讲：刑事证明标准三人谈》，2006 年 11 月 14 日，载中国诉讼法律网。

⑤ 刘金友主编：《证据法学（新编）》，中国政法大学出版社 2003 年版，第 245、247 页。

所主张的观点与“主客观相统一说”是一致的。[①] 当然，由于不能绝对确定关于案件事实的认识就是符合客观的案件事实的，不能绝对确定关于案件事实的认识就是真的，因此与不能以客观真实本身作为认定事实标准一样，我们也无法以客观真实来验证诉讼证明，以客观真实作为验证标准，同样缺乏可操作性。

① 可以说，本书观点的形成在很大程度上得益于“主客观相统一说”的启发。

第七章　我国刑事证据运用的若干问题——从保障诉讼认识真实性和认定事实正确性的角度

第一节　刑事证据相互印证的理解与运用

证据与证据之间相互印证，是判断证据真实性以及认定事实的重要参考因素，对此学界没有太大争议。[①] 得到其他证据印证的证据，其真实可能性一般来说比没有得到其他证据印证的证据的真实可能性更大，[②] 正如有学者指出的，"主要信息内容的相互支持，

① 对于证据之间的印证问题，已经有专文进行研究，如龙宗智：《印证与自由心证——我国刑事诉讼证明模式》，载《法学研究》2004 年第 2 期；李建明：《刑事证据相互印证的合理性与合理限度》，载《法学研究》2005 年第 6 期，虽然这两篇文章指出了证据之间相互印证的局限性，但对印证的价值还都是予以肯定的。

② 之所以说"真实可能性"，而不说"真实性"，是因为对于一个证据来说，它的真假是确定的，它或者是真的，或者是假的，不会因为人们认为它是真的就成为真的，认为它是假的就成为假的，而且真假没有程度之分，不存在这个更真、那个更假的问题。但是，真还是假需要认定事实主体进行判断，由于不能绝对确定它的真实性，所以从认定事实主体的判断来说，只能说"真实可能性"，可以说这个真实可能性大、那个真实可能性小。

其可靠性一般大于无支持或支持不足的个别证据。”[①] 对于诉讼认识、认定事实来说，一般情况下依据相互印证的证据比依据没有得到印证的证据，更可能是真实的、正确的、符合客观实际的。下面，笔者对证据之间相互印证的几个问题略作探讨。

（一）证据之间相互印证的概念与价值

所谓“印证”，指的是不同载体所含信息的相互照应及共同性。[②] 证据之间相互印证，是指用以证明案件某一事实环节的若干证据所包含的内容或信息具有共同性。[③] 笔者基本赞同这个理解。此外，证据之间相互印证还包含证据与证据之间相互吻合、相互解释、相互支持等方式。

“印证”的成立，必须有两个或两个以上的信息载体，并且这两个信息载体所含信息具有共同性。同样，证据之间“印证”的成立，也必须针对某一个案件事实具有两个或两个以上的证据，并且这两个证据所含内容或信息具有共同性。这个共同性不必是两个证据含有信息完全吻合，所含信息只要具备共同点，就可以视为“印证”成立。[④]

可见，这里所称的证据之间的印证，都是相互的、双向的，不

---

① 龙宗智：《印证与自由心证——我国刑事诉讼证明模式》，载《法学研究》2004年第2期，第114页。

② 龙宗智：《印证与自由心证——我国刑事诉讼证明模式》，载《法学研究》2004年第2期，第109页注6。

③ 阮堂辉著：《间接证据理论及其在认定事实中的运用》，西南政法大学博士学位论文2006年，中国期刊网，第52页。

④ 参见阮堂辉著：《间接证据理论及其在认定事实中的运用》，西南政法大学博士学位论文2006年，中国期刊网，第52～53页。当然，阮堂辉先生与笔者所用概念的所指不完全一样，在阮先生看来，“印”与“印证”不一样，而在笔者看来，“印”即“印证”，“印证”包括证据之间的印证以及其他东西之间的印证，阮先生的“印证”相当于笔者所称的“证据之间相互印证”。当然，这个问题不影响本书的展开，不值得深究，只要在各自语言系统中所指统一就行。

存在单向的印证。印证既可能是两个证据之间的相互印证，也可能是多个证据之间的印证。而且，相互印证的证据内容必须针对同一个证明对象。证明同一个人的不同犯罪行为的不同证据，由于并非产生于同一个犯罪行为，相互之间不存在内在联系，也就不存在相互印证的关系。还有能够相互印证的应当是不同的证据，同一个证据不存在相互印证的问题。①

证据之间相互印证，既可以发生在直接证据与直接证据之间，如被告人供述与被害人陈述之间，共同被告人供述之间，不同证人证言之间，也可以发生在直接证据与间接证据之间，以及间接证据与间接证据之间。对于直接证据与直接证据之间的印证，比较容易理解和把握。而直接证据与间接证据之间以及间接证据与间接证据的印证则相对复杂一些。间接证据与间接证据之间的印证，多数情况下是依据间接证据推论而来的与案件事实有关的信息之间的印证，如在犯罪现场提取到的指纹，经过鉴定基本确定系犯罪嫌疑人所留，则能够推出犯罪嫌疑人到过现场；在犯罪现场又提取到人的毛发，经过鉴定，基本能够确定是犯罪嫌疑人留下的，则能够推出犯罪嫌疑人到过现场，这两项证据，通过推论而来的信息相互印证。同样，间接证据与直接证据的相互印证，经常也是依据间接证据推论而来的与案件事实有关的信息与直接证据之间的印证。

证据之间相互印证的价值，主要体现在对证据真实性的判断上。诉讼中，判断证据的真实性，不能以案件事实为依据和标准，因为案件事实已经不复存在；也不能以人的意识为判断依据和标

① 当然，有时同一个提供证据的主体就同一内容提供的多份证据，如被告人对其犯罪行为的多次供述、证人对同一案件事实提供的多份证言，或者同一主体提供的口头与书面证据之间，也在一定程度上存在印证问题，能够发挥印证作用，如可以从同一主体提供证据的稳定性、内容的一致性等来判断这些证据的真实可能性，如果多份证据之间内容一致、稳定，尤其是细节上也能够吻合，则可说明该证据的真实可能性较大。这一点对于判断犯罪嫌疑人、被告人供述的真实性尤其重要。

准，因为人的意识是判断主体。根据证据自身的来源、内容、形式等方面对证据进行审查判断，固然能够在一定程度上判断证据的真实性，但这种判断方法有其局限性。实践中，一般都需要根据证据与证据之间的相互关系来判断证据的真实性，这是判断证据真实性更有效的方法。通过认识证据与证据之间的相互关系，判断证据是否相互印证，认定事实主体能够在很大程度上判断这些证据是否客观地产生于同一个案件事实，判断证据是否真实以及具有多大的真实可能性。如果证据之间相互印证，则可以增强被印证证据的真实可能性。①

（二）证据之间相互印证的形式

证据之间相互印证，从不同角度，可以分为不同的印证形式：

（1）从印证的程度来说，印证有证据内容相同和证据所反映的信息指向同一两种形式。

一是证据内容相同。例如，两个目睹犯罪行为发生的证人所提供的关于犯罪行为发生过程的相同证言。又如，犯罪嫌疑人甲供述他用刀砍被害人乙的头部，乙当场倒地，被害人乙陈述甲用刀砍他的头部，他当场倒地，犯罪嫌疑人供述和被害人陈述之间相互印证的形式是内容相同。

但需要注意的是，证据内容的相同，并不一定是证据内容的“完全一样”，如在某雇凶杀人案中，甲对乙说，我出10万元，你找人将王某杀死，乙找丙去实施，告诉丙是甲指使的。丙又让丁去具体实施，并告诉丁是甲指使的。此案中，甲供述“我出10万元，让乙找人杀死王某”，乙供述“甲出10万元，让我找人杀死王某”，丙供述“乙找到我，说甲出10万元，让他找人杀死王

① 当然，证据之间相互印证的价值不仅于此，除了能够增强单个证据的真实可能性，有时还可以增强相互印证证据的证明力，使证明从量变达到质变，这个道理就如“整体功能大于局部功能之和”一样。

某”，丁供述“丙找到我，说甲出10万元，找人杀死王某”，犯罪嫌疑人甲的供述与乙的供述是相同的，而甲、乙与丙、丁之间的供述虽然并不是丝毫不差，但也可以认为它们之间是相同的。

二是证据之间虽然在内容上不相同，但它们各自反映出的信息具有同向性，即它们都指向同一个证明方向，都具有证明待证事实的作用。例如，待证事实是被告人用刀将被害人砍伤，作为凶器的刀与关于被害人伤害情形的鉴定结论分别作为间接证据，虽然两项证据内容上并不相同，但它们都证明了假定事实的可能性。① 又如，前面提到的在犯罪现场提取到指纹和毛发，分别鉴定后，基本能够确定指纹和毛发是犯罪嫌疑人所留，这两项证据所反映的信息指向同一，都说明犯罪嫌疑人到过现场，两项证据相互印证。

证据之间指向同一，多出现在间接证据之间和直接证据与间接证据之间相互印证的场合，但有时直接证据之间的相互印证也会以指向同一的形式出现。

（2）从印证范围来看，印证可分为全部印证和部分印证。

一是证据之间全部印证。例如，数个证人证言的全部信息相互印证。就全部印证来说，可以存在两种情况，一种情况是两项或两项以上的证据之间全部信息相互印证，另一种情况是一项证据的信息被其他若干项证据的信息分别印证，这主要指一项直接证据被其他若干项间接证据分别印证的情形。每一项间接证据，不管是言词证据还是实物证据，一般只能印证直接证据的某个片段或某个方面，但每一个间接证据分别印证直接证据，就可以使直接证据的全部信息都得到印证。②

---

① 李建明：《刑事证据相互印证的合理性与合理限度》，载《法学研究》2005年第6期，第28～29页。

② 李建明：《刑事证据相互印证的合理性与合理限度》，载《法学研究》2005年第6期，第28页。

二是证据之间部分信息相互印证，即证据之间有相互印证的信息，也有不能相互印证的信息。例如，证人甲称“我看见犯罪嫌疑人王某从背后将被害人李某推倒，夺走李某的包，然后逃跑了”，证人乙称“我听见被害人李某的呼救，转头看过去，看到李某躺在地上，犯罪嫌疑人王某正从李某身边跑开”。证人甲的证言与证人乙的证言并没有在全部信息上相互印证，而只是部分信息的印证。

对于证据之间的部分印证来说，一般可能出现两种关系，即交叉关系和包含关系。前者指一证据部分信息与另一证据部分信息之间相互印证，后者指一证据中不但包含另一证据的全部信息，而且有些信息是另一证据所没有的。

不管是全部印证还是部分印证，就已经印证的信息来说，证据之间就是相互印证的，只要有证据信息印证，那么就该印证的部分来说，就是相互印证的，不能因为证据之间有部分信息不能印证，就认为这些证据之间没有印证关系。

不管是证据内容相同，还是证据信息指向同一，都可能存在全部印证和部分印证的情况。

（三）证据之间相互印证的理解与运用

（1）证据之间相互印证，一般来说能够增强被印证证据的真实可能性。但是，印证作用也有其局限性。证据之间相互印证，只能在不同程度上增强被印证证据的真实可能性，而不能成为确认被印证证据真实性的绝对的、唯一的依据。也就是说，既不能以印证作为判断证据真实性的唯一依据，也不能基于证据被印证而认为该证据绝对就是真实的。相互印证的证据，既可能都是真实的，也可能都是虚假的。所以，对于相互印证的证据，还需要根据证据的内容、形式、来源等自身情况以及结合全案的证据情况综合审查判断其真实性。尤其是在全案只有言词证据的情况下，更应当慎重对待。

（2）证据之间相互印证能否增强证据的真实可能性，与印证内容是否具体、详细有很大关系。印证内容越具体、详细、全面、清晰，被印证证据的真实可能性就越大。反之，印证内容越概括、粗糙、笼统、模糊，其真实可能性就越小。这一点在言词证据中表现得尤为明显。例如，数个言词证据相互印证的内容是对案件事实具体、详细、清晰而非概括、模糊、笼统的描述，则对于增强这些证据的真实可能性可起到较大作用。

（3）相互印证的证据内容的个性化特征越强，特征反映越明显，如证据内容新颖、特别、奇怪、异常等，则印证作用越突出，被印证证据的真实可能性就越大。[①] 例如，在共同强奸案件中，其中一名被告人供认其强奸了被害人，并指出被害人大腿根部有一颗黑痣，另一名被告人在供述中，同样指出被害人大腿根部有一颗黑痣，如果能够排除他们串供的可能，则两名被告人供述的真实可能性就非常之大，因为在没有串供的情况下，如果他们都编造谎言而且正好都指出被害人大腿根部有一颗黑痣，这虽然不是完全没有可能，但显然可能性极小。而如果其中一名被告人在供述中称被强奸的被害人长得很漂亮，另一名被告人也称被害人长得很漂亮，则不能由此认为两名被告人供述的真实可能性非常大，因为在这一点上，巧合的可能性很大。又如，在入室盗窃案中，两名被告人都供称房屋主人熟睡在床上，是一名女性，仅据此相互印证的内容，不能认为两名被告人供述的真实可能性很大，因为在性别问题上，即使是编造，巧合的可能性也非常大。

同样的，相互印证的证据内容，出现的概率越小，其印证作用

---

① 这是因为，证据中出现新颖、特别、异常的内容，本来就是一件不容易的事，而证据之间新颖、特别、异常的内容相互印证，则更是难得，说明基于编造、伪造而巧合的可能性极小，进而可以说明被印证证据的真实可能性非常大。

就越大。[①] 例如，证据中包含现实生活中很少发生和出现的内容，而这些证据内容又能够相互印证，则被印证证据的真实可能性就较大。[②]

可见，越是难以印证的，一旦印证了，其印证作用就越突出，正所谓"事因难能，所以可贵"。

(4) 证据之间相互印证，有的并非全面的印证，而只是部分内容的印证，我们姑且称证据中被印证的内容为"印证点"。一般来说，证据之间相互印证的内容越多，即印证点越多，则证据的真实可能性就越大。在不考虑其他因素的情况下，只有一个印证点的证据，其真实可能性一般要小于有多个印证点的证据。多个证据之间越是交错印证，而且没有相反情况出现，则证据的真实可能性就越大。这是因为，虚假的证据可能在部分内容上因为巧合而相互印证，但因为巧合而在多个内容上相互印证的可能性就很小，除非是精心伪造的证据。[③] 所以，多个证据之间如果呈现交叉、全方位、多角度、立体式的印证，则被印证证据的真实可能性就很大。例如，在一起共同盗窃案中，数名被告人的供述在预谋、工具、时间、地点、盗窃手段、盗窃金额等细节上都能相互印证，且现场提取的物证、痕迹等证据也能与被告人供述相互印证，则这些证据就非常可信。

(5) 证据之间相互印证，既可能是两个证据之间的印证，也

① 证据内容个性化特征明显和出现概率小两者之间关系密切，但并不完全一致，一般来说，个性化特征较明显的，其出现的概率相对较小，但出现概率小的，个性化特征未必明显。

② 这一点受启发于陈为钢、张少林所说的"出现概率小的联结点出现，其证明力大；出现概率大的联结点出现，其证明力小"（参见陈为钢、张少林著：《刑事证明方法与技巧》，检察出版社 2008 年版，第 337 页）。

③ 陈为钢、张少林著：《刑事证明方法与技巧》，检察出版社 2008 年版，第 122 页。

可能是数个证据之间的印证。那么，是否相互印证的证据数量越多，被印证证据的真实可能性就越大呢？对此不能一概而论。因为证据之间相互印证，印证作用的大小不仅与证据数量有关，还与证据之间是否相互独立有很大关系。印证证据数量的增加是否能够增强被印证证据的真实可能性，实际上在很大程度上取决于证据之间是否相互独立。一般来说，能够发挥较大作用的印证，应当是来源不同、相互独立的证据之间的印证。印证证据相互之间越是独立，则印证的作用越大，被印证证据的真实可能性就越大。反之，证据之间依赖性越强，则印证所能发挥的作用就越小。数个证据之间，如果是相互依赖的，或者其中的证据是其他证据派生出来的，则证据之间相互印证的作用就很小，很难增强证据的真实可能性。比如说，某证人在案发后听到被害人关于案件事实的陈述，就此内容提供的证言，即使能与被害人陈述相印证，也很难增强该证人证言与被害人陈述的真实可能性。这样虽相互印证但相互依赖的证据，即使能够印证的证据数量增加，也不能对增强证据真实可能性起到多大作用。[①] 而如果相互印证的证据来源不同、相互独立，那么，能够印证的证据越多，被印证证据的真实可能性就越大，依据这样的证据认定事实，正确的可能性也就越大。[②] 正如贝卡里亚先生在谈到衡量犯罪嫌疑的可靠性时所说的，如果某一事件的各个证据都同样依赖于某一证据，那么事件的或然性并不因为证据的多少而增加

---

① 正如有学者指出的，单独一个证据的证明力可能很弱，但它们可能相互一致，能彼此证实，达到证明要求，但是假如它们彼此不是相互独立的，所有情况都出自于一个来源，在数量上的增加并不能增加假设的可能性程度（参见［美］巴巴拉.J. 夏皮罗：《对英美“排除合理怀疑”主义之历史透视》，熊秋红译，载王敏远编：《公法》第4卷，法律出版社2003年版，第119页）。

② 这是因为，对于相互印证的来源不同、相互独立的证据来说，虽然仍然不能完全排除由于巧合而全部虚假的可能，但从概率上说，相互印证的证据越多，由于巧合而全部虚假的可能性就越小，被印证证据的真实可能性就越大。

或减少，因为所有证据的价值都取决于它们所唯一依赖的那个证据的价值；如果某一事件的各个证据是相互独立的，即各个嫌疑被单个地证实，那么援引的证据越多，该事件的或然性就越大，因为一个证据的错误并不影响其他证据。①

(6) 一般来说，对于案件事实的证明越是重要的证据，就越需要其他证据的印证。案件中，不是所有的案件事实都需要查清，在需要查清的事实中，对于定罪量刑的意义也不完全一样，相应的，不同证明内容的证据在案件中的重要程度也不一样，如一般来说证明案件主要事实的证据就比证明非主要事实的证据更重要。一般情况下，对于案件事实的证明越是重要的证据，就越需要得到其他证据的印证，对于证明诸如谁是犯罪行为人、是否实施了犯罪行为等案件主要事实的证据，就比证明其他方面事实的证据更需要得到其他证据的印证。②

(7) 一般来说，虚假可能性越大的证据，在据以认定案件事实时，越是需要得到其他证据的印证。虽然，就如证据的证明力无法像法定证据时期那样统一规定一样，哪一类证据的真实可能性大，哪一类证据的虚假可能性大，并不是绝对的，但是，从概率上说，不同种类证据的真实性还是有一定区别的，如在多数情况下，被告人供述、被害人陈述及证人证言等言词证据的主观性比较强，容易发生变化，鉴定结论的真实可能性一般来说大于言词证据的真

---

① ［意］贝卡里亚著：《论犯罪与刑罚》，黄风译，中国大百科全书出版社 1993 年版，第 19 页。虽然贝卡里亚在这里是针对认定事实来说的，但同样也说明了，印证证据数量的增加能否增强被印证证据的真实可能性，实际上在很大程度上取决于证据之间是否相互独立。

② 这一要求是针对具有同等真实可能性的证据来说的，在实践中，应当结合其他因素综合考虑哪些证据更需要得到印证，如相对于言词证据来说，公文书的真实可能性较大，如果没有相反的证据，一般可以确认公文书的真实性，如果据以证明案件主要事实的是公文书，有时就不一定需要其他证据与公文书印证才能认定公文书所证明的事实，而证明非主要事实的言词证据可能更需要其他证据的印证。

实可能性，同样是言词证据，证人证言的真实可能性一般来说大于与案件处理结果密切相关的犯罪嫌疑人、被告人、被害人的供述、辩解、陈述的真实可能性，等等。从这个考虑出发，对于诉讼中起重要证明作用的证据来说，其虚假可能性越大，就越需要得到其他证据的印证。例如，对于认定犯罪行为人，DNA 鉴定显然比被害人陈述更可靠，被害人陈述比 DNA 鉴定更需要得到其他证据的印证。正如最高人民法院某副院长曾经在部分法院刑事审判工作座谈会上所指出的，被告人供述等言词证据是否真实，要努力通过其他证据来印证；如果印证被告人口供的只有其他言词证据，完全没有物证、书证等客观性证据，处理时就要格外慎重，尤其是证人之间或证人与被告人之间有利害关系时，更要慎重。由此可见对运用言词证据认定案件事实的谨慎态度，强调了对此类证据进行印证的必要性。

（8）证据之间相互印证的意义，只及于印证的内容而不及于整个证据。也就是说，证据之间的印证只是部分印证时，只能增强被印证部分内容的真实可能性，而不能以偏赅全，据此认为该证据所反映的全部信息内容的真实可能性都增强了。例如，某强奸案中被害人声称犯罪嫌疑人对其实施了强奸行为，并指出犯罪嫌疑人性器官上有一个伤疤，经检查，发现犯罪嫌疑人性器官上确实有一个伤疤，则说明被害人所声称的“犯罪嫌疑人性器官上有一个伤疤”的陈述是真实的，但不能由此认为被害人全部陈述都是真实的，从而认定犯罪嫌疑人实施了强奸行为。因为被害人所声称的“犯罪嫌疑人性器官上有一个伤疤”的陈述是真实的，只能说明被害人或者是听说过犯罪嫌疑人性器官上有一个伤疤，或者是见过犯罪嫌疑人的性器官，说明被害人很可能与犯罪嫌疑人发生过性关系，但发生性关系也不一定是强奸，也可能是通奸。又如，在某抢劫案中，证人甲称“我看见犯罪嫌疑人王某从背后将被害人李某推倒，夺走李某的包，然后逃跑了”，证人乙称“我听见被害人李某的呼救，转头看过去，看到李某躺在地上，犯罪嫌疑人王某正从李某身边跑开”。证人甲的证言比较全面地反映了犯罪行为发生的过程，但证人乙的证言并没有印证甲的证言的全部内容，只是印证了甲的证言的部分内容，所以不能据此认为甲的全部证言都是真实的，而应当结合其他证据审查判断甲的全部证言的真实性。

当然，以上说法也不是绝对的，实践中，根据一般经验，一项内容详细、具体的言词证据，如果其绝大部分内容都能被其他证据印证，被印证部分的真实可能性非常大，那么未被印证的与之相连贯的小部分内容，其虚假的可能性也不会很大，基本上可以认为整个证据的真实可能性也非常大。这和印证的意义只及于印证的内容而不及于全部的说法并不矛盾，实际上两者是量变与质变的关系，如果只是个别内容被印证，则只能在一定程度上增强被印证内容的真实可能性，而如果印证点非常多，绝大多数内容被强有力地印证，则说明整个证据的真实可能性非常大，其中绝大多数内容真实而少部分与之相连贯[①]的内容虚假的可能性就比较小。

（9）证据之间相互印证的程度具有一定限度，如果相互印证得异乎寻常，则反而说明证据具有虚假的可能。诉讼中，我们显然希望证据之间都能够相互印证，而且印证程度越高越好。但是，宇宙间不存在两个绝对相同的事物，案件中也不可能存在两个完全一致的证据，证据之间出现非根本性和非冲突性的差异是证明活动中的常态。例如，对于被告人的身高，有的证人说是一米七三，有的证人说是约一米七；对于爆炸时间，有的证人说是晚上七点左右，有的证人说是晚上六点四十分，证据间的这些矛盾和差异在通常情

---

① 所谓的“与之相连贯”，是指未被印证的内容与被印证的内容共同反映一个连续的行为过程。之所以强调证据内容之间的连贯，是因为如果相连贯的内容绝大多数是真实的，其中个别内容虚假的可能性就很小；而如果该内容与其他内容并不连贯，则由于种种原因，出现虚假是可能的，也是正常的。

况下是合理的。这是因为，对于人的身高，通常据以目测，很难有一个精确的数字，而且人们常以自己的身高为基准加以目测，不同的人得出略有不同的目测结果是正常的。对于作案时间，人们也不一定于案发当时察看手表、时钟，多基于自己的活动时间往后推移估计，结果略有差异也在情理之中。① 可见，证据之间相互印证的程度具有一定的限度，只能是带有一定差异的印证。而如果证据之间相互印证异常，信息内容高度一致，缺乏常见的信息差异与冲突，这种情况因不符合证明规律，反而说明证据有虚假的可能。正如有学者指出的，一定程度和范围内的矛盾，是案件中的自然现象，对事实的认定可能具有积极的、建构性的功用；反之，缺乏冲突甚至差异，是证据形成过程中的不正常现象，必须充分警惕伪证的可能。②

在审查判断言词证据时，尤其要警惕这种情况。对于言词证据来说，如果达到完全一致的程度，则必然具有虚假性，就要考虑提供证据主体是否串供或伪证，因为伪造的证据也可以相互印证，甚至达到完全一致的程度，如果所有的证据都是在一个总的意图下伪造的，那么也可能出现证据之间的全面的相互印证关系，尤其是一些精心制作的证据，如指供、诱供、逼供所得证据，甚至能够印证到惊人、出奇的地步。所以，对于这样的言词证据，就要查清取证的方法、提供证据的动机等问题，并考虑是否予以排除。

以上关于证据之间相互印证的理解与运用，是笔者根据证据理论和实践经验提炼和总结的倾向性分析。③ 需要进一步强调的是：

第一，对证据之间相互印证的意义和作用应当有一个客观、理

---

① 陈为钢、张少林著：《刑事证明方法与技巧》，检察出版社 2008 年版，第 12 页。

② 龙宗智：《试论证据矛盾及矛盾分析法》，载《中国法学》2007 年第 4 期。

③ 由于笔者经验和能力所限，所以以上的分析也是很不全面、很不成熟的。

性的认识，印证的作用具有局限性，不能过于夸大印证的作用。一方面，证据所揭示内容的真假是客观的，证据内容是否真实，与证据之间是否相互印证毫无关系，印证的意义和作用只体现于诉讼认识主体、认定事实主体对证据真实性的判断，也就是说，证据之间相互印证，只能使诉讼认识主体、认定事实主体认为被印证的证据更有可能是真实的，而不能使被印证的证据更真实。另一方面，证据之间相互印证，只能在不同程度上增强证据的真实可能性，而不能确保证据的真实可能性，不能因为证据之间相互印证而绝对确定被印证证据的真实性。多个证据之间完全相互印证，既可能都是真的，也可能都是假的。所以，笔者关于证据之间相互印证的分析，只是一种倾向性、相对性分析，是一种可能性而非必然性分析。

第二，在审查判断证据中，并非只有证据之间相互印证才能确认被印证证据的真实性，确认证据的真实性，并不必须以印证为前提。有时通过审查判断证据的自身内容，也可以确认证据的真实性。对于确认证据的真实性来说，证据之间相互印证，既非充分条件，也非必要条件。

第三，与确认单个证据的真实性一样，认定全案事实，也并非必须全案证据之间相互印证；依据相互印证的证据认定事实，也只能在一定程度上增加认定事实的正确可能性，而不能确保认定事实的正确性。

第四，在理解证据之间相互印证的关系时，以上探讨的各个方面并不是孤立的，在审查判断证据和认定事实时，需要结合各方面综合考虑。

第五，诉讼案件错综复杂，对于具体案件中某个证据是否需要其他证据与之印证，印证的作用如何，并没有一个绝对的、普遍适用的判断标准。对于证据真实性的审查判断，在具体案件中，需要具体情况具体分析，除了考虑证据之间能否相互印证以外，还需要结合证据的自身情况、全案证据情况等进行全面的衡量和判断。

第二节 “孤证不能定案”的理解与运用

在我国诉讼法学界和司法实务界，有一个不成文却很重要的证据运用“规则”，即“孤证不能定案”。此“规则”既未见法律和司法解释明确规定，也未见教科书和学术专著明确将其列为一项诉讼原则或证据规则，甚至专门的学术探讨也很少。但是，不管是学术界还是司法实务界，对此“规则”几乎是耳熟能详。然而，究竟应当如何理解和运用“孤证不能定案”这一要求呢？似乎未见一致说法。鉴于此，笔者试图稍作探讨。

一般认为，“孤证不能定案”的说法源于史学。梁启超先生在其名著《清代学术概论》中曾总结清代正统学派学风的十大特色，其中尤其崇尚证据的“孤证不为定说，其无反证者故存之，得有续证则渐信之，遇有反证则弃之。”[①] 史学中的“孤证不为定说”引入到诉讼领域，就成为“孤证不能定案”了。[②]

孤证不能定案，其理论根据或者理由在于任何一个证据都有虚假可能性，在作为认定事实依据之前，其真实性都需要经过审查判断，审查判断证据真实性的有效方法是分析判断该证据与其他证据的关系，如有无矛盾、能否相互印证等。[③] 而要构成一项证据关系，则至少需要两个证据。在案件中只有一个证据的情况下，不存在证据之间的关系，也就无法对证据的真实性和证明力进行有效的判断。当证据的真实性和证明力处于不确定的状态，这个证据当然也就不能成为定案的根据。所以，在任何案件中，都不能仅凭一个

---

① 梁启超著：《清代学术概论》，上海古籍出版社 1998 年版，第 47 页。

② 邢环中：《孤证不能定案——中国版的证据补强规则》，载《黑龙江政法管理干部学院学报》2005 年第 6 期。

③ 当然，我们也可以从证据的内容、来源、取证程序、提供证据主体的情况等方面对证据进行审查判断，但这种审查判断方法毕竟是有限的。

证据定案，在有些情况下，也不能依据一个证据认定某项事实。

目前，已有学者对“孤证不能定案”这一司法实践普遍认可的不成文规则提出质疑。[①] 笔者认为，对“孤证不能定案”规则提出的质疑，确实有一定道理，但主要问题不在于这一规则本身，而在于如何正确理解和运用它。“孤证不能定案”的要求既不能绝对化，不能过于夸大其作用，过于扩大其适用范围，也不能完全否认其作用，只要恰当地对它进行界定、理解和运用，它还是有一定积极意义的。

“孤证不能定案”的含义本身很容易理解，对它进行定义并不难，关键是如何理解“孤证”、“定案”以及如何运用“孤证不能定案”。

（一）“孤证不能定案”中的“孤证”

所谓“孤证”，顾名思义，指的是案件中只有单个证据。不管是直接证据、言词证据，还是间接证据、实物证据，只要是案件中仅有单个证据，都属于“孤证”。或者在有些情况下，即使还有其他证据，但其他证据基本上没有证明力，可以忽略不计，则仍然可以视为案件中仅有“孤证”。

需要注意的是，同一个来源的证据，如原件、原物与复印件、复制品，或者同一个主体针对同一个证明对象提供的证据，如被告人多次作出的供述和辩解，同一个鉴定主体对同一个鉴定对象作出的多份鉴定结论，虽然证据载体不同，但也属于同一个证据，如果案件中仅有同一个来源的多份证据或者同一个主体针对同一个证明对象提供的多份证据，一般也属于“孤证”。

① 如陈殿福先生认为，能否认定事实，关键看证据是否充分，是否足以证明待证事实，证明某一事实的证据尽管很多，但不足以证明需要认定的事实时，不能因为证据多就予以认定，相反，如果一个证据就足以证明待证事实，则完全可以根据这一证据认定某一事实，参见陈殿福：《审查和判断刑事案件“证据充分”的基本方法》，载张仲芳主编：《刑事司法指南》总第34集，法律出版社2008年版，第112～113页。

（二）“孤证不能定案”中的“定案”

首先需要指出的是，“孤证不能定案”规则主要适用于刑事诉讼，在民事诉讼和行政诉讼中并不强调这一规则，其作用并不突出，适用范围也不广泛，如在民事案件中，关于借贷纠纷，一般情况下，如果原告能够提供一份借款合同或借条，被告不能提出相反证据，就可以认定借款事实成立。

“孤证不能定案”中的“定案”，在刑事诉讼中指的是认定犯罪嫌疑人、被告人有罪或认定有罪事实存在，[①] 刑事诉讼中对于认定犯罪嫌疑人、被告人无罪或认定有罪事实不存在没有特别要求，如果是真实可能性较大的无罪证据，通常一项证据就可据以定案即认定有罪事实不存在或认定犯罪嫌疑人、被告人无罪。

同样的，“孤证不能定案”中的“孤证”在刑事诉讼中指的是有罪证据而非无罪证据。对于无罪证据，有时一项证据就足以否定对某项事实的认定，并进而否定对全案有罪事实的认定。

由于刑事诉讼中各个诉讼阶段都存在事实认定，所以“孤证不能定案”规则不仅仅适用于刑事审判阶段。

（三）“孤证不能定案”的理解与运用

一般所说的“孤证不能定案”，可以有两种理解，一是全案只有一项证据，不能认定犯罪嫌疑人、被告人有罪。二是对于某一或某些待证事实的证明只有一项证据，不能认定该待证事实存在。在案件中，总的待证事实可以分成数个相对独立的待证事实，每一个具体的待证事实都需要证据证明。这种情况的“孤证”，指的是对于一个具体的待证事实来说，能够证明的证据只有一个。相应的，

---

① “认定犯罪嫌疑人、被告人有罪”和“认定有罪事实存在”分别对应于认定全案事实和认定部分事实，前者指根据全案事实和证据认定犯罪嫌疑人、被告人有罪，后者指的是认定案件中某一或某些有罪事实存在。如果“孤证不能定案”中的“定案”仅限于认定犯罪嫌疑人、被告人有罪，则由于诉讼案件中仅有一项证据的情况几乎不存在，这一规则也将失去意义。

“定案”也不限于认定全案有罪事实存在，依据孤证认定部分案件事实仍属于孤证定案的范畴。①

那么，面对“孤证”，应当如何处理？

1. 尽量克服仅有“孤证”的状况

面对案件中仅有“孤证”的状况，我们首先应该做的，就是通过一定的方法，克服这一状况。克服的办法，就是尽量客观地收集各种其他证据，如尽量收集能够与本是“孤证”的证据相互印证的证据，这样不但能够增强“孤证”的真实可能性，而且也能够直接或间接地证明待证事实，提高事实认定的正确性；如果不能收集到与“孤证”相互印证的证据，则应当尽量收集虽然不能直接证明案件事实但能够证明“孤证”真实性的证据，以增强其真实可能性，如关于取证合法性的证据等；还有就是应当尽量收集能够证明犯罪嫌疑人、被告人无罪、罪轻的证据。②

当然，即使收集到能够印证或者佐证“孤证”的证据，而且没有相反的证据，也不一定就能够认定有罪事实，如果“孤证”本身虚假可能性很大，证明力很小，经过印证或佐证，其虚假可能性仍然很大，证明力仍然很小，那么显然不能据以认定有罪事实。克服了仅有“孤证”的状况，能否认定犯罪嫌疑人、被告人有罪或能否认定某项或某些有罪事实存在，不能一概而论，需要结合全案证据情况具体分析，综合判断是否达到了认定事实标准和要求。

---

① 免不了有人坚持认为“定案”只限于认定全案事实。如果这样，由于实践中全案仅有一项证据的情况几乎没有，“孤证不能定案”也就没有什么意义了，所以笔者对“定案”作了扩大解释，以便探讨实践中更为普遍的依据一项证据认定某项事实的情形。

② 在全案仅有一个有罪证据的情况下，不能先入为主地认为犯罪嫌疑人、被告人是有罪的，只收集其他有罪证据，而应当客观地收集有罪和无罪证据，以对案件事实作出客观的判断。如果没有收集到无罪证据，而收集到了其他有罪证据，那么仅有孤证的状况也就克服了。

2. 正确运用“孤证不能定案”规则

如果不能收集到任何其他证据印证或佐证“孤证”，那么应当区分不同情况作出不同的处理。

(1) 在全案只有一个证据的情况下，不能根据“孤证”认定犯罪嫌疑人、被告人有罪。这是一个不可动摇的原则,[①] 相信没有人会对此提出异议。

当然，一起案件中真的只有一个证据，则几乎是不可能的。有可能出现的情况是，全案只有一个直接证据能够证明案件主要事实，而另有几个间接证据，但这几个间接证据与案件主要事实基本上没有关联性，证明力极弱，几乎可以忽略不计。这也许就是有学者所称的广义的“孤证”情形。[②] 在此情形下，同样应当适用“孤证不能定案”规则，不能认定犯罪嫌疑人、被告人有罪。

(2) 对于只有一个证据证明某项或某些有罪事实的情形，是否适用“孤证不能定案”规则，不能一概而论，需要区分是认定案件主要事实还是非主要事实两种情况。

首先，认定案件主要事实以外的非主要事实，不适用“孤证不能定案”规则。在诉讼中，并非对任何案件事实的证明都需要两个或两个以上的证据。受种种因素的影响，要求对每个案件事实的每一个细节都有两个或两个以上证据来证明，是很困难的,[③] 实际上也没有必要。所以，即使只有一个证据，也可以据以认定非主要事实。

其次，认定案件主要事实，一般来说应当遵循“孤证不能定案”规则，但也并非绝对的、一律的不能认定，需要进一步结合具体情况具体分析。

---

① 张军、姜伟、田文昌著:《控辩审三人谈》，法律出版社 2001 年版，第 106 页。
② 张军、姜伟、田文昌著:《控辩审三人谈》，法律出版社 2001 年版，第 107 页。
③ 张军、姜伟、田文昌著:《控辩审三人谈》，法律出版社 2001 年版，第 106 页。

一是要结合待证对象的重要性来分析。同样是主要事实，也有主次之分，越是重要的待证事实，越是需要质量较高、数量较多的证据予以证明，对此在前文“刑事证据相互印证的理解与运用”中已经有所探讨。

二是要结合作为“孤证”的证据的真实性和证明力来分析。该证据的虚假可能性越大、证明力越弱的，则越是不能仅依据该证据认定有罪事实。

三是要结合案内其他证据进行分析，把孤立的证据放在整个证据体系中去比较和鉴别，分析证据之间的相互关系，看它是否和整个证据体系相协调、相一致，看全案证据总体上的证明力，综合考虑，决定是否能够依据“孤证”认定该主要事实。

总之，在全案只有一个证据而且不能收集到任何其他证据的情况下，不能认定犯罪嫌疑人、被告人有罪。而能否依据“孤证”认定部分案件事实尤其是主要事实，则不能绝对和机械。一般情况下，应尽量避免依据“孤证”认定主要事实，但是不能绝对化，审判实践中根据所谓的“孤证”认定案件主要事实的案例并不罕见，如被告人虽然拒不供述入室盗窃，但根据银行营业室的电视监控录像，仍然可以认定被告人入室盗窃的犯罪事实。[①] 可见，能否依据“孤证”认定某项或某些主要事实，需要结合案件具体情况具体分析，综合判断。认定事实时，尤其要处理好证据质量与数量的关系，证据质量是第一位的，探讨证据数量问题，只有在充分认识证据质量的前提下才有切实意义。如果只从证据的数量出发，不加区分地限制一切“孤证”的证明作用，则违背了诉讼证明规律，也不利于案件的正确处理。对于任何事实的证明，都要求两个或两个以上的证据，“孤证不能定案”，不仅是不必要的，在实践中也

① 陈殿福：《审查和判断刑事案件“证据充分”的基本方法》，载张仲芳主编：《刑事司法指南》总第34集，法律出版社2008年版，第113页。

是不可能做到的。能否认定事实，关键看证据是否充分，是否足以证明待证事实。证明某一事实的证据尽管很多，但不足以证明该事实时，不能因为证据多就予以认定，相反，如果一个证据就足以证明待证事实，则完全可以根据这一证据予以认定。[①] 所以，对于“孤证不能定案”规则，既不能片面夸大其作用，也不能完全否认其具有的积极意义，至少它可以提醒我们，在只有一个“孤证”的情况下，认定案件主要事实，应当非常慎重。[②]

（四）“孤证不能定案”规则与证据补强规则

我国的“孤证不能定案”规则与国外的证据补强规则有异曲同工之妙。所谓证据补强规则，是指为了保护被告人的权利，防止案件事实的误认，对某些证明力显然薄弱的证据，要求有其他证据予以证实才可以作为定案根据的规则。[③] 与“孤证不能定案”规则一样，证据补强规则也是基于对单个证据的真实性和证明力的“不信任”，而对依据某些“不信任”的证据认定事实作出限制。当然，“孤证不能定案”规则与证据补强规则不完全相同。证据补强规则要求补强的证据主要是陈述类证据，包括证人证言、被害人陈述、被告人供述与辩解、鉴定结论在内的以人的陈述为表现形式的证据，相当于我国的言词证据。[④] 而我国“孤证不能定案”规则不仅仅针对言词证据。另外，两者考虑的侧重点不同，证据补强规则侧重于从需要补强的证据的真实性、证明力角度考虑，从正面对

---

① 陈殿福：《审查和判断刑事案件“证据充分”的基本方法》，载张仲芳主编：《刑事司法指南》总第34集，法律出版社2008年版，第112～113页。

② 以上的探讨无疑是非常粗浅的，对于“孤证不能定案”规则，还需要结合诉讼理论和司法实践经验进一步总结、完善，丰富其内容，合理界定其适用范围。

③ 刘善春、毕玉谦、郑旭著：《诉讼证据规则研究》，中国法制出版社2000年版，第320页。

④ 刘善春、毕玉谦、郑旭著：《诉讼证据规则研究》，中国法制出版社2000年版，第320页。

证据提出要求，而“孤证不能定案”主要是从认定事实的证据数量来考虑，从反面对依据“孤证”定案作出限制。

我国没有确立证据补强规则，对于“孤证不能定案”规则，也没有明确规定，但在有关法律和司法解释中，以上规则的精神有所体现，如我国刑事诉讼法第46条规定：“只有被告人供述，没有其他证据的，不能认定被告人有罪和处以刑罚。”最高人民法院《关于民事诉讼证据若干问题的规定》第69条规定：“下列证据不能单独作为认定案件事实的依据：（一）未成年人所作的与其年龄和智力状况不相当的证言；（二）与一方当事人或者其代理人有利害关系的证人出具的证言；（三）存有疑点的视听资料；（四）无法与原件、原物核对的复印件、复制品；（五）无正当理由未出庭作证的证人证言。”最高人民法院《关于行政诉讼证据若干问题的规定》第71条规定：“下列证据不能单独作为定案依据：（一）未成年人所作的与其年龄和智力状况不相适应的证言；（二）与一方当事人有亲属关系或者其他密切关系的证人所作的对该当事人有利的证言，或者与一方当事人有不利关系的证人所作的对该当事人不利的证言；（三）应当出庭作证而无正当理由不出庭作证的证人证言；（四）难以识别是否经过修改的视听资料；（五）无法与原件、原物核对的复制件或者复制品；（六）经一方当事人或者他人改动，对方当事人不予认可的证据材料；（七）其他不能单独作为定案依据的证据材料。”关于民事诉讼证据和行政诉讼证据的这两条规定，虽然分别针对民事诉讼和行政诉讼，但对于刑事诉讼显然也具有借鉴意义。

第三节 共犯口供和共同被告人口供的理解与运用

在我国，犯罪嫌疑人、被告人供述和辩解俗称“口供”。[①] 刑事诉讼中，口供历来是一项非常特殊的证据，而共犯口供和共同被告人口供问题堪称口供问题中的难点。如何认识共犯口供和共同被告人口供的性质和价值，能否仅凭共犯口供或共同被告人口供认定被告人有罪，[②] 诉讼理论界和司法实务界认识很不一致，做法也不统一，因此很有探讨的必要。

我国刑事诉讼法第46条规定：“对一切案件的判处都要重证据，重调查研究，不轻信口供。只有被告人供述，没有其他证据的，不能认定被告人有罪和处以刑罚；没有被告人供述，证据充分确实的，可以认定被告人有罪和处以刑罚。”这项规定与日本刑事诉讼法和我国台湾地区“刑事诉讼法”的相关规定在立法精神上一致。日本刑事诉讼法第319条第2款规定：“不论是否为被告人在公审庭上的自白，当该自白是对其本人不利的唯一证据时，不得

① 沈德咏：《关于口供的几个理论问题》，载《诉讼法学新探》，中国法制出版社2000年版，第313页。其他国家有“自白”概念，指的是被告人承认自己犯罪事实的全部或重要部分的供述（参见［日］田口守一著：《刑事诉讼法》，刘迪、张凌、穆津译，卞建林审校，法律出版社2000年版，第247页），可见两者所指不完全一致，但在本书这种不一致不影响所探讨的问题。为表述方便和用语习惯，本书一般用“口供”概念，在引述其他国家有关说法时，也会用到“自白”概念。

② 这里所称的“共犯口供”和“共同被告人口供”，实际上指的是共犯和共同被告人所作的陈述，而不涉及对共犯和共同被告人所作陈述的性质定位，并不表明他们所作的陈述都属于“口供”即“被告人供述和辩解”，称“共犯口供”和“共同被告人口供”只是为了表述的方便。

认定被告人有罪。"[①] 我国台湾地区2002年修正的"刑事诉讼法"第156条第2项规定："被告或共犯之自白，不得作为有罪判决之唯一根据，仍应调查其他必要之证据，以察其是否与事实相符。"

不论是我国，还是日本、我国台湾地区，限制自白的证明力，禁止仅凭自白认定被告人有罪，一般都是基于以下考虑：一是防止偏重自白，间接地防止不正当地获取自白。由于真实的自白具有极强的证明力，加上极为重视自白价值的司法传统，如果法律允许以自白作为有罪判决的唯一依据，必然会使司法人员过分地偏重自白，甚至不惜以强制手段获取自白，导致侵犯犯罪嫌疑人、被告人的基本人权，因此在刑事政策上，有必要遵从正当程序的要求，对自白的证明力予以限制。二是避免因虚假的自白造成误判。自白如果是真实的，当然具有很高的证据价值，但历史上一再发生误判案件的教训警告人们，被告人的自白不论是否在法庭上所提供，即使是出于本人的自由意志，也可能由于其迎合司法人员的心理或为他人承担罪责等原因而有虚假的危险，如果允许仅凭自白定罪，不可避免地会导致因虚假的自白而认定本不存在的犯罪或确定罪犯时张冠李戴，由此导致误判。因此，基于发现实质真实的需要，在自白之外，还需要补强证据，以保证作为定罪证据的自白的真实性，防止因虚假的自白而造成误判。[②]

在我国刑事诉讼法第46条的规定中，被告人供述仅指被告人本人的供述，还是包括共犯和共同被告人的供述？仅凭共犯口供或仅凭共同被告人口供能否认定被告人有罪？既然刑事诉讼法明确规

---

① 《日本刑事诉讼法》，宋英辉译，中国政法大学出版社2000年版，第73页。日本宪法第38条第3款也规定："任何人在对自己不利的唯一证据是本人的自白时，不得被定罪判刑。"

② ［日］土本武司著：《日本刑事诉讼法要义》，董璠舆、宋英辉译，台湾地区五南图书出版公司1997年版，第333页；孙长永主编：《刑事诉讼证据与程序》，中国检察出版社2003年版，第392～393页。

定不能仅凭被告人供述认定被告人有罪，那么能否仅凭共犯口供或共同被告人口供认定被告人有罪，关键在于共犯口供和共同被告人口供的性质。如果共犯口供和共同被告人口供属于被告人供述，则显然不能仅凭共犯口供或共同被告人口供认定被告人有罪；如果共犯口供和共同被告人口供不属于被告人供述，则至少从理论上说，可以仅凭共犯口供或共同被告人口供认定被告人有罪。

（一）共犯口供和共同被告人口供的性质

在探讨共犯口供和共同被告人口供的性质之前，需要先区分共同被告人（同案被告人）[①]、共犯、共犯共同被告人、非共犯共同被告人、共犯非共同被告人等几个概念。

共犯和共同被告人是两个不同的概念。所谓共同被告人，指的是共同审理的被告人，共同被告人属于程序上的概念。[②] 而共犯为实体法上的概念，是基于实体法而产生的。根据我国刑法规定，二人以上共同故意犯罪，构成共犯。因此，共犯是指共同犯罪人。[③] 实体法上的共犯当然可以形成共同被告人，而共犯也可能未接受共同审理，如在其他法院接受审理，或者被不起诉，或者已有确定判决存在等情形。[④] 从诉讼实践看，绝大多数共同被告人都是由共犯构成的。但是，共同被告人并不以存在共犯关系为前提。基于其他关系，司法机关认为可以同案追诉时，也可以成为共同被告人。因

---

① 共同被告人和同案被告人所指同一，我国多用“同案被告人”概念，其他国家和地区有的用“共同被告人”概念，本书一般用“共同被告人”，有时也用“同案被告人”概念。而且，准确地说应当是共同犯罪嫌疑人、被告人或同案犯罪嫌疑人、被告人，只是为表述方便，本书一般称“共同被告人”或“同案被告人”。

② 黄朝义著：《刑事证据法研究》，台湾地区元照出版公司2000年第2版，第134页。

③ 沈德咏：《关于口供的几个理论问题》，载《诉讼法学新探》，中国法制出版社2000年版，第325页。

④ 黄朝义著：《刑事证据法研究》，台湾地区元照出版公司2000年第2版，第134页。

此，共同被告人有两类：一是实体法上有联系的共同被告人，二是仅在诉讼法上有联系的共同被告人，具体而言，包括三种情况：(1) 有共犯关系的共同被告人。(2) 有其他牵连关系的共同被告人。主要是基于共同过失犯罪的共同被告人，事前没有通谋的窝藏犯、包庇犯、窝赃犯、销赃犯，以及行贿犯和受贿犯的共同被告人。(3) 无牵连关系的共同被告人。如甲、乙、丙三人，甲与乙共同犯抢劫罪，乙与丙共同犯盗窃罪，甲与丙在本案中既非共犯，也无其他牵连关系，纯粹属于无牵连关系的共同被告人。① 可见，基于不同的形成基础，共同被告人既可能是共犯共同被告人，也可能是非共犯共同被告人，而共犯既可能共同处理，即共犯共同被告人，也可能分开处理，即共犯非共同被告人，这就有必要针对不同情况来探讨共同被告人口供和共犯口供的性质问题。

在英美法系国家，证人的概念是广义上的，证人通常是指经过宣誓之后在庭审过程中对案件有关事实作证的人，可见其范围非常广泛，既包括通常意义上的证人，也包括当事人和鉴定人。② 被告人只要放弃沉默权，仍被认为具有证人资格，此时被告人自愿供述时，可将其视为证人而予以询问。③ 例如，在美国，按照证人是否具有对案件的争议事实作出判断的专门知识，将证人分为两种情况：一种是非专家证人，另一种是专家证人。非专家证人是以其感觉器官对案件事实的感知而作证的，其在诉讼中所作的证言叫做感知证言，专家证人根据其在专门学科的有关学识或经验而提供意见，因此，这种证言通常被称为意见证言。④ 根据澳大利亚 1995

---

① 沈德咏：《关于口供的几个理论问题》，载《诉讼法学新探》，中国法制出版社 2000 年版，第 325 页。

② 王进喜著：《刑事证人证言论》，中国人民公安大学出版社 2002 年版，第 1 页。

③ 黄朝义著：《刑事证据法研究》，台湾地区元照出版公司 2000 年第 2 版，第 136 页注 57。

④ 王进喜著：《刑事证人证言论》，中国人民公安大学出版社 2002 年版，第 1 页。

年证据法的规定，该法所称证人，包括作证的当事人，在刑事诉讼中包括被告人。[①] 可见，在英美法系国家，对于被告人供述、证人证言采用了与我国不同的概念体系，在探讨我国共犯口供和共同被告人口供的性质问题时，考察英美法系国家的相关理论和实践，也就没有多大意义了。

在大陆法系国家或地区，证人是指陈述自己观察事实之第三人。既曰第三人，即当事人以外的第三人，不包括当事人和鉴定人。[②] 例如，日本刑事诉讼法学者田口守一认为，“证人根据自己的经历向法院叙述自己所知道的事实。证人是诉讼的第三者。”[③]

我国对证人的理解与大陆法系对证人的理解基本上一致。例如，我国刑事诉讼法第 42 条在证据种类上将言词证据区分为证人证言，被害人陈述，犯罪嫌疑人、被告人供述和辩解，鉴定结论，就体现了这一点。[④]

可见，在我国和大陆法系国家或地区，证人证言不包括被告人供述和辩解。那么，共犯口供和共同被告人口供属于证人证言还是被告人口供？

1. 大陆法系国家或地区共同被告人口供和共犯口供的性质

在大陆法系国家，一般认为，就同一诉讼程序的共同被告人而言，共同被告人应该不能作为证人，如日本通说和判例否定共同被告人的证人资格。[⑤] 但是，如果将共同被告人分开处理，如先后分

---

① See The Evidence Act 1995 of Australia, Dictionary. 转引自王进喜著：《刑事证人证言论》，中国人民公安大学出版社 2002 年版，第 1 页。

② 王进喜著：《刑事证人证言论》，中国人民公安大学出版社 2002 年版，第 1 页。

③ ［日］田口守一著：《刑事诉讼法》，刘迪、张凌、穆津译，卞建林审校，法律出版社 2000 年版，第 230 页。

④ 王进喜著：《刑事证人证言论》，中国人民公安大学出版社 2002 年版，第 3 页。

⑤ ［日］田口守一著：《刑事诉讼法》，刘迪、张凌、穆津译，卞建林审校，法律出版社 2000 年版，第 258 页。

开，即先起诉甲，判决后又起诉乙，或者同时分开，即同时进行但未合并审理，则不同的被告人能否在对方的程序中相互作为证人，主要有以下几种看法：①

（1）形式说。以在形式上诉讼程序是否同一作为判断依据，只要利用同一程序合并审理，则共同被告人不得作为证人，反之，一旦程序分离，则可以相互作为证人。德国通说和司法实务即采纳这种做法，② 并且承认所谓的“暂时性分离”，也就是说，为了使得同一程序的共同被告人可以作为证人，承认法院可以暂时地将原来合并的审理程序分开。但是，暂时性分离的共同被告人，仅仅就与其无关的事项，也就是仅涉及其他共同被告人的事项，可以作为证人，而就其共同犯罪的事项，仍然不得作为证人。

（2）实质说。认为只要共同被告人共犯一罪的情形，无论对其所进行的程序方式如何，也就是无论是分别审理还是合并审理，都不得相互作为证人。例如，德国学者克劳思·罗科信认为，被告人不得担任证人，共同被告人也不得以证人身份接受就有关其他被告人涉案情形进行的讯问。分开诉讼程序，故意将角色交换的做法实在是一种不磊落的诡计，并且这样的诉讼结果也不无可疑。③

（3）混合说。从追诉机关发动追诉的意思行为的时点，予以形式性判断，如果将其共同被告人的侦查程序合并，则就此一时点开始，共同被告人即不得相互作为证人，不论后来程序是否分开，也不论共同被告人后来的程序角色如何。反之，当某个先前的共同被告人的程序，已经终局裁判之后，则此一共同被告人在其他共同

---

① 参见林钰雄著：《刑事诉讼法》（上册 总论编），中国人民大学出版社2005年版，第380~381页。

② ［德］克劳思·罗科信著：《刑事诉讼法（第24版）》，吴丽琪译，法律出版社2003年版，第239~240页。

③ ［德］克劳思·罗科信著：《刑事诉讼法（第24版）》，吴丽琪译，法律出版社2003年版，第240页。

被告人的程序，可以作为证人。

2. 我国共同被告人口供和共犯口供的性质

在我国，多年来，无论是诉讼理论界还是司法实务界，对于同案犯罪嫌疑人、被告人的供述和辩解的性质问题，一直存在较多争论，概括起来，大致有三种观点：

第一，同案犯罪嫌疑人、被告人兼有犯罪嫌疑人、被告人和证人双重身份，他就自己的问题所作的陈述，属于犯罪嫌疑人、被告人供述和辩解，就同案犯罪嫌疑人、被告人的问题所作的陈述，属于证人证言。

第二，同案犯罪嫌疑人、被告人就案件事实所作的陈述，是属于犯罪嫌疑人、被告人供述和辩解还是证人证言，主要应根据同案犯罪嫌疑人、被告人之间的关系而定。如果是共同犯罪的同案犯罪嫌疑人、被告人，就案件事实所作的陈述，是犯罪嫌疑人、被告人供述和辩解；如果有共犯关系的被告人不同时审判，他们就案件事实的陈述，对于其他被告人来说，就是证人证言；如果同案被告人不是共犯，由于其他原因同案审理，其中一被告人就案件事实的陈述，对其他被告人来说，就是证人证言。

第三，同案犯罪嫌疑人、被告人就案件事实的陈述，只能是犯罪嫌疑人、被告人供述和辩解，而不是证人证言，理由是：首先，在刑事诉讼中，有关人员就案件事实向司法机关所作的陈述，属于哪种形式的证据，取决于他们在诉讼中的地位。被害人所作的叙述称为被害人陈述；犯罪嫌疑人、被告人所作的陈述称为犯罪嫌疑人、被告人供述和辩解；与案件处理结果无直接利害关系的公民所作的陈述，则为证人证言。这样划分，有利于分析各种证据的特点，便于对它们进行审查判断。其次，如果把同案犯罪嫌疑人、被告人的陈述当做证人证言，某些司法人员就可能借此规避我国刑事诉讼法第 46 条的规定，仅仅根据犯罪嫌疑人、被告人和同案犯罪嫌疑人、被告人的口供就予以定案。这就容易造成冤假错案，不利于保护犯罪嫌疑人、被告人的合法权益。[①]

笔者认为，以上观点中，第一种观点分析不够全面和具体，第三种观点没有区分不同情况，第二种观点虽然区分了不同情况，但其中有的观点笔者不完全赞同。对于共同被告人口供和共犯口供的性质，应当区分不同情况进行分析：

(1) 同案处理的共犯即共犯共同被告人就与自己有关的犯罪事实所进行的供述和辩解。

我国学者普遍认为，“证人是指除当事人以外了解案件情况并向公安司法机关作证的诉讼参与人。”[②] 而当事人是指“与案件事实和诉讼结果有切身利害关系，在诉讼中处于控告或被控告地位并享有较大诉讼权利的诉讼参与人”，包括被害人、自诉人、犯罪嫌疑人、被告人、附带民事诉讼的原告人和被告人。[③] 可见，判断某个诉讼参与人是犯罪嫌疑人、被告人还是证人，关键看他是否与正在处理的犯罪行为有关以及是否与处理结果有切身利害关系，如果与正在处理的犯罪行为有关且与处理结果有切身利害关系，则属于犯罪嫌疑人、被告人，反之则属于证人。同样的，判断某一项言词证据是证人证言还是被告人供述和辩解，关键在于提供证据主体是否与他所陈述的案件事实有关以及是否与基于他所陈述的案件事实而做出的处理结果有切身利害关系，如果与他所陈述的案件事实有关且与基于他所陈述的案件事实而做出的处理结果有切身利害关系，则属于被告人供述和辩解，反之则属于证人证言。

在共同犯罪的情况下，由于被司法机关追究的犯罪是共同实施

---

① 陈一云主编：《证据学》，中国人民大学出版社 2000 年第 2 版，第 372～373 页。

② 陈光中主编：《刑事诉讼法学》（新编），中国政法大学出版社 1996 年版，第 53 页。

③ 陈光中主编：《刑事诉讼法学》（新编），中国政法大学出版社 1996 年版，第 49 页。

的，所以共犯的口供就不可能只是孤立地陈述自己的犯罪行为而不涉及其他人的犯罪行为。例如，在供述有罪的情况下，就必须明确交代其犯罪是临时纠合的，还是事前有预谋、有准备的；是如何策划、如何分工、犯罪又是如何实施的，等等。这样，被告人在供述自己犯罪行为的同时，也就交代了同伙犯的问题。可见，在共同犯罪的情况下，交代同伙犯的问题是口供不可分割的一部分。[①]

根据这里所说的区分证人证言和口供的依据，由于共犯共同被告人与自己供述的犯罪事实有关系，而且与诉讼结果有直接的利害关系，有可能因其陈述受到刑事处罚，可见共犯共同被告人属于当事人，而证人是当事人以外的第三人，当事人不能同时是证人，[②]某项证据不能既是被告人口供又是证人证言。所以，共犯共同被告人就与自己有关的犯罪所作的供述和辩解，虽然涉及同伙犯，但并不单纯是指陈他人，[③] 对于其他共犯共同被告人而言，仍然属于被告人供述和辩解而非证人证言。

（2）共同被告人对与自己无关的其他被告人的犯罪行为所进行的检举和揭发。

所谓检举和揭发，一般是指犯罪嫌疑人、被告人检举揭发他人

---

① 沈德咏：《关于口供的几个理论问题》，载《诉讼法学新探》，中国法制出版社2000年版，第326页。

② 这是就同一个犯罪行为来说的。前面说过，某个诉讼参与人是犯罪嫌疑人、被告人还是证人，关键看他是否与正在处理的犯罪行为及其处理结果有关，如果一个诉讼程序中处理不同的犯罪行为，则某个诉讼参与人可能对于这项犯罪行为来说是当事人，对于那项犯罪行为来说是证人，也就是说，同一个诉讼程序中诉讼参与人可能既是当事人又是证人。而对于同一个犯罪行为来说，某个诉讼参与人不可能既与犯罪行为及其处理结果有关，又与犯罪行为及其处理结果无关，所以不能既是当事人又是证人。

③ 沈德咏：《关于口供的几个理论问题》，载《诉讼法学新探》，中国法制出版社2000年版，第326页。

犯罪事实的陈述。[①] 共同被告人对与自己无关的其他被告人的犯罪行为所进行的检举和揭发，包括两种情形，一种是具有共犯关系的共同被告人对与自己无关的其他被告人的犯罪事实的检举揭发，如甲与乙合谋盗窃，甲在门口放风，乙入室盗窃，又强奸了被害人，甲检举揭发乙的强奸犯罪事实；另一种是不具有共犯关系的共同被告人对与自己无关的其他被告人的犯罪事实的检举揭发，如甲与乙合伙盗窃，乙与丙合伙抢劫，甲、乙、丙并案处理，甲与丙之间没有共犯关系，甲检举揭发丙的一起抢夺犯罪事实。[②] 但不管何种形式，检举和揭发的内容只能是与自己无关的他人的犯罪事实。

可见，检举和揭发是检举人或揭发人站在第三人的立场上就自己所知的其他人的犯罪事实所作的一种陈述，检举人或揭发人与被检举和揭发的犯罪事实无关，与对被检举揭发的犯罪行为的处理结果也没有关系，所以检举和揭发内容具有证人证言的本质特征，共同被告人对与自己无关的其他被告人的犯罪行为所进行的检举和揭发，属于证人证言，而不属于口供。

在存在检举和揭发的案件中，检举人或揭发人兼有被告人和证人的双重身份。我国台湾地区有学者认为，同一诉讼程序中的被告人不能同时成为证人，在同一程序中一方面使共同被告人居于被告人地位，另一方面又承认其就其他共同被告人之事项具有证人资格，容易产生混乱，其沉默权也不能得到充分保障，因此共同被告人就其本身无关之事项作证，原则上应将该共同被告人与其他共同

---

① 沈德咏：《关于口供的几个理论问题》，载《诉讼法学新探》，中国法制出版社2000年版，第326页。

② 这两种情形，严格地说，都属于非共犯共同被告人的检举揭发，因为就检举揭发的犯罪事实而言，检举揭发人和被检举揭发人并非共犯。对于前一种情形，说他们之间是共犯关系，是就另一共同实施的犯罪而非检举和揭发的犯罪来说的。

被告人之审判程序分开，这样就可以认为其具有证人资格。① 笔者认为，同一诉讼程序中被告人不能同时作为证人只是多种观念中的一种，并无坚实的理论基础和充足的理论依据，同一诉讼程序中，被告人同时作为证人并不存在太大的理论上的障碍。前面说过，某个诉讼参与人属于犯罪嫌疑人、被告人还是证人，关键看他是否与正在处理的犯罪行为有关以及是否与处理结果有切身利害关系，对于同一个犯罪行为来说，某个诉讼参与人不可能既与该犯罪行为及其处理结果有关，又与该犯罪行为及其处理结果无关，所以不能既是被告人又是证人；而如果一个诉讼程序中处理不同的犯罪行为，则某个诉讼参与人可能与其中一项犯罪行为及其处理结果有关，对于这项犯罪行为来说是被告人，而与另一项犯罪行为及其处理结果无关，对于那项犯罪行为来说是证人，也就是说，同一个诉讼程序中诉讼参与人可能既是被告人又是证人。② 实际上，正如我国台湾地区学者黄朝义先生所说的，认为同一诉讼程序中被告人不能同时成为证人，这是由来于大陆法系传统的形式论调，英美法系的证据法中已承认被告人（包括共同被告人）的证人资格。③ 而就我国来说，同一诉讼程序中被告人同时作为证人面临的障碍更少，因为其他国家或地区有沉默权、不被强迫自证其罪、宣誓、反对询问等程序和制度的存在，同一诉讼程序中被告人同时作为证人，操作起来更难一些，我国目前尚无此类程序和制度，不存在操作上的障碍。

---

① 黄朝义著：《刑事证据法研究》，台湾地区元照出版公司 2000 年第 2 版，第 136 页。

② 正如我国学者所说的，诉讼参与人的诉讼身份的单一性并不是绝对的，在我国刑事诉讼中，在诉讼地位不是相互矛盾的情况下，诉讼参与人的身份可以具有双重性，如被害人就可以同时为本案附带民事诉讼的原告人。同样，在被告人检举和揭发其他人犯罪的情况下，也可以同时作为本案的证人（参见沈德咏：《关于口供的几个理论问题》，载《诉讼法学新探》，中国法制出版社 2000 年版，第 317 页）。

③ 黄朝义著：《刑事证据法研究》，台湾地区元照出版公司 2000 年第 2 版，第 137 页。

所以，当共同被告人就与自己无关的事项作证时，从诉讼效率和诉讼成本考虑，没有必要将处理程序分开。

(3) 非共同被告人的共犯的口供。

在对共犯分开处理的情况下，共犯的口供对于其他共犯来说，属于被告人供述和辩解还是证人证言？笔者认为属于被告人供述和辩解。理由是：第一，非共同被告人的共犯在另一诉讼程序中所供述的犯罪事实仍然与自己有关。实践中，所谓传唤另案共犯到本案作证，一般都是要求他复述在另案已经作出的供述，可见共犯供述的性质并不会因为另案追诉而发生变化。[①] 第二，对其他共犯的处理结果仍然与该共犯有利害关系。如果他还没有受到最终处理，则与同案处理一样，与本案的处理结果之间有直接的利害关系，本案的处理结果可能直接影响对该共犯的处理；如果该共犯已经被定罪，或者因为罪行轻微或证据不足而被不起诉或宣告无罪，也可能因为本案的处理结果而改变对他的处理。

也就是说，确定某项言词证据属于被告人供述和辩解还是证人证言，关键在于证据的内容而不在于提供证据的程序和形式。分案处理的共犯在其他共犯的诉讼程序中所作的供述，与合并处理时所作的供述没有实质区别，对于其他共犯来说，仍然属于口供而非证人证言。

(二) 仅凭共犯口供能否定案

讨论共犯口供和共同被告人口供的性质，最终还是为了解决仅凭共犯口供能否认定被告人有罪的问题。前面说过，共同被告人对与自己无关的其他被告人犯罪行为的检举和揭发属于证人证言而非口供，“共同被告人口供”实际上是不太严谨且易引起误解的概念。前文如此称谓，只是在明确共同被告人所作陈述的性质之前的

---

① 沈德咏：《关于口供的几个理论问题》，载《诉讼法学新探》，中国法制出版社2000年版，第328页。

一种方便的表述。既然现在其性质已经明确，共同被告人所作的陈述，只有共同被告人同时是共犯且是对与其自己有关的犯罪事实的供述才属于真正意义上的“口供”，那么也就无须对“仅凭共犯口供能否定案”和“仅凭共同被告人口供能否定案”分开探讨了，而只需探讨“仅凭共犯口供能否定案”。对于共同被告人对与自己无关的其他被告人的犯罪行为的检举和揭发来说，在运用此类证据时，就可以不受我国刑事诉讼法第 46 条的规制，在达到认定事实标准的前提下，可以仅凭共同被告人对与自己无关的其他被告人的犯罪行为的检举和揭发认定被告人有罪。①

下面，笔者先考察一下大陆法系国家或地区的相关理论和实践以及我国学者的观点，② 再提出自己的看法。

1．大陆法系国家或地区关于共犯口供是否需要证据补强的不同观点

在大陆法系国家或地区，当被告人的自白是唯一有罪证据时，一般都要求补强，如日本刑事诉讼法第 319 条第 2 款规定：“不论是否为被告人在公审庭上的自白，当该自白是对其本人不利的唯一证据时，不得认定被告人有罪。”③

---

① 当然，这只是从理论上说的，实际上，能否认定被告人有罪，关键还是要综合全案证据来看是否达到了认定事实标准。

② 在英美法系国家，由于与我国及大陆法系国家或地区对于被告人供述的概念体系不一样，故而缺少探讨的共同基础，而且英美法系国家的诉讼观念、诉讼理论、联邦立法、地方立法、判例对于是否需要补强被告人的自白，认识和做法并不一致，所以这里不探讨英美法系国家的相关理论和实践，有兴趣的读者可以参阅［美］约翰．W. 斯特龙主编：《麦考密克论证据》，汤维建等译，中国政法大学出版社 2004 年版，第274～279 页；［美］乔恩．R. 华尔兹著：《刑事证据大全》（第二版），何家弘等译，中国人民公安大学出版社 2004 年版，第 351～355 页；刁荣华主编：《比较刑事证据法各论》，台湾地区汉林出版社 1984 年版，第 74～76 页；王进喜著：《刑事证人证言论》，中国人民公安大学出版社 2002 年版，第 42～47 页；刘善春、毕玉谦、郑旭著：《诉讼证据规则研究》，中国法制出版社 2000 年版，第 321～327 页。

③ 《日本刑事诉讼法》，宋英辉译，中国政法大学出版社 2000 年版，第 73 页。

至于共犯口供，是否需要证据补强，大陆法系国家或地区主要有以下三种观点：

第一种是补强证据必要说，认为仅凭共犯口供不得认定被告人有罪。理由是：（1）从防止轻信自白和强取自白的观点看，被告人本人的自白和共犯的自白没有区别；（2）从可导致错判危险的观点看，共犯人的自白基本上较为危险；（3）如果共犯中有一人自白而其他人否认有罪的话，在没有其他补强证据的情况下，可能出现自白者被判无罪，而否认者被判有罪的不合理结果；（4）共犯间的刑事责任在于求取事实认定之同一确定，然而如果不需要补强证据，则同一确定之关系可能会遭到破坏。①

日本最高法院对于共犯自白是否需要补强证据表现出相当的动摇，② 曾经一度认为共犯自白不需要补强，但后来多数判例要求补强，同时，多数判例对共犯自白的可信性持慎重态度，如果发现共犯的供述存在疑点，就会撤销有罪判决。③ 我国台湾地区多数学者也认为共犯口供需要补强证据。④ 从我国台湾地区“刑事诉讼法”的修正看，修正前的“刑事诉讼法”第156条第2款规定：“被告之自白，不得作为有罪判决之唯一证据，仍应调查其他必要证据，以察其是否与事实相符”，2002年修正后的“刑事诉讼法”第156

---

① 参见［日］田口守一著：《刑事诉讼法》，刘迪、张凌、穆津译，卞建林审校，法律出版社2000年版，第259页；黄朝义著：《刑事证据法研究》，台湾地区元照出版公司2000年第2版，第144页；彭勃著：《日本刑事诉讼法通论》，中国政法大学出版社2002年版，第296页。

② ［日］土本武司著：《日本刑事诉讼法要义》，董璠舆、宋英辉译，台湾地区五南图书出版公司1997年版，第338页。

③ 参见［日］田口守一著：《刑事诉讼法》，刘迪、张凌、穆津译，卞建林审校，法律出版社2000年版，第260页；彭勃著：《日本刑事诉讼法通论》，中国政法大学出版社2002年版，第296页。

④ 黄朝义著：《刑事证据法研究》，台湾地区元照出版公司2000年第2版，第146页注72。

条第2款规定："被告或共犯之自白，不得作为有罪判决之唯一根据，仍应调查其他必要之证据，以察其是否与事实相符"，新法增加了"共犯之自白"，可以看出其立法态度上对于共犯口供经历了从没有明确规定到明确要求补强证据的转变。

第二种观点是补强证据不必要说，认为仅凭共犯自白即可认定被告人有罪，理由是：（1）对于共犯的自白，被告人可以行使反询问，所以共犯的自白不能与被告人本人的自白同等看待；（2）一般来说，被告人本人的自白容易被相信，而共犯的自白一般人对其存有警戒心，因而在证据的评价上两者也有不同之处；（3）"本人的自白"包括共犯的自白，在文理上是难以成立的，而且补强规则是自由心证主义的限制，对其作扩大解释也是不妥的。①

第三种是折中说，认为共犯人的自白如果是在法庭上做出的，不需要补强证据，但法庭外的自白需要补强证据。理由是：（1）对共犯法庭外的自白很难提出有效的反询问，所以需要补强证据。（2）法庭内的共犯自白对于被告人而言，可以清楚地发现其具有第三者供述的特性。（3）共犯在法庭外的供述，由于具有浓厚的自白色彩，共犯在满足侦查人员获取自白的欲望方面与被告人本人并无不同。②

此外，日本有学者认为，如果案件中有被告人以外的两名以上

---

① 参见［日］田口守一著：《刑事诉讼法》，刘迪、张凌、穆津译，卞建林审校，法律出版社2000年版，第259页；黄朝义著：《刑事证据法研究》，台湾地区元照出版公司2000年第2版，第143页；［日］土本武司著：《日本刑事诉讼法要义》，董璠舆、宋英辉译，台湾地区五南图书出版公司1997年版，第338页。

② 参见［日］田口守一著：《刑事诉讼法》，刘迪、张凌、穆津译，卞建林审校，法律出版社2000年版，第259～260页；黄朝义著：《刑事证据法研究》，台湾地区元照出版公司2000年第2版，第145页；彭勃著：《日本刑事诉讼法通论》，中国政法大学出版社2002年版，第297页。

共犯的自白，则即使采取补强证据必要说的观点，因为两名以上的共犯的自白，相互之间可以补强，对于否认有罪的被告人本人，也可以据此认定其有罪，而不违背宪法的规定。[①] 日本最高法院也有判例认为有两名以上共犯的自白可以认定被告人有罪。[②]

2. 我国法学界关于能否仅凭共犯口供认定被告人有罪的不同观点

多年来，我国刑事诉讼法学界围绕仅凭共犯口供能否认定被告人有罪，展开过激烈的争论，至今尚未形成统一的说法，主要有以下几种观点：[③]

第一种观点认为，共犯之间的关系是互为证人的关系，其口供只要相互印证，就可以据此定罪判刑。

第二种观点认为，鉴于口供的特点和共同犯罪中犯罪嫌疑人、被告人相互之间不同程度地存在着利害关系，即使共犯口供一致，相互印证，也不能据此定罪判刑。

第三种观点认为，共犯口供的性质仍然是口供，共犯不能互为证人。对于共犯口供仍要坚持我国刑事诉讼法中“只有被告人口供，没有其他证据的，不能认定被告人有罪和处以刑罚”的规定。但是，如果同时具备下列条件，则可以在非常慎重的前提下认定被告人有罪：（1）各被告人分别关押，能够排除串供的可能性；（2）各被告人的口供都是在没有任何违法的条件下取得的，能够排除刑讯逼供或引诱、欺骗的因素；（3）各被告人供述的犯罪事实细节基本上一致，在分别指认的前提下可以确认他们到过现场；

① ［日］石井一正著：《日本实用刑事证据法》，陈浩然译，台湾五南图书出版公司2000年版，第315页。

② ［日］田口守一著：《刑事诉讼法》，刘迪、张凌、穆津译，卞建林审校，法律出版社2000年版，第260页。

③ 参见陈光中、徐静村主编：《刑事诉讼法学》，中国政法大学出版社1999年版，第206~207页。

(4) 共犯只有二人时，原则上不能仅凭口供的相互印证定案，共犯为三人以上时，才可慎重行事。

3. 我国刑事诉讼中能否仅凭共犯口供认定被告人有罪

笔者前面探讨并明确了共犯口供的性质，那么在我国现行法律规定之下，能否仅凭共犯口供认定被告人有罪也就迎刃而解了。

前面说过，对于共犯来说，不管是同案处理的共犯还是分案处理的共犯，只要是他就与自己有关的犯罪事实所进行的供述，都属于被告人口供而非证人证言，既然如此，那么就要受到我国刑事诉讼法第46条“只有被告人供述，没有其他证据的，不能认定被告人有罪和处以刑罚”的规制，不能仅凭同案处理的共犯或分案处理的共犯就与自己有关的犯罪事实所做出的供述认定被告人有罪，即使是在最理想的状态下，即被告人口供和其他共犯口供都证明被告人有罪，也不能认定被告人有罪。

刚才提到，既然共同被告人对与自己无关的其他被告人的犯罪行为的检举和揭发属于证人证言，那么在达到认定事实标准的前提下，可以仅凭此类证据认定被告人有罪。但是，对于有牵连关系的同案被告人来说，如基于共同过失犯罪的同案被告人，事前没有通谋的窝藏犯、包庇犯、窝赃犯、销赃犯，以及行贿犯和受贿犯的同案被告人等，他们在实体问题上虽无直接联系，但却有间接的影响，在多数情况下，一被告人所指控的犯罪不成立，其他被告人相牵连的犯罪也就不能成立，如某被告人被指控的盗窃罪不成立，与之相牵连的犯罪自然也就不能成立了，可见这种牵连关系的影响，从某种意义上说，对诉讼的实体问题也具有决定性的作用，[①] 因此对于这类具有牵连关系的共同被告人的陈述，应当慎重对待，严格审查其真实性，而不能当做一般的证人证言处理。

---

① 沈德咏：《关于口供的几个理论问题》，载《诉讼法学新探》，中国法制出版社2000年版，第328～329页。

(三) 应对之方法

在我国，既然刑事诉讼法第 46 条已经规定“只有被告人供述，没有其他证据的，不能认定被告人有罪和处以刑罚”，而共犯不管在同案处理还是分案处理的情况下的供述都属于口供而不属于证人证言，则在仅有共犯口供的情况下，显然不能认定被告人有罪。但实际上，在司法实践中，一起案件中仅有包括共犯口供在内的被告人供述和辩解一种证据，几乎是不可能的。如果真出现了仅有被告人供述和辩解这一种证据的情况，克服和改变这一状况也并非难事，只要合法地收集到一个具有较大真实可能性的能够证明案件事实的证据，即使该证据的证明力很小，也就并非仅凭被告人口供定案了。如果不能收集到证明案件事实的证据，也可以收集能够证明被告人口供的真实性的证据，如能够排除共犯之间串供或司法人员指供、逼供、诱供可能的证据，这样也就并非仅凭被告人口供定案了。[①] 可见，要克服和改变仅有口供一种证据的状况是一件非常容易的事，关键问题还在于根据全案证据综合判断是否达到了排除合理怀疑或内心确信的认定事实标准，能否认定被告人有罪。如果根据共犯口供确实能够认定被告人有罪，那么完全可以很容易地通过收集其他证据来规避我国刑事诉讼法第 46 条的限制。

行文至此，笔者反而觉得，前面关于共犯口供和共同被告人口供的性质以及能否仅凭共犯口供定案的探讨，似乎有点多此一举。因为不管共犯口供属于被告人口供还是证人证言，不管能否仅凭共犯口供定案，关键在于对案件事实的证明是否达到了认定事实标

① 正如有学者指出的，有的地方法院在总结实践经验的基础上认为，共犯口供若细节一致，综合考虑全案情况没有逻辑上的矛盾，与现场勘验情况也完全相符合，而且查明诸共犯事前没有攻守同盟，事后没有串供、刑讯逼供和诱供等情况的，可以定案。事实上，在具备了上述要求的情况下，一般也就取得了其他证据，定案并非单凭口供证明，也就是说，这些被告人的供述通过其他证据得到了补强（参见沈德咏：《关于口供的几个理论问题》，载《诉讼法学新探》，中国法制出版社 2000 年版，第 327 页）。

准，如果达到了认定事实标准，即使共犯口供属于被告人口供而不能仅凭共犯口供定案，仍然可以很容易地通过收集其他证据来规避仅凭共犯口供定案的情况，从而认定被告人有罪；而如果没有达到认定事实标准，即使认为共犯口供属于证人证言，仍然不能认定被告人有罪。

可见，如果拘泥于能否仅凭口供定案，机械地理解我国刑事诉讼法第 46 条“只有被告人供述，没有其他证据的，不能认定被告人有罪和处以刑罚”的规定，则这一规定实在有点多余，因为如果该条规定指的是不能仅凭单个口供定案，由于司法实践中普遍奉行的“孤证不能定案”规则的存在，不单是被告人供述，即使是其他证据，如果只有一个，同样不能定案。[①] 如果该条规定中的“被告人供述”包括共犯口供，即仅凭共犯口供也不能定案，实际上仅有口供一种证据的情况极为罕见，即使存在这种情况，也可以很容易地通过收集其他证据避免仅有被告人口供一种证据的情况。所以对于刑事诉讼法第 46 条，我们不可拘泥于能否仅凭口供定案，而应当深刻理解该条规定的立法意图，即防止过于偏重口供，防止强取口供。一方面，对于口供包括共犯口供的证据价值，我们必须充分肯定和重视，而不能盲目地一律排斥口供。另一方面，对于口供包括共犯口供，自始至终须持谨慎态度。一是不能强取口供，要保证犯罪嫌疑人、被告人在自愿的情况下作出供述和辩解，保证取得口供的合法性，对已经取得的口供，要认真审查其取得程序是否合法，是否存在指供、逼供、诱供的情况。二是在认定事实时不能

---

① 西方国家奉行“自由心证”原则，即使案件中只有一个证据，只要认定事实主体能够内心确信被告人有罪，仍然可以认定被告人有罪，故需要特别强调对口供或其他言词证据的补强。而我国司法实践中实际存在的“孤证不能定案”规则在很大程度上削弱了我国刑事诉讼法第 46 条“只有被告人供述，没有其他证据的，不能认定被告人有罪和处以刑罚”的规定对于保障认定事实正确性的意义。

过于偏重口供，不能“无供不定”、“有供即定”①。三是当口供作为认定事实依据时，要认真审查判断口供的真实性、可靠性，再考虑口供与其他证据的关系，衡量全案证据情况以及口供在全案证据体系中的地位和作用，进而判断全案证据对案件事实的证明是否达到认定事实标准，能否认定被告人有罪。如果主要是依据口供认定被告人有罪，更应当非常慎重。能够做到这些，那么我国刑事诉讼法第46条的立法目的也就基本实现了。

第四节 我国刑事诉讼中有罪认定的基本要求

笔者前面提出以排除合理怀疑作为认定事实标准，下面再从证据自身、证据与证据之间的关系②以及全案证据关系等方面提出几点有罪认定时一般应当达到的基本要求③，与排除合理怀疑标准相结合，供司法实践在认定事实时参考。

（一）证据具有合法性和关联性

对于刑事诉讼中的有罪认定④来说，作为认定事实依据的证据都必须具有合法性和关联性，这是有罪认定的前提条件。对于不具

---

① 不可否认的是，司法实践中仍然不同程度地存在此类情况，被告人没有作有罪供述的，就不敢认定；被告人承认有罪的，如果不认定，就感觉压力太大。

② 证据之间相互印证也是证据之间的相互关系之一，对此前文已经探讨，这里不再重复。

③ 之所以称为“基本要求”，是因为不敢妄称“标准”，姑且如此表述。

④ 这里的“有罪认定”，主要是指刑事裁判中的有罪认定，基本要求也是从刑事裁判有罪认定角度提出的，其他诉讼阶段，如审查起诉、侦查阶段也涉及有罪认定，审查起诉时的有罪认定可以参照这个基本要求，而侦查终结时的有罪认定则可低于这个要求。

有关联性和合法性的证据，应当依法排除。[①]

（二）不存在根本性的证据矛盾，发挥重要证明作用的证据具有很大的真实可能性

这里所说的证据矛盾，包括证据自身的矛盾，证据与证据之间的矛盾，证据与已知事实之间的矛盾，证据与常识、情理之间的矛盾等。根据龙宗智先生的说法，构成证据自身的矛盾以及证据之间的矛盾，需要具备以下几个要素：一是证明的是同一事实，如张三、李四对共同作案事实的供述才可能构成矛盾，而他们分别供述自己单独作案的犯罪事实，则不能构成矛盾。二是两个以上的信息表达。矛盾的前提是多方面的信息表达，这种信息表达可能是多个载体，如张三的供述和李四的供述，张三的供述与物证和鉴定结论；也可能是单一载体，如张三前后矛盾的一次供述。三是信息内容的不一致。这是指不符合形式逻辑的不矛盾律的要求，即一证据称是，另一证据则称否，而在是或否必居其一的情况下，呈现出一种真假难辨的情况。[②]

1. 同一证据自身不存在根本性矛盾

出于种种主客观原因，如记忆不准、故意提供虚假证据等，同一证据自身可能存在矛盾。其内容具有自我逻辑合理性的证据，虽然不一定就是真实的，但具有真实的可能性，而其内容本身具有矛盾性的证据，则一定具有虚假的因素，[③] 说明该证据必有部分内容

① 对于不具有合法性的证据，是绝对排除还是相对排除，各国规定不一样，我国仅规定排除非法的言词证据。笔者认为对于非法的证据，不能绝对地一律排除。至于何种情况下应当排除，何种情况下不应当排除，并非本书主旨，这里不详细讨论。还有，从本书的角度出发，要求作为认定事实依据的证据应当具有关联性和合法性，虽然也有利于保障诉讼认识真实性和认定事实正确性，但毕竟不是影响认定事实正确性的主要因素，这里对此要求不展开讨论。

② 龙宗智：《试论证据矛盾及矛盾分析法》，载《中国法学》2007 年第 4 期。

③ 洪源著：《刑事判断证据标准论》，现代出版社 1992 年版，第 113～114 页。

是虚假的甚至整个证据都是虚假的。

根据证据矛盾的大小，可以将证据矛盾分为根本性矛盾和非根本性矛盾。所谓根本性矛盾，是指影响基本事实[①]认定的重大矛盾，不仅是针对基本事实的矛盾，而且其构成的矛盾必须是冲突性矛盾，即信息的基本内容相冲突。非根本性矛盾，是指不影响或基本不影响基本事实认定的非重大矛盾，以及虽然针对基本事实，但其不同证据载体所反映的信息之间只有某些差异，并无根本冲突，如数名被告人均承认作案，但各自叙述的具体时间与某些情节有差异。[②] 对于证据自身存在的根本性矛盾，需要结合其他证据以及整个案情，合理而有效地排除矛盾，在不能合理排除的情况下，则应当排除整个自相矛盾的证据，存在根本性矛盾而不能合理、有效地排除矛盾的证据不能作为认定事实的依据。对于证据自身存在的非根本性矛盾，则应当合理地对矛盾进行解释，解决和消除矛盾，或者通过解释合理地减弱矛盾对事实认定的影响。例如，对于作案时间，犯罪嫌疑人、被告人的数次供述之间虽然差不多但并不完全一致，就此可以让犯罪嫌疑人、被告人作出解释，如果其作出“记忆不准”或“时间是估计出来的”等解释，则这种解释是合理的，作案时间不完全一致并不影响该供述的真实性和证明力。

这里所说的同一证据，既指同一载体的证据，也指同一证据来源、同一证明内容但不同证据载体的多个证据，如同一个犯罪嫌疑人、被告人的多份供述，同一个证人在不同诉讼阶段提供的多份证言，同一个原件的多份复印件等。同一证据自身不存在根本性矛盾，既要求同一个载体的证据自身不存在根本性矛盾，也包括同一来源、同一证明内容但不同载体的证据之间不存在根本性矛盾。

---

① 所谓基本事实，即构成要件事实，在刑事案件中，主要是什么人犯了什么罪的事实。

② 龙宗智：《试论证据矛盾及矛盾分析法》，载《中国法学》2007 年第 4 期。

2. 证据与证据之间不存在根本性矛盾

证据矛盾对于证据信息和事实认定具有否定性意义，证据之间存在矛盾，说明相互矛盾的证据内容至少其中之一是虚假的，或者都是虚假的。[①] 作为认定事实依据时，不同证据之间应当不存在根本性矛盾。如果证据之间存在矛盾，则应当有效地排除，或者能够合理地解释。有效地排除证据之间矛盾的方法，一是通过排除矛盾建构与确证事实，如案件中各种证据都指向犯罪嫌疑人，但犯罪嫌疑人本人否认，并称案发当时不在犯罪现场，侦查人员利用已掌握的证据对其进行政策教育和攻心，突破犯罪嫌疑人的心理防线使其认罪，这就解决了口供与其他证据之间的矛盾，确证了案件事实；二是通过排除矛盾消解已建构或拟建构的事实。例如，某故意杀人案件，虽然有证据指向犯罪嫌疑人，但在作案情节、作案工具等问题上存在重大矛盾，后来抓住了真正的凶手并且其交代了该案的作案事实，并在真凶的保险柜中发现该案的杀人凶器后，上述矛盾均得以排除，原认定事实被证伪，同时新的案件事实被确认。所谓合理地解释矛盾，是指合理解释矛盾的形成原因及矛盾信息本身的内容与意义，从而解决某些矛盾，或者即使不能消除矛盾，也能通过解释合理地认定事实并减弱证据矛盾对事实认定的影响。例如，某一证人作证时提供了对被告人有利的证言，但已查明该证人与被告人有利害关系，这一与指控相矛盾的证言产生的原因得到了一定的解释，那么即使该证人不改变其对被告人有利的证言，在指控证据确凿充分的情况下，也并不妨碍对指控事实的认定。[②]

当然从总体上看，证据之间有一定矛盾是正常的，完全没有任

① 龙宗智：《试论证据矛盾及矛盾分析法》，载《中国法学》2007 年第 4 期。
② 龙宗智：《试论证据矛盾及矛盾分析法》，载《中国法学》2007 年第 4 期。

何矛盾反而是不正常的,[①] 因此，我们必须理解并且容忍证据中存在一定数量、一定程度的非根本性矛盾。[②] 这主要是指在基本事实能够被证据证实的情况下，容许在某些非基本事实上存在一些矛盾，或者虽然在基本事实上存在某些矛盾，但通过证据印证可以确证基本事实，或者通过合理解释，使证据矛盾的存在成为一种比较正常、可以理解的情况。在案件基本事实的认定中，能够适度容忍的矛盾大致包括以下几种情况：一是证据能够相互印证基本事实，但就具体情节的证明，证据之间存在一定的差异，而且这种差异不至于损害主要证据的证明力，如《人民检察院刑事诉讼规则》第279条第（四）项关于审查起诉的规定明确要求，“证人证言、犯罪嫌疑人供述和辩解、被害人陈述的内容中主要情节一致，只有个别情节不一致且不影响定罪的”可以认为犯罪事实已经查清，并据此提起公诉。二是证据之间能够相互印证基本事实，虽有相反证据，但其形成原因能够获得合理解释，不至于影响对基本事实的证明。三是虽有相反证据，而且其形成原因可能有多种解释，但能够证明基本事实的证据确实充分，达到很高的证明程度，无可辩驳，使人确信无疑。[③]

也就是说，一方面，据以定案的证据体系内的所有证据之间不得有根本性矛盾，必须形成整体的协调一致关系；另一方面，又不

---

① 证据之间不存在矛盾是相对的，绝对的一致反而可能是有问题的，具体的论述可参见前文“刑事证据相互印证的理解与运用”。

② 笔者对于证据自身存在矛盾和证据之间存在矛盾的处理提出了不同的要求，对于证据自身存在根本性矛盾，应当有效排除，对证据自身存在的非根本性矛盾，应当合理解释。而对于证据之间存在的根本性的矛盾，一般应当要求有效排除，如果不能有效排除，能够合理地解释也可以，对于证据之间存在的非根本性矛盾，要求合理地解释，如果不能合理地解释，有的矛盾还可以适度地容忍。这是因为，同一证据自身比不同证据之间更不应该出现矛盾，如果同一证据自身出现矛盾，说明更有可能是虚假的，所以应该更严格地处理矛盾。

③ 龙宗智：《试论证据矛盾及矛盾分析法》，载《中国法学》2007年第4期。

要求据以定案的证据体系内的各项证据之间达到绝对的协调一致，而只要求达到包含非实质性差异的基本的协调一致性。① 在能够证明案件基本事实的前提下，只是在个别不影响定罪量刑、对案件的正确处理没有根本影响的细枝末节问题上存在矛盾，这种矛盾不排除也不会影响对案件的正确处理，对此可以用“求同存异”的办法予以解决，而不再做排除矛盾的工作，如在某盗窃案中，有确凿证据证明此案为被告人所为，但在作案时间上有当晚九点二十分、当晚九点半两种说法，对此一时难以确证，如果作案时间涉及被告人是否有作案时间这一重要问题，则需要进一步查清，而如果这一矛盾不影响对案件基本事实的认定，则可不要求进一步查证并排除矛盾。②

3．证据与已知事实没有根本性矛盾

这里所称的已知事实，其范围非常广泛，如众所周知的事实，自然规律，科学原理、方法和技术，地理位置，法律，经法院、仲裁机构生效裁判所认定的事实，为有效公证文书所证明的事实，被确凿证据所证明的事实等，都属于已知事实。

作为认定事实依据的证据，不能与已知事实产生根本性矛盾和冲突，如果存在根本性矛盾和冲突，则不能作为认定事实依据。当然，有的已知事实只是人们“认为”它是事实，如经法院、仲裁机构生效裁判所认定的事实，为有效公证文书所证明的事实，被确凿证据所证明的事实等，它们并非不可推翻的事实，甚至众所周知的事实也并非绝对不可推翻，所以如果能够确凿地证明所谓的“已知事实”实际上并非事实，则与该“已知事实”产生根本性矛盾的证据并不必然不能作为认定事实的依据。

---

①　洪源著：《刑事判断证据标准论》，现代出版社1992年版，第108页。

②　刘金友：《证据的矛盾与协调一致——审查判断证据中一个值得注意的问题》，载《法律适用》1997年第6期。

4. 证据与常识、情理没有根本性矛盾

证据与常识、情理存在根本性矛盾，是指证据与经验法则所确认的社会生活常识以及事物的自然状态、事物发展的一般规律等存在根本性冲突。作为定案根据的证据与常识、情理不能存在根本性矛盾，这是因为常识、情理的形成符合人们对社会生活经验的总结及对社会生活一般规律的认识，如果证据在根本上违背常识、情理，则说明证据具有较大的虚假可能性，依据这样的证据认定事实，则不仅事实认定的错误可能性极大并损害事实认定在实质上的公正性与妥当性，而且难以被人们承认其客观真实性，从而丧失形式上的公正性与妥当性。[①] 因此，与常识、情理存在根本性矛盾的证据不能作为认定事实依据。

当然，由于常识、情理是建立在经验认识基础上的，其正确性也是相对的，所以有确凿证据证明该证据是真实的，或者该证据与常识、情理之间的矛盾和冲突不是根本性的，则该证据并不必然不能作为认定事实的依据。

5. 发挥重要证明作用的证据具有很大的真实可能性

同一证据自身、不同证据之间不存在根本性矛盾，以及证据与已知事实、常识、情理没有根本性矛盾，只是保障证据真实性的基本要求。而对于能够发挥重要证明作用的证据来说，不仅不能自相矛盾，不能与其他证据、已知事实、常识、情理等存在根本性矛盾，而且经过对证据自身情况、证据之间能否相互印证尤其是全案证据情况的综合判断，认定事实主体能够认为该证据的真实可能性

① 龙宗智：《试论证据矛盾及矛盾分析法》，载《中国法学》2007 年第 4 期，第 102 页。

远远大于虚假可能性。[①] 也就是说，发挥重要证明作用的证据应当具有很大的真实可能性。而对于某些证明案件非主要事实或者仅起到补充作用的证据来说，不一定要求具有很大的真实可能性，而只要具有较大的真实可能性即可。

（三）每一个待证事实都有相应的证据予以证明，或者能从现有证据中合理推出，全案证据形成完整的证明体系；案件主要事实应有一定质量或数量的证据予以证明

（1）每一个待证事实都有相应的证据予以证明，或者能从现有证据中合理推出，全案证据形成完整的证明体系。

在诉讼中，并不是所有的案件事实都需要证据证明，只有那些根据要求应当证明的待证事实才需要证明，与案件处理无关的细枝末节并不需要证明。在认定事实时，一个基本要求是，对于这些需要证明的待证事实，如作为定罪量刑根据的事实，包括犯罪构成要件诸方面的事实，以及应予从重或者从轻、减轻或免除处罚等的事实，都应有相应的证据予以证明。[②] 证据信息要完整地反映犯罪行为的主要过程，全案证据能够形成完整的证明体系。

当然，对于案件中的某些待证事实，有时不一定都能找到相应的证据证明，而只能根据现有证据合理推出。例如，犯罪构成要件中的主观方面，如果犯罪嫌疑人、被告人并不供述其实施犯罪行为的主观状态，那么一般只能根据现有证据合理推出，如对于犯罪故意，不管各国刑事立法是否明确规定，诉讼实践中多数是推定出来的。推定犯罪故意的存在，一般是以假定为前提，只要行为人对客

---

① 正如笔者前面所分析的，任何证据都具有虚假可能性，由于无法将证据与发生在过去的案件事实进行对照，证据之间的一致也不能绝对保证证据的真实性，科学技术手段也没有绝对的可靠性，所以认定事实主体不能绝对确定证据就是真实的，最多只能确认证据具有极高的真实可能性。

② 陈为钢、张少林著：《刑事证明方法与技巧》，检察出版社 2008 年版，第 338 页。

观事实认识无误，就表明行为人具有社会危害意识，存在故意的心理，或者以证明为基础，推断行为人具有实施犯罪行为的主观故意。[①] 对于犯罪过失的证明和推定也是如此。

（2）案件主要事实应有一定质量或数量的证据证明。

前面说过，在刑事案件中，主要事实是指犯罪嫌疑人、被告人是否实施了所指控的犯罪行为，即案件的主要事实不仅包括发生了什么案件，也包括主要涉案人的身份，易言之，案件主要事实应当包括“事”和“人”两个因素。[②] 对于案件中的主要事实，应当有一定质量或数量的证据予以证明，如果证明主要事实的证据真实可能性不是非常大，其证明力也不是非常强，则一般不能仅凭孤证认定，最好有两个或两个以上相互印证的证据证明。

当然，案件中是否必须有两个或两个以上相互印证的证据证明主要事实，不能一概而论。对于案件主要事实的证明，并非证据的数量越多越好。能否认定事实，主要取决于证据的质量而非数量。对于质量非常高的证据，也许一两个就能据以认定案件主要事实，对于质量非常低的证据，再多也不能据以认定事实。只有在证据质量相差无几的情况下，依据较多证据认定的事实才比依据较少证据认定的事实具有更大的准确性。正如李学灯先生所说的，证据之证明是否达到高度盖然性，“依证据可信之价值而定，与证据之数量无关。审理事实之人可以置信于唯一之证人，而对于相反数十名之证人不予置信；惟如有相等之凭信性，则数量亦可为决定优势之因素。”[③] 因此，要求所有案件都必须有两个或两个以上相互印证的证据证明主要事实，既没有必要，实践中也不可能做到，能否认定

---

① 姜伟著：《犯罪故意与犯罪过失》，群众出版社 1992 年版，第 211 页。

② 何家弘、刘品新著：《证据法学》，法律出版社 2004 年版，第 138 页。

③ 李学灯：《证据法比较研究》，台湾地区五南图书出版公司 1992 年版，第 393 ~ 394 页。

案件主要事实，需要将证据质量和数量结合起来综合考虑。

（四）全案证据形成“融贯”的证明体系，足以使认定事实主体建立内心确信，排除合理怀疑，得出唯一结论

前面提到，就认定事实来说，全案证据应当能够形成完整的证明体系，如果说证明体系的“完整”主要是从形式、数量方面对证据的要求，则这里证明体系的“融贯”，可以说主要是从证明体系的实质、质量方面提出的要求。“融贯”一词是从哲学认识论中借用来的。结合认识论中对“融贯”的理解，对于“融贯”的证明体系，可以从以下五个方面理解：（1）只有当一证明体系在逻辑上是一致的时候，这个证明体系才是“融贯”的。所谓逻辑上的一致，指的是如果两个命题间的关系没有逻辑上的矛盾关系而具有的那种关系。但不能把“融贯”仅仅等同于逻辑上的一致。逻辑上的一致是“融贯”的一个必要条件而非充分条件，即逻辑上不一致就必然不是“融贯”的，而一命题体系内各子命题之间虽然可能在逻辑上是一致的，但却可能不是“融贯”的。例如，一命题体系包含“桌子上放着一本书”、“明天是星期五”、“拿破仑是法国人”这三个子命题，这三个子命题在逻辑上并不矛盾，但是这个命题体系显然并不融贯。[①] 同样的，相互之间没有丝毫关联的几个证据构成的证明体系，虽然相互之间没有矛盾，但也并不“融贯”。（2）证明体系内各证据因与待证事实具有关联性而相互之间具有关联性，它们或者证明的是待证事实中的同一事实内容，或者证明的是同一行为过程中具有先后关系的事实内容，或者因能够证明与待证事实有关的其他情况而与其他证据具有关联性。[②]

---

① 胡军著：《知识论》，北京大学出版社2006年版，第235页。

② 证据之间的关联性与作为证据属性之一的“关联性”不完全相同，后者指的是证据与待证事实之间的关联性。当然，证据之间具有关联性，也是因为其与待证事实具有关联性，如果某一证据与待证事实没有关联性，则与其他证据也没有关联性。

(3) 证明体系内各证据之间存在相互支持或解释关系甚至推论关系。由于存在这样的相互支持或解释关系，所以一个证据的证明功能因为其他证据的存在而得到增强，与其他证据结合起来发挥作用的证据功能大于孤立地发挥作用的证据功能，全案证据结合起来，其证明功能大于孤立地发挥作用的各个证据的功能之和，即整体功能大于局部功能之和。(4) 证明体系内各证据之间呈现高度的协调性，也就是说各证据之间和谐一致，配合得当。(5) 证明体系内，只有极少数与案件主要事实无关的、不影响整个体系协调性的没有查清的疑点。[①]

在作有罪认定时，不仅证明体系应当是“融贯”的，而且根据这样“融贯”的证明体系，认定事实主体应当能够建立犯罪嫌疑人、被告人有罪的内心确信，足以排除合理怀疑，得出犯罪嫌疑人、被告人实施犯罪行为的唯一结论，排除他人作案的可能性。

以上是笔者根据诉讼和证据理论以及司法实践经验对有罪认定基本要求的粗浅思考。既然称其为“基本”，则说明是有罪认定一般都应当达到的要求，而非有罪认定的最高要求。这个基本要求，一方面是对排除合理怀疑的认定事实标准的阐释，可以说是排除合理怀疑的操作标准，排除合理怀疑标准是从认定事实主体内在心理的角度提出的，而以上基本要求主要是从案件证据外在判断的角度提出的，如果称排除合理怀疑为认定事实的内在标准的话，那么可以称以上基本要求为认定事实的外在标准。另一方面，以上基本要求也是对排除合理怀疑标准的规制。如果仅有排除合理怀疑标准，则外人无从知晓认定事实主体的内心活动，不知道其是否真的达到了排除合理怀疑的程度，而有了以上基本要求，认定事实主体以外的主体包括当事人、上级机关、普通民众等可以据此对案件事实和

① 参阅颜厥安著：《规范、论证与行动——法认识论论文集》，台湾地区元照出版公司2004年版，第96页。

证据进行判断，可以据此判断认定事实主体是否真的做到了内心确信，是否真的达到了排除合理怀疑的程度。当然，由于诉讼案件错综复杂，以上基本要求也只是相对的、参考性的，在适用中不可绝对和机械，能否认定有罪事实，仍然需要根据实际情况具体分析和判断。

结 语

客观的事实存在，人们不一定能够认识到该客观的事实；认识到该客观的事实，人们不一定能够认识到对该客观事实的认识是否符合该客观事实，不一定能够认识到对该客观事实的认识是否真实。诉讼中，客观的案件事实是什么，以及对客观的案件事实的认识是否真实，都是需要我们认识的，都是我们认识的对象。证据法学研究中，不是要不要认识论的问题，而是如何将对本体论问题的讨论转变为对认识论问题的研究的问题，[①] 以及如何更精细地研究认识论问题的问题。[②] 诉讼中需要区分两种不同的诉讼认识，我们不仅要研究对案件事实的认识是否真实，还要研究能否认识到对案件事实的认识是否真实。

事实是客观的，它的存在以及它是什么，不以人的意志为转移，不会因为没有人认识到它的存在而不存在，不会随着人们对它的认识而改变；在“真”的符合论的立场上，真假也是客观的，

① 王敏远：《证据学的转变》，载王敏远编：《公法》第4卷，法律出版社2003年版，第486页。

② 历史上，哲学的发展经历了从本体论到认识论的阶段，据说，20世纪的哲学已经超越了本体论、认识论而到了分析哲学或曰语言哲学的阶段，认识论似乎“过时”了，但是超越并非跨越，有些阶段是不可跨越的，如认识论对于证据法学研究来说，不管证据法学发展到何种程度，都是重要的基础理论，只不过在达到一定程度后，可能不再需要大谈特谈认识论；而要想超越，则必须先经历，只有对某一阶段的问题达成共识甚至成为常识之后，才不需要对它大谈特谈，而目前我国诉讼法学尤其是证据法学的研究，远远没有达到超越认识论的程度。

真实就是客观真实，它的存在以及它是什么，同样不以人的意志为转移，对客观事实的认识，一旦形成，它是真的还是假的，是确定的，不以人的意志为转移，不会因为人们不能确定它是真的还是假的，它的真或假就成为不确定的，不会因为人们在一定程度上相信它是真的，这个“真”就成为一定程度的“真”。“真”没有程度之分。

在诉讼尤其是刑事诉讼中，多数情况下能够认识到客观的案件事实，而且多数情况下对案件事实的认识是真实的。

但是，在具体的案件中，虽然有时通过诉讼证明或实践检验能够证伪诉讼认识，能够使认定事实主体绝对确定某个关于案件事实的认识就是假的，但由于客观的案件事实不复存在，而且认定事实主体并非案件事实的直接知情者，在案件发生时都没有直接“接触”客观的案件事实，所以不管是通过诉讼证明，还是通过实践检验，都不能使认定事实主体绝对确定客观的案件事实是什么，不能绝对确定某个具体的关于案件事实的认识就是符合客观的案件事实的，不能绝对确定某个具体的关于案件事实的认识就是真的。所以，不能以真实即客观真实作为认定事实标准。作为认定事实标准的，只能是认定事实主体内心对诉讼认识真实性的某种程度的信念。这一点，各国司法实践概莫能外，因此以认定事实主体内心的某种程度的信念而非真实本身作为认定事实标准，不是接受不接受的问题，而是承认不承认的问题。

既然不能绝对确定客观的案件事实是什么，不能绝对确定对案件事实的认识就是真的，不能以真实即客观真实作为认定事实标准，那么诉讼中完全杜绝错案，则是不现实的；[①] 既然错案的发生不能完全避免，而只能减少错案，那么理性地看待错案，建立科学

---

① 这里的错案仅仅指由于人类认识能力的局限性导致的错案，而不包括认定事实主体故意或过失造成的错案。

合理的防范、发现、评价、纠正错案的机制，就显得尤为必要。

诉讼中不能绝对确定对案件事实的认识就是真的，不能以真实作为认定事实标准，并不意味着可以放弃对真实的追求。诉讼尤其是刑事诉讼中，应当追求真实。真实作为裁判正当性基础之一的重要地位不可动摇，认识论在诉讼法学和证据法学研究中的基础理论价值不可忽视，构建诉讼制度和证据制度，也应当以促进真实的发现、保障诉讼认识的真实和认定事实的正确作为目标之一。

当然，真实并非诉讼的唯一追求目标，追求真实，应当尽量与其他价值追求形成平衡，而不能以过于损害其他价值追求为代价。真实也并非诉讼的最高追求目标，真、善、美是人类的永恒追求，诉讼中真、善、美的统一，也应当是诉讼的最高追求目标。[①]

---

① 被许章润先生视为20世纪唯一真正享有世界级声誉的中国法学家的吴经熊先生指出，法律的最高理想是“正义”（justice），而“正义”以“真”为基础，以“善”为目的，以“美”为本质。所谓“美”，也就是“平衡”，譬如绘画，浓的应该浓，淡的应该淡，这样颜色均匀才是一幅名画，反之，不和则不美。一言以蔽之，“美”不外乎恰到好处，做法官的，对于量刑的标准，也应该用艺术的灵敏感觉来衡量，斟情酌理，才能恰到好处（参见吴经熊著：《法律哲学研究》，清华大学出版社2005年版，第21～25页）。可见，真善美的统一是立法、司法（诉讼）的最高理想和追求目标。

参考文献

一、著作、教材

（一）哲学类

1.［奥］路德维希·维特根斯坦著：《论确实性》，张金言译，广西师范大学出版社2002年版。

2.［奥］路德维希·维特根斯坦著：《逻辑哲学论》，贺绍甲译，商务印书馆1996年版。

3.［德］M. 石里克著：《普通认识论》，李步楼译，商务印书馆2005年版。

4.［法］爱弥尔·涂尔干著：《实用主义与社会学》，渠东译，梅非校，世纪出版集团、上海人民出版社2005年版。

5.［法］笛卡儿著：《探求真理的指导原则》，管震湖译，商务印书馆1991年版。

6.［荷］斯宾诺莎著：《简论上帝、人及其心灵健康》，顾寿观译，商务印书馆1999年版。

7.［德］施太格谬勒著：《当代哲学主流》，王炳文、燕宏远、张金言等译，商务印书馆1986年版。

8.［美］A. P. 马蒂尼奇编：《语言哲学》，牟博、杨音莱、韩林合等译，商务印书馆1998年版。

9.［美］凯利·詹姆斯·克拉克著：《重返理性》，唐安译，北京大学出版社2004年版。

10.［美］莫蒂默·艾德勒原著：《6大观念》，陈德中译著，重庆出版社、海南出版社 2005 年版。

11. [美] 梯利著，[美] 伍德增补：《西方哲学史》，葛力译，商务印书馆 1995 年版。

12. [美] 希拉里·普特南著：《理性、真理与历史》，董世骏、李光程译，上海译文出版社 2005 年版。

13. [美] 詹姆士著：《实用主义》，陈羽纶、孙瑞禾译，商务印书馆 1979 年版。

14. [前苏联] 科普宁著：《马克思主义认识论导论》，求实出版社 1982 年版。

15. [意] 贝奈戴托·克罗齐著：《历史学的理论和实际》，傅任敢译，商务印书馆 1982 年版。

16. [英] A. J. 艾耶尔著：《二十世纪哲学》，李步楼等译，上海译文出版社 2005 年版。

17. [英] A. J. 艾耶尔著：《语言、真理与逻辑》，尹大贻译，上海译文出版社 2006 年版。

18. [英] 卡尔·波普尔著：《通过知识获得解放——波普尔关于哲学、历史与艺术的讲演和论文集》，范景中、李本正译，中国美术学院出版社 1996 年版。

19. [英] 卡尔·波普尔著：《客观的知识——一个进化论的研究》，舒炜光、卓如飞、梁咏新等译，中国美术学院出版社 2003 年版。

20. [英] 柯林武德著：《历史的观念》，何兆武、张文杰译，商务印书馆 1997 年版。

21. [英] 罗素著：《人类的知识——其范围与限度》，张金言译，商务印书馆 1983 年版。

22. [英] 苏珊·哈克著：《逻辑哲学》，罗毅译，张家龙校，商务印书馆 2003 年版。

23. [英] 苏珊·哈克著：《证据与探究》，陈波等译，中国人民大学出版社 2004 年版。

24. ［英］沃尔什著：《历史哲学——导论》，何兆武、张文杰译，广西师范大学出版社 2001 年版。

25. ［英］约翰·沃特金斯著：《科学与怀疑论》，邱仁宗、范瑞平译，上海译文出版社 2006 年版。

26. 北京大学马克思主义学院哲学教研室编著：《辩证唯物主义和历史唯物主义纲要》，北京大学出版社 1996 年版。

27. 陈嘉明主编：《实在、心灵与信念——当代美国哲学概论》，人民出版社 2005 年版。

28. 陈嘉明著：《知识与确证》，上海人民出版社 2003 年版。

29. 陈嘉映著：《语言哲学》，北京大学出版社 2003 年版。

30. 陈新主编：《当代西方历史哲学读本（1967－2002）》，复旦大学出版社 2004 年版。

31. 丛杭青主编：《陈词证据研究》，人民出版社 2005 年版。

32. 杜国平著：《"真"的历程——金岳霖理论体系研究》，中国社会科学出版社 2003 年版。

33. 弓肇祥著：《真理理论——对西方真理理论历史地批判地考察》，社会科学文献出版社 1999 年版。

34. 郭继海著：《真理符合论的困难及其解决》，中国社会科学出版社 2003 年版。

35. 黄厚仁、黄菊丽主编：《逻辑导论》，中国政法大学出版社 1993 年版。

36. 胡军著：《知识论》，北京大学出版社 2006 年版。

37. 姜义华、瞿林东、赵吉惠著：《史学导论》，复旦大学出版社 2003 年版。

38. 金岳霖著：《知识论》，商务印书馆 1983 年版。

39.《列宁选集》第 2 卷，人民出版社 1960 年版。

40. 刘大椿著：《科学活动论　互补方法论》，广西师范大学出版社 2002 年版。

41. 刘永富著:《真假论纲》，中国社会科学出版社 2002 年版。

42. 鲁成波著:《西方怀疑论》，山东大学出版社 2003 年版。

43.《马克思恩格斯选集》第 1 卷，人民出版社 1972 年版。

44.《马克思恩格斯选集》第 3 卷，人民出版社 1972 年版。

45.《马克思恩格斯选集》第 4 卷，人民出版社 1972 年版。

46.《毛泽东选集》第 1 卷，人民出版社 1951 年版。

47.《普通逻辑》编写组编:《普通逻辑（增订本)》，上海人民出版社 1993 年第 4 版。

48. 全国辩证唯物主义研究会编:《真理问题论集》，上海人民出版社 1987 年版。

49. 孙伟平著:《事实与价值》，中国社会科学出版社 2000 年版。

50. 田心铭著:《认识的反思》，人民出版社 2000 年版。

51. 王路著:《“是”与“真”——形而上学的基石》，人民出版社 2003 年版。

52. 王维国著:《论知识的公共性维度》，中国社会科学出版社 2003 年版。

53. 肖前主编:《马克思主义哲学原理》(下册)，中国人民大学出版社 1994 年版。

54. 肖前、李秀林、汪永祥主编:《辩证唯物主义原理（修订本)》，人民出版社 1991 年第 2 版。

55. 熊秉真编:《让证据说话》，台湾地区麦田出版公司 2001 年版。

56. 严春友著:《西方哲学新论》，中国社会科学出版社 2001 年版。

57. 颜厥安著:《规范、论证与行动——法认识论论文集》，台湾地区元照出版公司 2004 年版。

58. 杨西光主编:《辩证唯物主义认识论探索——真理标准问题讨论集》，光明日报出版社 1987 年版。

59. 殷海光著:《逻辑新引·怎样判别是非》，上海三联书店 2004 年版。

60. 袁吉富著:《历史认识的客观性问题研究》，北京大学出版社 2000 年版。

61. 张耕华著: 《历史哲学引论》，复旦大学出版社 2004 年版。

62. 张文杰编:《历史的话语——现代西方历史哲学译文集》，广西师范大学出版社 2002 年版。

63. 张志伟、冯俊、李秋零、欧阳谦著:《西方哲学问题研究》，中国人民大学出版社 1999 年版。

64. 赵家祥等著:《历史哲学》，中共中央党校出版社 2003 年版。

65. 郑昕著:《康德学述》，商务印书馆 1984 年版。

66. 中国人民大学哲学系逻辑教研室编:《逻辑学》，中国人民大学出版社 2002 年版。

(二) 法学类

1. [德] 阿图尔·考夫曼著:《后现代法哲学——告别演讲》，米健译，法律出版社 2000 年版。

2. [德] 阿图尔·考夫曼、温弗里德·哈斯默尔主编:《当代法哲学和法律理论导论》，郑永流译，法律出版社 2002 年版。

3. [德] G. 拉德布鲁赫著:《法哲学》，王朴译，法律出版社 2005 年版。

4. [德] 卡尔·拉伦茨著:《法学方法论》，陈爱娥译，商务印书馆 2003 年版。

5. [德] 考夫曼著:《法律哲学》，刘幸义译，法律出版社

2004 年版。

6. ［德］克劳思·罗科信著：《刑事诉讼法（第 24 版）》，吴丽琪译，法律出版社 2003 年版。

7. ［德］罗伯特·阿列克西著：《法律论证理论——作为法律证立理论的理性论辩理论》，舒国滢译，中国法制出版社 2002 年版。

8. ［法］卡斯东·斯特法尼等著：《法国刑事诉讼法精义》，罗结珍译，中国政法大学出版社 1999 年版。

9. ［美］罗·庞德著：《通过法律的社会控制　法律的任务》，沈宗灵等译，商务印书馆 1984 年版。

10. ［美］乔恩 . R. 华尔兹著：《刑事证据大全（修订本）》，何家弘等译，中国人民公安大学出版社 2004 年版。

11. ［美］迈克尔 . D. 贝勒斯著：《法律的原则——一个规范的分析》，张文显、宋金娜、朱卫国等译，中国大百科全书出版社 1996 年版。

12. ［美］米尔吉安 . R. 达马斯卡著：《比较法视野中的证据制度》，吴宏耀、魏晓娜等译，中国人民公安大学出版社 2006 年 10 月版。

13. ［美］米尔建 . R. 达马斯卡著：《漂移的证据法》，李学军等译，中国政法大学出版社 2003 年版。

14. ［美］摩尔著：《证据法之基本问题》，李学灯译，台湾地区“教育部”1982 年版。

15. ［美］约翰 . W. 斯特龙主编：《麦考密克论证据》，汤维建等译，中国政法大学出版社 2004 年版。

16. ［日］石井一正著：《日本实用刑事证据法》，陈浩然译，台湾地区五南图书出版公司 2000 年版。

17. ［日］松冈义正著：《民事证据论》，张知本译，中国政法大学出版社 2004 年版。

18. ［日］田口守一著：《刑事诉讼法》，刘迪、张凌、穆津译，卞建林审校，法律出版社 2000 年版。

19. ［日］土本武司著：《日本刑事诉讼法要义》，董璠舆、宋英辉译，台湾地区五南图书出版公司 1997 年版。

20. ［斯洛文尼亚］卜思天．M．儒攀基奇著：《刑法——刑罚理念批判》，何慧新、邓子滨、刘中发等译，中国政法大学出版社 2002 年版。

21. ［意］切萨雷·贝卡里亚著：《论犯罪与刑罚》，黄风译，中国大百科全书出版社 1993 年版。

22. ［英］J. W. 塞西尔·特纳著：《肯尼刑法原理》，王国庆、李启家等译，华夏出版社 1989 年版。

23. ［英］梅因著：《古代法》，沈景一译，商务印书馆 1959 年版。

24. 卞建林主编：《刑事证明理论》，中国人民公安大学出版社 2004 年版。

25. 卞建林主编：《证据法学》，中国政法大学出版社 2000 年版。

26. 曹建明主编：《诉讼证据制度研究》，人民法院出版社 2001 年版。

27. 陈光中主编：《21 世纪域外刑事诉讼立法最新发展》，中国政法大学出版社 2004 年版。

28. 陈光中主编：《刑事诉讼法学（新编）》，中国政法大学出版社 1996 年版。

29. 陈朴生著：《刑事证据法》，台湾地区三民书局 1983 年版。

30. 陈瑞华著：《刑事诉讼的前沿问题》，中国人民大学出版社 2000 年版。

31. 陈瑞华著：《问题与主义之间——刑事诉讼基本问题研

究》，中国人民大学出版社 2003 年版。

32. 陈一云主编：《证据学》，中国人民大学出版社 2000 年第 2 版。

33. 陈永生著：《侦查程序原理论》，中国人民公安大学出版社 2003 年版。

34. 陈为钢、张少林著：《刑事证明方法与技巧》，中国检察出版社 2008 年版。

35. 刁荣华主编：《比较刑事证据法各论》，台湾地区汉林出版社 1984 年版。

36. 樊崇义著：《迈向理性刑事诉讼法学》，中国人民公安大学出版社 2006 年版。

37. 樊崇义主编：《诉讼原理》，法律出版社 2003 年版。

38. 樊崇义主编：《刑事诉讼法实施问题与对策研究》，中国人民公安大学出版社 2001 年版。

39. 樊崇义主编：《证据法学》，法律出版社 2003 年第 3 版。

40. 樊崇义、锁正杰、牛学理等著：《刑事证据法原理与适用》，中国人民公安大学出版社 2001 年版。

41. 方金刚著：《案件事实认定论》，中国人民公安大学出版社 2005 年版。

42. 高忠智著：《美国证据法新解——相关性及其排除规则》，法律出版社 2004 年版。

43. 何家弘、刘品新著：《证据法学》，法律出版社 2004 年版。

44. 姜伟著：《犯罪故意与犯罪过失》，群众出版社 1992 年版。

45. 洪源著：《刑事判断证据标准论》，现代出版社 1992 年版。

46. 黄朝义著：《刑事证据法研究》，台湾地区元照出版公司

2000 年第 2 版。

47. 李学灯著：《证据法比较研究》，台湾地区五南图书出版公司 1992 年版。

48. 李玉华著：《刑事证明标准研究》，中国人民公安大学出版社 2008 年版。

49. 林钰雄著：《刑事诉讼法》，中国人民大学出版社 2005 年版。

50. 刘金友主编：《证据法学（新编）》，中国政法大学出版社 2003 年版。

51. 毛立华著：《论证据与事实》，中国人民公安大学出版社 2008 年版。

52. 彭勃著：《日本刑事诉讼法通论》，中国政法大学出版社 2002 年版。

53. 石开贵主编：《法律逻辑学》，四川教育出版社 2001 年版。

54. 宋英辉著：《刑事诉讼目的论》，中国人民公安大学出版社 1995 年版。

55. 宋英辉主编：《刑事诉讼原理》，法律出版社 2003 年版。

56. 孙长永主编：《刑事诉讼证据与程序》，中国检察出版社 2003 年版。

57. 锁正杰著：《刑事程序的法哲学原理》，中国人民公安大学出版社 2002 年版。

58. 王洪主编：《法律逻辑学》，中国政法大学出版社 2001 年版。

59. 王进喜著：《刑事证人证言论》，中国人民公安大学出版社 2002 年版。

60. 王敏远编：《公法》第 4 卷，法律出版社 2003 年版。

61. 吴经熊著：《法律哲学研究》，清华大学出版社 2005

年版。

62. 雍琦、金承光、姚荣茂著:《法律适用中的逻辑》,中国政法大学出版社 2002 年版。

63. 张继成主编:《实用法律逻辑教程》,中国政法大学出版社 2004 年版。

64. 张建伟著:《司法竞技主义——英美诉讼传统与中国庭审方式》,北京大学出版社 2005 年版。

65. 张建伟著:《刑事司法:多元价值与制度配置》,人民法院出版社 2003 年版。

66. 张建伟著:《刑事司法体制原理》,中国人民公安大学出版社 2002 年版。

67. 张军、姜伟、田文昌著:《控辩审三人谈》,法律出版社 2001 年版。

二、法律、工具书

1.《辞海》,上海辞书出版社 1989 年版。

2.《辞源》(合订本),商务印书馆 1988 年版。

3.《德国刑事诉讼法典》,李昌珂译,中国政法大学出版社 1995 年版。

4.《俄罗斯联邦刑事诉讼法典》,黄道秀译,中国政法大学出版社 2003 年版。

5.《法国刑事诉讼法典》,余叔通、谢朝华译,中国政法大学出版社 1997 年版。

6.《汉语大词典》第 11 卷,汉语大词典出版社 1993 年版。

7. 何家弘、张卫平主编:《外国证据法选译》,人民法院出版社 1998 年版。

8. 何家弘、张卫平主编:《外国证据法选译(增补卷)》,人民法院出版社 2002 年版。

9.《朗文当代英语大辞典（英英·英汉双解)》，商务印书馆 2004 年版。

10. 罗竹风主编:《汉语大词典》第 2 卷，汉语大词典出版社 1988 年版。

11.《美国联邦刑事诉讼规则和证据规则》，卞建林译，中国政法大学出版社 1996 年版。

12. 《日本刑事诉讼法》，宋英辉译，中国政法大学出版社 2000 年版。

13.《英国刑事诉讼法（选编)》，中国政法大学刑事法律研究中心组织编译，中国政法大学出版社 2001 年版。

14.《中华人民共和国刑事诉讼法》

15.《中国大百科全书·哲学卷》(下)，中国大百科全书出版社 1988 年版。

16. 中国社会科学院语言研究所词典编辑室编:《现代汉语词典（增补本)》，商务印书馆 2002 年 8 月修订第 3 版。

三、论文

(一) 哲学类

1.［荷］克里斯·洛伦兹:《历史知识与历史真实：为“内在的实在论”辩护》，章可译，载《书写历史》第 1 辑，上海三联书店 2003 年版。

2. 蔡英田:《真理本性和实践检验之管见》，载《哈尔滨师专学报》1995 年第 2 期。

3. 陈嘉映:《事物，事实，论证》，载陈嘉映著:《泠风集》，东方出版社 2001 年版。

4. 董玉整:《试论真理符合论是一切真理论的基础》，载《中山大学学报论丛》2004 年第 5 期。

5. 侯熠莎:《亚里士多德证明理论略说》，载《中山大学学报》（社会科学版）1996 年第 2 期。

6. 胡寿鹤：《真理标准和检验真理的标准》，载《东岳论丛》1996 年第 1 期。

7. 蒋冬梅：《“真的”不等于“真理”》，载《广西师院学报》（哲学社会科学版）1998 年第 4 期。

8. 巨乃岐：《也谈真理标准与实践标准》，载《齐鲁学刊》2001 年第 5 期。

9. 李继武：《论实践作为检验和实现真理的根本方式及其基本特征》，载《上海社会科学院学术季刊》1999 年第 4 期。

10. 梁庆寅：《符合真理论在 20 世纪的演变》，载《中山大学学报》（社会科学版）1996 年第 5 期。

11. 林夏水：《实践检验的两种功能——从现代数学的观点看》，载《哲学研究》1994 年第 1 期。

12. 马佩、李振江：《究竟什么是论证——与刘宗棠同志商榷》，载《贵阳师专学报》（社会科学版）1994 年第 1 期。

13. 彭漪涟：《论事实——关于事实的一般涵义和特征的探讨》，载《学术月刊》1991 年第 11 期。

14. 孙伟平：《论事实》，载《社会科学家》1997 年第 5 期。

15. 王路：《论“真”与“真理”》，载《中国社会科学》1996 年第 6 期。

16. 王于、沈原、肖海鹏：《真理是标志主客观相符合的哲学范畴》，载全国辩证唯物主义研究会编：《真理问题论集》，上海人民出版社 1987 年版。

17. 王泽坤：《正确的感性认识不是真理吗?》，载《河南师范大学学报（哲学社会科学版）》1997 年第 2 期。

18. 王智：《关于“检验真理”的几个问题》，载《东岳论丛》1994 年第 3 期。

19. 武高寿：《论事实的客观》，载《山西大学学报》（哲学社会科学版）1994 年第 2 期。

20. 袁宝菊：《正确的感性认识不是真理》，载《河南师范大学学报》（哲学社会科学版）1997 年第 2 期。

21. 曾志：《西方知识论哲学中的真理融贯论》，载《社会科学辑刊》2005 年第 1 期。

22. 张盾：《无须存在公理的指称理论》，载《哲学研究》1989 年第 6 期。

23. 周健勇：《事物、事件和世界》，载《求索》2001 年第 5 期。

24. 周农建：《论观念的证明》，载《求索》1990 年第 6 期。

25. 朱德生：《反思实践标准的讨论》，载《哲学研究》1998 年第 5 期。

（二）法学类

1. ［加］玛里琳 . T. 迈克瑞蒙著：《事实认定：常识、司法认知与社会科学证据》，徐卉译，载王敏远编：《公法》第 4 卷，法律出版社 2003 年版。

2. ［美］巴巴拉 . J. 夏皮罗：《对英美“排除合理怀疑”主义之历史透视》，熊秋红译，载王敏远编：《公法》第 4 卷，法律出版社 2003 年版。

3. ［美］南希 · 哈洛维兹著：《探案与虚拟推理》，贾士蘅译，载熊秉真编：《让证据说话》，台湾地区麦田出版公司 2001 年版。

4. ［斯洛文尼亚］卜思天 . M. 儒攀基奇：《关于比较刑事法的若干法哲学思考》，杨忠民译，王铮校，载《比较法研究》1995 年第 1 期。

5. 卞建林：《诉讼证明概念辨析》，载《检察日报》2000 年 8 月 31 日第 3 版。

6. 卞建林：《刑事证明观的重建与诉讼模式的转型》，载《法学研究》2004 年第 6 期。

7. 卞建林：《再论刑事证明观的更新》，载何家弘主编：《证据学论坛》第10卷，中国检察出版社2005年版。

8. 卞建林、郭志媛：《迈向理性的刑事诉讼法学——2006年刑事诉讼法学研究述评》，载《中国法学》2007年第2期。

9. 卞建林、郭志媛：《查明、证明、判明：侦、诉、审三机关在认定案件事实上的分工》，载《检察日报》2002年1月10日第3版。

10. 卞建林、郭志媛：《论诉讼证明的相对性》，载《中国法学》2001年第2期。

11. 陈光中：《构建层次性的刑事证明标准》，载陈光中、江伟主编：《诉讼法论丛》第7卷，法律出版社2002年版。

12. 陈光中：《诉讼中的客观真实与法律真实》，载《检察日报》2000年7月13日第3版。

13. 陈光中：《中国刑事诉讼法再修改之展望——在天津财经大学法学院的演讲摘要》，载陈光中、陈卫东主编：《诉讼法理论与实践》（2005年卷），中国方正出版社2005年9月版。

14. 陈光中、陈海光、魏晓娜：《刑事证据制度与认识论——兼与误区论、法律真实论、相对真实论商榷》，载《中国法学》2001年第1期。

15. 陈瑞华：《从认识论走向价值论——证据法理论基础的反思与重构》，载《法学》2001年第1期

16. 陈瑞华：《对证明标准问题的一点思考》，载《人民检察》2003年第5期。

17. 陈卫东：《诉讼中的"真实"与证明标准》，载《法学研究》2004年第6期。

18. 陈永生：《法律事实与客观事实的契合与背离——对证据制度史另一视觉的解读》，载《国家检察官学院学报》2003年第4期。

19. 陈永生：《排除合理怀疑及其在西方面临的挑战》，载《中国法学》2003 年第 2 期。

20. 樊崇义：《客观真实管见》，载《中国法学》2000 年第 1 期。

21. 樊崇义：《论刑事诉讼法律观的转变》，载《政法论坛（中国政法大学学报）》2001 年第 2 期。

22. 樊崇义、毛立华：《确立以客观事实为基础的法律真实观》，载《法学研究》2004 年第 6 期。

23. 樊崇义、毛立华：《为“法律真实”正名》，载陈泽宪主编：《刑事法前沿》（第二卷），中国人民公安大学出版社 2004 年版。

24. 樊崇义、锁正杰、吴宏耀、陈永生：《刑事证据前沿问题研究》，载何家弘主编：《证据学论坛》第 1 卷，中国检察出版社 2000 年版。

25. 樊崇义、吴宏耀：《客观真实与法律真实的争论》，载《法律服务时报》2002 年 8 月 16 日第 13 版。

26. 樊崇义、吴宏耀：《刑事证明标准的背后：无罪裁判》，载《人民法院报》2002 年 3 月 4 日第 B02 版。

27. 何家弘：《论司法证明的目的和标准——兼论司法证明的基本概念和范畴》，载《法学研究》2001 年第 6 期。

28. 何家弘：《司法证明标准与乌托邦——答刘金友兼与张卫平、王敏远商榷》，载《法学研究》2004 年第 6 期。

29. 胡建萍：《证明标准问题司法实务考察》，载陈光中、江伟主编：《诉讼法论丛》第 7 卷，法律出版社 2002 年版。

30. 姜伟、何家弘、卞建林：《证明标准的若干问题》，载《检察日报》2001 年 12 月 24 日第 3 版。

31. 李浩：《民事证据法的目的》，载《法学研究》2004 年第 5 期。

32．李建明：《刑事证据相互印证的合理性与合理限度》，载《法学研究》2005年第6期。

33．李玉华：《哲学上的真理和诉讼中的真实》，载《西北大学学报》（哲学社会科学版）2007年第4期。

34．栗峥：《司法证明模糊论》，载《法学研究》2007年第5期。

35．李忠诚：《简论刑事证据与证明标准》，载《政治与法律》2007年第2期。

36．刘金友：《客观真实与内心确信——谈我国诉讼证明的标准》，载《政法论坛（中国政法大学学报）》2001年第6期。

37．刘金友：《论马克思主义认识论与证据规则的圆融》，载樊崇义主编：《诉讼法学研究》第10卷，中国检察出版社2006年版。

38．刘金友：《实践是检验司法证明真理性的唯一标准——与何家弘教授商榷》，载《法学研究》2003年第4期。

39．刘金友：《司法证明中的主、客观标准的统一——从人们的衣食标准谈起》，载《法制日报》2002年7月14日。

40．刘金友：《证据的矛盾和协调一致》，载《法律适用》1997年第6期。

41．刘金友、李玉华：《论诉讼证明标准》，载曹建明主编：《诉讼证据制度研究》，人民法院出版社2001年版。

42．刘善春、毕玉谦、郑旭著：《诉讼证据规则研究》，中国法制出版社2000年版。

43．龙宗智：《确定无疑——我国刑事诉讼的证明标准》，载《法学》2001年第11期。

44．龙宗智：《印证与自由心证——我国刑事诉讼证明模式》，载《法学研究》2004年第2期。

45．沈德咏：《关于口供的几个理论问题》，载《诉讼法学新探》，中国法制出版社 2000 年版。

46. 宋英辉、吴宏耀、雷小政：《证据法学基本问题之反思》，载《法学研究》2005 年第 6 期。

47. 王敏远：《一个谬误、两句废话、三种学说——对案件事实及证据的哲学、历史学分析》，载王敏远编：《公法》第 4 卷，法律出版社 2003 年版。

48. 王敏远：《再论法律中的“真实”——对相关问题的补充说明》，载《法学研究》2004 年第 6 期。

49. 王亚新：《关于自由心证原则历史和现状的比较法研究——刑事诉讼中发现案件事实真相与抑制主观随意性的问题》，载王亚新著：《社会变革中的民事诉讼》，中国法制出版社 2001 年版。

50. 魏晓娜：《客观真实的价值与困境》，载《法学研究》2004 年第 6 期。

51. 吴宏耀：《刑事证明标准研究评述》，载樊崇义主编：《诉讼法学研究》第 1 卷，中国检察出版社 2002 年版。

52. 吴宏耀：《司法裁判中的事实问题》，载《法学研究》2004 年第 6 期。

53. 熊秋红：《从“科学的证明方法”谈起》，载《法学研究》2004 年第 6 期。

54. 熊秋红：《刑事证明对象再认识》，载王敏远编：《公法》第 4 卷，法律出版社 2003 年版。

55. 徐卉：《回到常识——〈事实认定：常识、司法认知与社会科学证据〉导读》，载王敏远编：《公法》第 4 卷，法律出版社 2003 年版。

56. 杨文革：《论刑事诉讼中的“真实”》，载《环球法律评论》2007 年第 3 期。

57. 易延友：《证据法学的理论基础——以裁判事实的可接受

性为中心》，载《法学研究》2004 年第 1 期。

58. 张继成：《论命题与经验证据和科学证据符合》，载《法学研究》2005 年第 6 期。

59. 张继成：《“真”的有效性证明标准》，载《政法论丛》2005 年第 5 期。

60. 张继成、杨宗辉：《对“法律真实”证明标准的质疑》，载《法学研究》2002 年第 4 期。

61. 张建伟：《从积极到消极的实质真实发现主义》，载《中国法学》2006 年第 4 期。

62. 张建伟：《法律真实的暧昧性及其认识论取向》，载《法学研究》2004 年第 6 期。

63. 张建伟：《“客观真实”的法律解说》，载《检察日报》2002 年 12 月 17 日。

64. 张建伟：《认识相对主义与诉讼的竞技化》，载《法学研究》2004 年第 4 期。

65. 张建伟：《证明标准研究中的模糊视阈》，载《政法论坛（中国政法大学学报）》2005 年第 6 期。

66. 张卫平：《证明标准建构的乌托邦》，载《法学研究》2003 年第 4 期。

67. 左卫民、周洪波：《证明标准与刑事政策》，载《比较法研究》2006 年第 2 期。

四、博士学位论文

1. 罗国良著：《论证据与定罪》，中国政法大学 2001 年。

2. 阮堂辉著：《间接证据理论及其在认定事实中的运用》，西南政法大学 2006 年。

3. 吴宏耀著：《诉讼认识论》，中国政法大学 2002 年。

4. 赵承寿著：《论司法裁判中的事实问题》，中国社会科学院

2002 年。

五、外文资料

1. Alan B. Handler, The Judicial Pursuit of Knowledge: Truth and/or Justice, Rutgers Law Review, Fall, 1988.

2. Black's Law Dictionary, Abridged 6th Ed., West Publishing Co., 1991.

3. Charles Nesson, The Evedence or the Event? On Judicial Proof and the Acceptability of verdicts, Harvard Law Review, May, 1985.

4. John, J. Brunetti, Searching for Methods of Trial Court Fact – Finding and Decision – Making, Hastings Law Journal, July – August, 1998.

5. Peter Murphy, Murphy on Evidence (seventh edition), Blackstone Press Limited, 2000.

6. Mirian Damaska, Presentation of Evidence and Factfinding Precision, University of Pennsylvania Law Review, May, 1975.

7. Richard D. Friedman, Standards of Persuasion and the Distinction between Fact and Law, Northwestern University Law Review, Summer, 1992.

8. Thomas Weigend, Is the Criminal Process About Truth? A German Perspective, Harvard Journal of Law and Public Policy, Winter 2003.

9. Zhang Jicheng and Liu Bin, Scientific Reconstruction of a System of Truth Criteria for Proof in Lawsuits, social sciences china , Summer 2006.

后　记

本书是在我的同名博士学位论文基础上修改而成的。这篇论文通过答辩，为我在中国政法大学连续十一年的求学生涯画上了句号，也意味着我的学术探索和人生求索之路由此跨入新的阶段（希望如此）。

作为一名司法实务工作者，我完全可以选择与工作相关的问题作为博士论文题目，相信那样既更有“价值”，也更得心应手。而我最终却确定了这么一个“过时”而又吃力不讨好的问题，少不了选题时一刹那的迎难而上的万丈豪情，更少不了直面权威的勇气。写作的艰辛早在意料之中，勇气和激情却非时时都有，偶尔的后悔也就在所难免。在进展艰难时驱动我继续艰苦跋涉的，不仅仅是为戴一顶博士帽，更源于内心深处偶尔涌动的追求真知的激情。我不指望这篇费劲的文章能有多少真知灼见，更不指望它能在诉讼法学研究中泛起涟漪。我只是试图澄清几个概念，重申几点常识。当然，这几个概念和常识，对于我国诉讼法学关于真实问题的研究，并非完全的可有可无。希望这本小书对得起我的这点少得可怜的激情和勇气。

在我人生中极其宝贵的这十多年里，我幸运地遇到了很多好人，也得到了很多好人的关心、帮助和教诲。感谢我的恩师刘金友教授和师母陈恩惠女士，多年来，恩师和师母在学习上对我严格要求，悉心指导，在生活上也处处给予无微不至的关心和照顾，可谓恩重如山，非笔墨所能尽。对于恩师和师母，任何感谢的话语都显得那么的苍白无力。

后 记

感谢刘玫教授和卞建林教授，从我本科时起，他们就一直对我处处关心和帮助。感谢陈光中教授、樊崇义教授、宋英辉教授、周士敏教授、刘根菊教授、杨宇冠教授和鲁杨老师，在我求学于中国政法大学期间，他们的指导和教诲，使我深受教益。感谢答辩委员会周士敏教授、宋英辉教授、陈瑞华教授、杨迎泽教授和刘玫教授，他们对论文的修改提出了不少宝贵而中肯的建议，他们对论文的肯定和对我的鼓励使我再次审视自己的论文时不再过于忐忑。

感谢师兄陈永生博士和同学阿儒汗博士、瓮怡洁博士，多年来他们在很多方面给了我太多雪中送炭或锦上添花式的帮助，在写作过程中，我还多次就论文的思路、结构、观点与他们讨论，作为第一读者，他们对论文提出了不少宝贵的意见。感谢师兄郭云忠博士、储智勇博士，师姐李玉华博士、赵永红博士、李哲博士、郑未媚博士和同学焦鹏博士、奚玮博士、郭华博士、张凯博士、王晶博士、陈学权博士、王正斌博士、陈竹华博士、胡铭博士、刘蕾博士、中国法制出版社周文娟编辑以及师弟余茂玉博士、张小海博士、胡昊欣博士、李美言、吴小军、杜鹏和师妹李聪明、蔡燕南，多年来他们给了我不少无私的帮助。

感谢樊崇义教授提携后进，欣然将拙作纳入其主编的诉讼法学文库，使得这本小书得以面世。

感谢最高人民检察院尤其是公诉厅的领导和同事们，他们在我硕士毕业时招录和吸纳了我，并以宽广的胸怀包容、谅解了我初涉社会的无知与书生式的幼稚；在我的工作和生活中，不时地给予我无私的帮助和鼓励，为我指点迷津；在我攻读博士学位、写作论文时，为我提供了支持和便利以及必要的资料。今后，希望我不会让他们失望。

尤其要感谢始终理解并支持我的贤惠、聪颖的爱妻赵洁女士。在我攻读博士学位期间，她始终陪伴和照顾着我，容忍我的烦躁，分担我的烦恼，也分享我的喜悦。没有她的理解、支持、鼓励和欣赏，我的学业与事业不可能顺利，生活不可能如此幸福。

还有太多应当感谢的人，恕我不能一一列出。对于所有关心和帮助过我的人，借此机会说一声“谢谢”，但我不想说一声感谢就了事，我更愿意铭记在心，并在适当的时候以实际行动报答他们。

吕卫华

诉讼法学文库书目

Ⅰ 刑事证据法原理与适用
Ⅱ 刑事诉讼法实施问题与对策研究
Ⅲ 刑事程序的法哲学原理
Ⅳ 视听资料研究综述与评价
Ⅴ 刑事司法体制原理
Ⅵ 刑事证人证言论
Ⅶ 刑事一审程序理论与实务
Ⅷ 非法证据排除规则研究
Ⅸ 美国的外国法院判决承认与执行制度研究
Ⅹ 我国未成年人刑事案件诉讼程序研究
Ⅺ 侦查程序原理论
Ⅻ 侦查讯问程序正当性研究
XIII 死刑案件程序问题研究
XIV 刑事上诉程序研究
XV 程序正义与刑事证据法
XVI 司法改革原理研究
XVII 刑事诉讼行为基础理论研究
XVIII 无罪辩护
XIX 刑事诉讼中的禁止双重危险规则论
XX 刑事证据可采性研究
XXI 刑事诉讼模式的演进
XXII 正当程序文献资料选编
XXIII 刑事程序法功能研究
XXIV 论行政诉讼审查标准
XXV 清末刑事司法改革研究
XXVI 民事诉讼标的论
XXVII 现代公诉制度研究
XXVIII 民事司法现代化的探索
XXIX CEPA 框架下的经贸争端解决机制与程序
XXX 证据能力论
XXXI 刑事诉讼主体论
XXXII 刑事程序性裁判研究
XXXIII 案件事实认定论
XXXIV 正当法律程序研究
XXXV 强制执行立法的探索与构建
XXXVI 行政行为的可诉性研究
XXXVII 清末民初刑诉法典化研究
XXXVIII 底限正义论
XXXIX 行政诉讼类型研究
XXXX 公诉权原论

诉讼法学文库2006

1 刑事正当程序原理
2 自白制度研究
3 警察作证制度研究
4 司法公正的理念与制度研究
5 人本精神与刑事程序
6 刑事诉讼平衡论
7 刑事诉讼关系的社会学分析
8 刑事证明责任分配研究
9 刑事司法权力的配置与运行研究
10 行政诉讼原告论

诉讼法学文库2007

1 刑事诉讼交叉询问之研究
2 检警关系论
3 鉴定结论论
4 检察职能研究
5 美国死刑程序研究
6 行政诉讼问题研究与制度改革
7 刑事司法民主论
8 被追诉人的宪法权利
9 刑事裁判权研究

诉讼法学文库2008

1 论证据与事实
2 法院调解制度研究
3 弱势群体的法律救助
4 刑事赔偿制度研究
5 秘密侦查比较研究
6 非法证据排除规则：话语解魅与制度构筑
7 民事当事人证明权保障
8 现代社会中的诉讼功能
9 诉讼认识、证明与真实
10 中国刑事审前程序制度构建